池田玲子・舘岡洋子・
近藤彩・金孝卿（協働実践研究会）〈編著〉

協働が拓く多様な実践

ココ出版

はじめに

池田玲子・舘岡洋子

　本書の目的は、協働の概念に基づく学び合いの学習が、多様な環境においてどのように実現可能なのかについて、国内外の具体的な実践事例を紹介することです。協働の概念のもとに学習デザインをした実践事例を示すことで、日本語教室で日本語教育実践者が自らの実践を振り返りさらに改善していく際に、また実践者が新たな環境において協働の学びをデザインしようとする際に有用な参考資料となると考えるからです。

　本書では、協働学習をより具体的な教室活動として具体化したものをピア・ラーニングと呼んでいます。協働学習とは具体的な教育メソッドではなく、汎用性のある授業モデルを提示するものでもありません。協働学習の概念が日本語教育ではどう解釈できるのかについては、筆者らはすでに『ピア・ラーニング入門』（2007年）の中に書きました。この入門書では、日本語ピア・ラーニングの実践事例として、筆者ら自身が実践した「ピア・レスポンス」と「ピア・リーディング」をあくまで授業実践事例の一つとして示しました。つまり、これらは過去の実践の一例にすぎませんでした。しばらくの間、この書を読まれた方の中には、ピア・ラーニングとは、「作文授業と読解授業で実施するものだ」という誤解がありましたが、その後、多くの実践者たちによるさまざまな授業実践のかたちや研究論文も次々と発表されましたので、そのような誤解も消えて

いきました。ただ、読者の皆様に申し上げたいのは、どのような授業デザインであれ、授業デザインに取り組むときには、まずは実践者が自らの教育実践を下支えする何らかの教育理念を持っていなければならないということです。

　実践者が対象とする人はどのような背景を持つ人なのか、実践の場はどのような環境にあり、どのような規制下にあるのか、この教育実践ではどのような成果を求められているのかなどの現実を、実践者自身が認識していることも重要ですが、もう一方で、実践者にとって教育とはどうあるべきか、学習とは何かなど、いわば個人の軸をなす考え方（理念）を明確に持ち、常にその理念と現実を照合しながら実践デザインを行っていくことが重要です。教育の理念なくして行われた実践は、対象者（学習者）にとっても実践者自身にとっても何も意味をなさず、発展性さえ危ういものとなってしまいます。

　教育実践の場が学習者の成長の場でなければならないのは誰しも承知のことなのですが、同時に、教育実践を通じて実践者自身もまた成長していくものであることを軽視してはなりません。人間が人間の教育をすることには、共に関わる両者の成長が前提となっているはずです。学びの場に参加する学習者も教師も誰一人として同じ存在ではありません。まして、誰かを特定したとしても、その人は常に同じ状態でいつづける存在ではありません。さらにいえば、学び合いの学習は多様な学習者と教師、そして環境とが常に絡み合う複雑で動態的な現実の中で展開していくものです。なぜなら、学び合いの場は、人が生きていく社会そのものだからです。それならば、予め授業デザインなど必要ないのではないか、という反論が出るかもしれません。しかし、むしろ予測不可能な動態的なものであるからこそ、実践者は実践の中の変化を詳細に捉え、分析し、次なる実践にむけた改善のために、事前に十分なデザインが

必要なのです。つまり、実践で今何が起きているのか、それは事前の計画とどの程度ずれたのか、自分が目指していたことはどこが違ってしまったのかを記録し、振り返り、分析する上で、実践のデザインは非常に重要なのです。そして、現実には、教師はそのような具体的で詳細なデザインをした上で、現場において動態性の中で当初の計画を手放していく必要があることは、いうまでもありません。

　本書で紹介する事例は、多様な教育現場における学び合いの場のデザインであり、実際にそこで何が起きていたのか、それはどうしてなのか、どういう意味や意義があったのかを実践者自らが考察を加えたものです。これらの実践の中には、日本国内と海外の日本語教育現場の事例があります。また、日本語学習者を対象としたものだけでなく、日本語教師養成の事例、あるいは教師研修の事例も紹介されています。本書の著者らは、読者となる実践者の皆様が、ご自身で学び合いの場をデザインしようとする際に、本書にある事例がたたき台や原案として参照されることを願っています。

　以下、各章の概要を示します。

【第1部　日本語教育のピア・ラーニング：教師・社会】
第1章　日本語教育のピア・ラーニング
　　　池田玲子

　日本語教育の協働学習を支える協働の概念は、日本社会に古くから存在しており、異なるいくつかの文脈の中で注目されてきた事実がある。この協働の日本語教育文脈においての意義としては、「現代社会の要請」と「学習研究の成果」があげられる。実際の教室で協働学習の授業をデザインする場合には、協働の五つの概念要素をもとにした方法が提案できる。今後、日本語教育の協働学習はビジネス日本語教育や看護介護の日本語教育などの専門日本語教育

の中で活発な開発が進められるのと同時に、世界規模の教育改革の動きの中で、とくに海外アジアでの「外国語としての日本語教育」の実践にも広く応用・発展することが期待される。

第2章　協働的な学びの場をつくる教師の役割
——書き手に省察的対話を促すために
広瀬和佳子

　本章は、協働的な学びの場をつくる教師の役割について、書くという言語活動を通した学習者の学びと、協働的な学習環境をデザインする教師の役割の観点から論じている。

　作文教師としての筆者は、よりよい作文を書くためにピア・レスポンスをどう行うかの課題に対し実践研究を重ねてきた。そこから見えたことは、書き手としての学びや成長は、読み手である他者との対話を基盤として、自分と向き合い、推敲する過程にあるのではないかという気づきだった。このことから、筆者の作文の授業では書き手の内省を重視した授業をデザインするようになった。「投書を書く」という実践では、教師も一人の読み手となり、自分の実践についての問いを追求することで教師の成長につながるという見解を見いだすことができた。

第3章　社外での学びの場と職場での実践を結ぶ協働学習
——外国人材の「学びの継続」を支援する
金孝卿

　本章では、成人外国人の学びを、①生涯学習、②キャリア論、③職場の学習の三つの観点から、その意義と可能性について議論し、日本語教育がこの学びの継続をどう支援できるかをテーマとする研究二つを取り上げている。第一の実践研究は、企業と大学の協働による元留学生社会人交流会でのケース学習の実践から参加者の学びの事態を探っ

た。第二の実践研究は、第一の実践研究をもとに、ケース学習の参加者が、ここでの学びの経験を自身の職場での実践にどう結び付けているのかをインタビューデータから分析した。これらの研究をもとに、「働くことに関する個の成長」と「職場外での他者との接触と学び」という二つの側面が活性化されることで、成人外国人の学びを継続させる支援となると考えられた。

【第2部　交流プログラム・遠隔での実践】

第4章　日韓交流学習におけるクラス間協働の課題
——動画の協働制作プロセスで生じた「ずれ」に
焦点を当てて
岩井朝乃・中川正臣

　本章では、韓国の大学における日本語クラスと日本の大学における韓国語クラスをオンラインでつないだ交流学習の実践を取り上げる。この実践は、両クラスの学生が日韓混合グループをつくり、一つの成果物（動画）を制作するというクラス間協働学習である。実践後、学習者が記載した事後アンケートをもとに、グループ内で何が起きていたのかを明らかにするためのインタビュー調査を行った。その結果、互恵的な協働学習が行われたと答える学生がいた一方で、「コミュニケーション上の困難」と「協働制作のプロセスで生じた認識のずれ」という問題に直面した学生がいたことがわかった。本章では、この二つの問題の背景を探るとともに、今後の課題を示した。

第5章　ASEAN日交流プログラムを契機にマレーシアの学生に循環的・協働的な学びを創出する
木村かおり

　本章は、マレーシアの大学の日本語学科日本語教師である筆者が、ASEAN日間プログラムのASEAN側コーディネ

ーターを担うことになったとき、マレーシア側の学生が正統的な学習参加が可能な授業デザインを試みた。マレーシア学生側には、自国の文化社会を理解し、ASEAN諸国内の他国を尊重し、共生のためのASEANリテラシーを身につけさせることを学習目的とし、「内省」の活性化に重点をおいた。これにより、マレーシア学生は自国についての理解不足に気づき、自分で学習課題を発見する学習へと進んだ。また、企画した学生側（先輩）にも参加した後輩学生にも留学についての多面的な視点が引き出され、両者に日本とマレーシアの文化を改めて考える機会となった。この実践は、ASEAN諸国の共生のための学びの場を発展させることができ、「拡張された学習」の実現が可能になった。

第6章　学校間の非対面ピア・レスポンスの試み
——台湾の大学2校における実践
荒井智子・張瑜珊

　本章は、台湾の二つの大学間で面識のない日本語学習者同士が書き言葉でのピア・レスポンスを取り入れた日本語作文授業実践である。台湾では同じ所属の学生は4年間一緒に授業を受けることになり、お互いに仲間への安心感が持てるものの、新鮮味や緊張感が弱くなる学習環境だった。大学間で実施した非対面ピア・レスポンスに対する学生の意識調査からは、言語能力の低い学習者はピアからのコメント内容は「文法や語彙」に関するものと捉えていたことが分かった。また、ほとんどの学習者がピアからのコメントは自分の学習に参考になったと感じていた。一方、自由記述を見ると、面識のない相手からのコメントに対し、感謝、賛辞、刺激、向上心について書いていた。非対面のピア・レスポンスを実施したことで、考えの多様性に触れる経験をすることができた。書き手は読み手の視点の重要性に気づき、他者の作文を慎重に読む姿勢へとつなが

っていた。ここから、大学間の非対面ピア・レスポンス
は、学習者に多角的なフィードバック方法を組み合わせて
提供することができる可能性がいえる。

第7章　インドネシア人日本語学習者における
　　　　非対面ピア・レスポンス
　　　　──二つの大学の学習者間の非対面ピア・レスポンスの
　　　　　メリットと問題点
　　　　　アリアンティ　ヴィシアティ・レア　サンティアル
　本章は、インドネシアの二つの大学間の作文授業をブロ
グとフェイスブックによってつなげる方法で、非対面のピ
ア・レスポンスを実施した事例の紹介である。二つの大学
の日本語作文教師が協働しながら、両大学の学生たちの協
働学習を試みた。両大学の学生の混合グループ（4名ずつ）
の学生たちは作文推敲のために、母語によるフェイスブッ
ク書き込みの方法でピア・レスポンス活動を行った。授業
後に実施した学生へのアンケートを見ると、学生はピア・
レスポンスのメリットとして、日本語の学習機会が増える
ことや書く動機づけとなったことを挙げていた。しかし、
この活動のメリットと非対面であったことを関連させた言
及はなかった。むしろ、面識のない相手とのレスポンスの
やり取りを好む様子は見いだせなかった。また、この実践
からは、学生が利用可能なアプリと利用困難なアプリがあ
ることの実態を知ることができた。

【第3部　日本語クラスの実践】
第8章　基礎日本語リーディングの授業改善のための
　　　　ピア・リーディング
　　　　スニーラット　ニャンジャローンスック
　タイの国立大学の日本語クラスでレベル差を考慮した読
解授業の実践研究である。タイでは、半数以上の高校に日

本語授業がないため、大学の日本語学科では未習者と既習者の両方を受け入れることになり、必然的にレベル差のあるクラス編成となっている。こうした教室では、日本語レベルの低い学生にとっては学習困難状況を多く生み出し、学習意欲低下の問題を引き起こしている。そこで、筆者は読解クラス（N4レベル）の32名を対象に、協働学習のピア・リーディングによる読解授業を試みた。ここでの授業には、ジグソー読解を取り入れて学習者に負担を軽減した課題とし、さらに、プロセスリーディングを取り入れることで、仲間同士が一つの読解文を協働して読み合う学習の楽しさを経験することをねらいとした。その結果、この授業参加学生への内省シートの分析からは、予習の大切さに気付き、予習をすることで教室での活動に参加でき、学ぶことの楽しさを実感するコメントが多く見られた。一方で、読解教材の適切性については、教師の工夫や支援の必要性が明確になった。

第9章　ピア活動が文法知識の獲得に及ぼす影響
──諺を教材にした授業を例に
ツルバートル　オノン

　本章はモンゴルの大学における日本語文法「条件表現」の学習の実践である。「日本の諺」を教材とし、ピア活動を取り入れた授業を試みている。日本語の条件表現はモンゴル語以上に細かく分類されるため、初級学習者にとっては非常に理解困難な学習項目である。一方で、日本の諺には日本人のものの考え方や自然観が反映されているため、学生にとって興味関心をひきやすい学習項目である。そこで筆者は、学習者同士が主体的に他者と協働して学ぶことで、言葉の学習を日本文化的視点をもとに比較検討する学習の場ができると考え、初中級クラス35名の学生を対象に、ピア活動を取り入れた2コマの授業を行った。事後テ

ストの結果からは、この授業での理解度が高かったことが分かった。また、ピア活動の記録からは、条件表現の微妙な意味の違いについて、積極的にやり取りをしている学習態度を確認することができた。

第10章 「第二外国語」クラスにおける
　　　　ピア・ラーニングの実践
　　　　──活動具「フリップ」を活かした教室活動
　　　　菅田陽平・駒澤千鶴

　中国北京の大学における、学部生・大学院生を対象にした第二外国語クラスの日本語教育実践研究論文である。この授業は中国ではよく見られる約100名定員の大教室で行われており、一方向的な授業となっていたことから、学習者同士、学習者と教師間のインターアクションが持てる協働学習授業への転換が課題であった。そこで、本実践では、日本語の授業では「自分のことや日本語で言える楽しさ」「その楽しさをその場にいる者みんなと共有することで生まれる楽しさ」を追求することにし、身近な文具を材料に「フリップ」を活用した学習活動を考案した。そして、「文字の学習」「語彙の学習」「文法の学習」「文型の学習」にこれを用いた。その結果、学習者それぞれに創造的な自己表現が促され、他者を配慮しながら、仲間との意見交換の場を作り出すという社会的関係性構築の学びが見られた。

【第4部　専門日本語】
第11章　ダイバーシティの環境整備を可能にする協働型研修
　　　　──ケース学習を中心に
　　　　近藤彩

　ダイバーシティ環境の職場の整備を目的として協働の概念にもとづき、日本語教育のケース学習を開発したことの

経緯が報告されている。この開発の背景には、外国人労働者が抱える職場の問題では、言語力の問題よりも異文化衝突のほうが深刻だという事実がある。こうした問題の解決には、職場の異文化を背景に持つ者同士が協働することで、お互いの違いを知り、理解を深め、そこから新たな価値観をつくっていく必要があり、そのための日本語教育として、現実に起きた異文化衝突場面を教材とする「ケース学習」が有用である。実際に、この学習を通じて培われた協働力の具体例を、筆者自身の実践をもとに述べている。

第12章　初級学習者に対するケース学習の授業実践
──企業研修の現場から
品田潤子

　本章は、企業の新入社員研修で外国籍の社員を対象とした初級クラスでの「ケース学習」の実践である。外国人社員を採用した会社では、採用された外国籍社員の日本語レベルは多様であるが、社内研修のゴールは「当該企業での活動に必要な日本語コミュニケーション力」とされる。そこで、仕事場面での現実のトラブルを内容としたケース教材をもとに、言語形式の負荷が高いと考えられる対象者（初級学習者）に、あえて言語サポートを考慮することなく、通常の手順で3時間のケース学習を実施した。この実践では、ケース学習は言語学習そのものを目的とするものではないにもかかわらず、初級の言語学習の観点からも有効だった。また、ケースのトピックが外国籍社員にとって関心の高いものだったことから、学習者は自ら語彙リストを利用して事前にケース読解を準備し、教室でも媒介語を使用して仲間に説明を求めたり、使用可能な日本語を駆使して意見表明をしたりするなど意欲的な学習態度が観察された。

第13章　ピア・ラーニングによる介護の専門日本語の授業
　　　　——EPA候補者対象の公学連携事業での試み
　　　神村初美

　本章は、EPA候補者を対象とした「看護・介護の日本語教育」において内容重視の日本語教育の枠組みにピア・ラーニング授業を組み込んだ実践を報告した。学習者たちはすでに母国の看護系大学で専門知識を身につけているのだが、この実践を担当した日本語教師には看護・介護の専門知識はほとんどなかった。また、学習者の日本語能力にはばらつきがある教室だった。この教室の目標は「国家試験に合格すること」であり、それは介護現場で働くための日本語である。筆者はこの教室での日本語授業を「立体的な介護の専門日本語授業」と名付け、学習方法を多層的に組み込む工夫を検討し、これまでの言語重視の授業からより内容重視のピア・ラーニング授業をデザインし、実施した。この実践からは、分からないことに取り組む姿勢や専門知識を深めようとする意識、国家試験に向かう意欲が向上する様子が観察された。

【第5部　教師養成・研修における実践】
第14章　協働の学びの場の実現にむけた教師養成
　　　　舘岡洋子

　ピア・ラーニングの授業が実践できる教師は、どのようにしたら養成可能か。この問いをめぐって実習授業をデザインし、実習生たちに実際に日本語の授業でピア・ラーニングを実践してもらった。ピア・ラーニングという動態的な授業の中では、進め方に決まった正解があるわけではなく、実習生たちは試行錯誤しながら自らが目指すものと授業で実現していこうとすることを実践の中で明確にしていくこととなった。そして、このプロセスは、実習生同士が互いの力を引き出し合い協働することを体験するプロセス

でもあった。結果、教師養成担当者の仕事は、「養成」ということではなく、実習生たちが協働で学べる場をデザインすることであると考えるに至った。

第15章　チーム・ティーチングにおける協働的内省
——日本語教育実習生を対象とした
　　KPTワークショップの試み
トンプソン美恵子

　本章は、タイの大学の日本語教育専攻の学生38名の日本語教育実習生を対象として、KPT（天野2013）の手法を援用した協働的内省を取り入れた「対話型教師研修」についての実践研究である。学部5年生の10か月に渡る教育実習の開始直後と終了直前に実施したワークショップでは、実習生自らの力で仲間と協力して授業改善に取り組み、その継続から学びのコミュニティを形成することが期待されていた。ワークショップのメイン担当者は報告者であったが、他にもタイ語通訳者、日本語教育担当者の協力も得ていた。ワークショップで実習生たちは、内省の意義、手順についての解説を受け、Keep, Problem, Try（KPT）の内省の八つのステップにそって自分自身の実習を振り返り、それを他者と共に可視化する内省活動を行った。この内省のステップでは、実習生の内省が自己の中で整理され、自身の課題を明確にすることができた。一方、個人目標シートの共有と協働的内省との有機的な結び付けには課題が残された。この課題をもとに次の実践での改善を試みた。

第16章　自律的成長のための協働研修デザイン
——8年の継続で見えてきたもの
小浦方理恵・鈴木寿子・唐澤麻里
　本章は異なる背景を持つ日本語教師3名が自律的に成長

を目指す持続的・協働的コミュニティ形成のための研修の
あり方を模索した実践である。日本語学習者の増加に伴
い、日本語教師の専門性や日本語教師の役割には期待が増
しているものの、現状では日本語教師の9割近くがボラン
ティアや非常勤講師であるために、多くの日本語教師たち
は成長の基盤となる「ホーム」を持ちづらく、ベテランへ
の一貫した成長を後押しする環境にはいない。そこで、3
名の日本語教師は、背景の多様性を利用し互いの経験を共
有する場を2011年より8年間継続してきた。手法として
「対話的問題提起学習」と「ロールレタリング」を取り入
れた。この8年間の研修記録を改めて3者が振り返るため
に「対話的問題提起学習」を行い、このときの活動記録を
質的に分析した。その結果、この研修は、「変化や成長が
一貫的に捉えられる機会」「過去と現在とのつながりを見
いだす機会」「過去の経験の意味を見いだす機会」として
意義づけられた。この研修の継続は、協働的関係性を構築
することができるものであった。

目次

第1部
日本語教育の
ピア・ラーニング：
教師・社会

第 1 章

日本語教育のピア・ラーニング

池田玲子

1 はじめに

　日本語教育の協働学習の根幹をなす「協働」の概念は、近年の日本社会の変化の中で突如として現れたもののように誤解されがちだが、実は古くから人間社会の基盤に根付いていた概念であり、近年になって再び脚光を浴びるようになったというのが適切な見方であろう。

　実際、「協働」の表記を調べてみると、大正期の地方行政史にまで遡ることができる。そこには、当時登場した貧困救済制度、いわゆる福祉制度の理論的根拠として「公私協働」の概念が議論されていた（小野1994）。たとえば、大正6年に岡山県では知事の任命ではあったが「救済顧問」に民間人を採用した。大阪府では大正7年に「救済委員」の提案があり、その流れを受けて横浜市では大正9年に「方面委員」制度が導入されている。当時の日本では「公」とは社会的地位そのものであったのだが、協働の考え方が導入されたことで、それまでの社会構造に大きな転換が図られたことになる。つまり、貧困救済事業においては、公と民とはそれぞれ異なる役割を担って取り組む「協働」の考え方が基盤となっていた。この流れはその後、民間と公とが協働する支援制度としての「民生委員制度」や自律的な市民団体活動へと展開していくことになる。

このように、この時代に協働で関わり合う両者の対等な関係が強調されていた。約100年後（2000年前後）の日本では、市民活動を基盤とした「協働型地域づくり」や「市民、行政、専門家の協働」などがにわかに登場し、やがて地方行政に「協働型会議」の構想が打ち出されるようになる。2000年以前の国際関係分野においては、富める側から貧困地域への一方的な援助や支援という発想であったため、被支援側の内側の視点が欠如していると指摘されたことで、より意義深い支援のあり方が求められることになる。第3ステージでは、両者の対等性が重視され「協働的国際協力」、「協働的紛争解決」が提案されることになる。一方、経営学分野では、従来は競争的イメージの強い企業理念が、近年では「協働する企業」、「協働的組織」など互いに対等な位置づけや協力を基盤にした新たな組織づくりを目指すものに転換するという潮流がある。情報科学やコミュニケーション分野でも、「協働的コミュニケーション」、「協調的交渉」（野沢2004, 鈴木・八代2004）のように、人間の関わり方に「協働」の概念が頻繁に援用されるようになった。

　人は生まれながらに社会的に生きていくことが運命づけられた生物であるのだから、他者との関わりが不可欠な人間社会において、協働は人間の生き方の原点にある概念だといえる。有史以来、人間社会に根付いていたはずの「協働」が、人間社会の変遷の中でなんらかの理由でいつの間にか見えにくくなってしまった真価が、今また再認識されることになったと考えるほうが妥当であろう。ではなぜ今の人間社会の中で協働が顕在化されるようになったのか。なぜ、近年の教育改革の中で協働学習が注目され、日本語教育においても協働学習は意義があるといえるのか。

　本章では、日本語教育の協働学習の意義について確認した上で、実践者自身が協働学習についてもつ認識をもとに

4

実践をどう具現化するのかについて述べる。以下、2節では教育分野における協働学習の必要性について述べ、3節では日本語教育における協働学習の定義とその実践のための授業デザインの考え方について述べる。最後に日本語教育の協働学習の展望を述べる。

2 協働学習の必要性

2.1 社会の要請と学習科学研究の成果

近年、教育分野では世界の広範囲にわたって教育改革が起きており（佐藤2010）、従来型の固定的で一方向的な教師主導型教育から、学習者主体、双方向型の学習環境を作り出そうとする教育への転換が見られる。佐藤（2013）は、学校教育の文脈において、学びの共同体の変革は、「21世紀型の学校」を目指すこと、つまり、「知識習得・理解を目的とする授業」から「知識の活用による思考と探求」を中心とする授業へ転換することだと述べている。いわゆる学び合いの学習である協同（協働）学習への転換である（植田・岡田2000, ジョンソン・ジョンソン2001, シャラン・シャラン2001, 池田・舘岡2007）。

そもそも協働学習の意義として、これまで大きく二つが挙げられてきた。第一は、「社会的関係構築のための能力育成の可能性」であり、第二は「認知の発達への有効性」である。すなわち、この二つの意義は、一つにはグローバル社会の構成員育成のための教育転換の要請に応じるものであり、もう一つには、学習科学の研究が明らかにしてきた学び合いの学習による認知発達、思考の深化の事実に裏付けられたものである。この二つの理論と現実の合致により、従来型の教育を「協働学習」への改革へと方向づけることができるのである。

2.1.1 現代社会の要請

　グローバル化が加速する現代社会においては、ここに生きる社会構成員のための教育として、教える側があらかじめ用意された一定の知識・情報を提供するといった従来型のものでよいはずがない。グローバル化する現代社会は、それ以前の世界から大きく様変わりしており、今もなお急速な変化が続いている。日本社会は、これまでのようにほぼ同質の人々で成り立つ社会とは違い、異質の構成員たちによる社会形成となり、しかも、その形成過程はこれまでにない速度で進みつつある。異質な人々の交流からなる社会構造は、常に流動的で予測不可能な現象の連続である。そうした社会に起きる問題は、きわめて複雑で解決困難なものとなると考えられる。それでも人々はこの社会を生き抜くために、これらの問題解決に取り組まなければならない。異なる背景をもつ人々の共生社会を安全で持続的、発展的にするために、異なる構成員同士がそれぞれのもちうる情報を共有し合い、その上で個人が生来もつ創造力を発揮し合って問題の解決に対処していく能力が必要なのである。ここに他者との協働による問題解決力の養成を目指す教育への転換の重要性がいえる。

　実際、日本の教育もこうしたグローバル社会への変化の将来を見据え、大きく変わろうとし始めている。2012年8月28日、中央教育審議会の答申では、現在の日本社会の特徴として、①成熟社会、②少子高齢化社会、③知識基盤社会、④グローバル社会、の四つが示された。さらに、2018年11月26日、中央教育審議会では、「2040年に向けた高等教育のグランドデザイン（答申）」が示された。ここでは将来においても陳腐化しない普遍的なコンピテンシーの必要性が述べられている。そして、この背景には次のような状況があることが想定されている。

①テクノロジーが急速かつ継続的に変化しており、これを使いこなすためには、一度習得すれば終わりというものではなく、変化への適応力が必要になること
②社会は個人間の相互依存を深めつつ、より複雑化・個別化していることから、自らとは異なる文化等をもった他者との接触が増大すること
③グローバリズムは新しい形の相互依存を創出しており、人間の行動は、個人の属する地域や国をはるかに越え、たとえば経済競争や環境問題に左右されることがある　　　　　　　　　　＊アンダーラインは筆者加筆

　また、OECDは、2030年の将来を見据えて進めているキー・コンピテンシーの改定作業において、「新たな価値を創造する力、対立やジレンマを克服する力、責任ある行動をとる力」が「変革を起こすコンピテンシー」であると述べている（OECD教育研究革新センター 2018: 3）。つまり、「世界的規模の激しい社会変革」（OECD教育研究革新センター 2018: 1）の中を生きる社会構成員育成の教育には、こうした今と将来を見据えた能力の育成が必要であることが強調されているのである。

2.1.2　学習科学研究の成果

　OECD教育研究革新センター（Center for Educational Reserch and Innovation: CERI）の「イノベーティブな学習環境」プロジェクトは、『学びのイノベーション　21世紀型学習の創発モデル』としてその研究の成果をまとめている。実はすでに1980年代には、それまで個別学習を重視してきた研究者たちは、学びそのものを「学習コミュニティ」や「実践コミュニティ」として実践することを重視する方向へと移行しようとしていた。しかし、実践の現場では、この移行に対するインセンティブを与えられていなか

ったことから、再び教育は非生産的な既存の方略に後退したと指摘されている（カール・マルレーネ2016: 99）。つまり、教育実践において学習の努力を合理的に評価する仕組みが用意されていなかったことの指摘である。また、キースは従来の教育が学習者に深い知識を教えていないことを批判し、学習者は脱文脈化された断片的な事実よりも、統合された使える知識を学ぶ必要があることを主張し、効果的な学習環境の特徴を四つ示した（キース2016: 79）。

①カスタマイズされた学習
②多様な知識ソースの入手可能性
③協働的なグループ学習
④より深い理解のためのアセスメント

　この四つは、人がどのように学ぶのかについての理論的な原則と多くの学習研究が明らかにしてきた最新の知見をもとに示されたものである。さらに、キースは「イノベーション経済と一体化するためには、教師はより多くの裁量、より多くの創造性、より多くの知識内容を必要とするであろう」（キース2016: 77）と、今後の新たな教育を担う教師の役割についても言及している。キースの主張は、これからの教師には専門職者として、教室に起きる学習者たちの創発がつくる流れに即興的に対応していくための高い教育能力が求められるようになることが読み取れる。
　よって、今後の教育は変化しつつある社会の現状に対応するものであることと同時に、人間の認知の仕組みに適合した方法へと移行していかなければならない。言い換えるならば、グローバル社会の中で、異なる文化・価値観をもつ者同士が協働するための社会的能力の育成と、人間生来の学び方で認知の発達を効果的にする教育への転換が必要なのである。だからこそ学校教育の改革において学び合い

の「協働学習」が推進されることになったと考えられる。すでにアジアの諸地域（中国、韓国、香港、シンガポール、台湾、インドネシア、ベトナムなど）にもこの動きは拡大しつつある。今や協働学習は、日本だけでなくアジアの多くの国々においても真価が認められてきていることが確信できる。

　こうした潮流からすると、日本で実践される「第二言語としての日本語教育」も海外の「外国語としての日本語教育」でも、グローバル社会の要請と教育研究が支持する「学び合いの教育」への転換は重要かつ喫緊の課題だといえる。

3 ┃ 日本語教育の協働学習（ピア・ラーニング）

　第二言語としての日本語教育を背景とした協働学習について池田・舘岡（2007）では、次の五つの主要概念要素を含む学びとして定義してきた。

「対等」：協働する主体同士の位置づけ
「対話」：協働する手段
「プロセス」：協働の様相
「創造」：協働が目指すところ
「互恵性」：協働が生み出すものの価値

　つまり、この五つの主要素をもつ考え方のもとに実践する日本語教育を協働学習と定義したのである。さらに、協働学習は日本語学習者を対象とした学びの場だけを想定するとは限らないことを勘案し、協働学習のうち教室と呼ばれ、そこに教師と学習者の存在する学びの場での協働学習をあえて区別して「ピア・ラーニング」と呼ぶことにした。このような定義を示したかった理由には、次のような背景があった。筆者と舘岡が2007年のピア・ラーニング

入門書を執筆する以前に、筆者自身は大学の初年次教育としての「日本語表現法」に日本語教育のピア・レスポンス（協働作文学習）を応用する試みを始めていた。つまり、他分野の教育に日本語教育の協働学習を応用・展開し始めていた。この「日本語表現法」の授業開発プロジェクトは、当初メンバー全員が日本語教師であったので、初年次科目としての「表現法」科目の教育経験をもつ者はおらず、英語ライティング研究や日本語文法習得研究、日本語作文研究を専門とする（筆者を含む）メンバーであった。この「表現法」科目のコース立ち上げのプロジェクトでは、シラバス、各回の授業計画、教材を約1年間にわたり複数回の検討会の中で議論し作成した。この検討会は、指導的立場の人物が不在の場であり、まさに教師仲間同士が学び合う協働学習の場であった（大島他2009）。これと同様に、会社内プロジェクトチームも、政策課題に取り組むプロジェクト構成員も、学際の出し物を話し合いで決めていこうとする学生委員会の場も、「教師・学生」の設定が明確な教室環境ではなく、対等な仲間同士の学び合いにより、新たなアイデア、創造を作り出す協働学習の場である。なぜなら、ここには協働の五つの概念要素が確実に含まれるからである。つまり、協働学習は学校の教室での授業だけではなく、社会の様々な学びの場で実現できるものなのである。だとすると、日本語教育の着目点として大きな部分を占める「学習者と教師」が存在する「教室」という場での協働学習を、せめて呼び方だけでもこれらと区別するほうが混乱なく議論できるのではないかと考えた。そこで、教室で実践する協働学習の場合については「ピア・ラーニング」と呼び、「仲間（peer）と協力して学ぶ（learn）方法です。言葉を媒介として、学習者同士が協力して学習課題を遂行していきます」と定義した（池田・舘岡2007: 51）。

4 ピア・ラーニングの授業デザインと点検、分析、改善へ

　日本語教育では、作文を仲間同士で読み合ってお互いにコメントを出し、それをもとに推敲していく「ピア・レスポンス」活動がある。読解の「ピア・リーディング」では、読解のテキストを学び手同士が読み合って、お互いの読み取りを比較検討する。そこには自分になかった理解と仲間と一緒に発見していく意味の創造の活動がある。学習したことを学生同士で振り返り、自己の内省を深めていく「ピア・内省」の活動もある。発音の学習では、自分の母語の発音や既習の外国語と類似した音を手がかりとして日本語の発音を仲間とともに探し出す「ピア・モニタリング」など、日本語の特定技能に着目したピア・ラーニングがある。しかし、これら学習活動の呼び名があるものだけが協働学習なのではなく、ピア・ラーニングによる教室授業は無限にデザインすることが可能なのである。それは協働学習がメソッドのように特定の形をもつ学習方法ではないからである。かつて、日本語教育にコミュニティカティブアプローチが登場したとき、現場の教師たちはこの新しい授業をどう作ったらいいのか戸惑った。コミュニティカティブアプローチもまたメソッドではなくアプローチなのだといわれても、教師たちはこれまでのように定型化した手順や流れをもち細部までマニュアル化された授業展開モデルが提示されることを期待してしまう。一つのコミュニケーションタスクを実際に授業のどこに入れるのか、学生にどう指示を出すかなど、細かい「やり方」を求めた。ピア・ラーニングは教師たちに明確な授業枠組みも具体的な活動モデルも指導手順も示さない。なぜなら、協働学習はやり方ではなく学習の考え方の呼び名であるからである。ピア・ラーニングの教師は、目の前の学習者の主体的な学びを支援するのであり、学習者を主導し管理する役割では

ない。よって、教師には教え方のマニュアルは必要がない。ピア・ラーニングの教師は、協働学習の概念をたよりに学習者自身が学びを起こす場を支援をする。教師は授業デザインをするのだが、その「授業デザイン」は学習者の学びを予想した学びの場のイメージ図であり、実際には学習者自身の学びがこのイメージ図を具体化していくものである。よって、教師の授業デザインは、従来のようにできるかぎり実現すべき「授業計画」ではなく、舘岡（2010）がいうように、授業が始まったら手放すことも覚悟した上での「仮計画」なのである。いわば修正が前提となっている「たたき台」のようなものだといえる。

　では、教師はどのようにピア・ラーニング授業をデザインするのか。たとえば、筆者が実際に国内や海外の教師研修の場で示すのは、協働の概念をもとにした授業デザインのサンプルであり、そのデザイン作成後のチェックポイントである。たとえば以下のような項目である。

①学習者それぞれの特性が考慮されているか。
②デザインした学習には対話の活動が仕組まれているか。
③学習課題の遂行には、他者との継続的な対話が必要となってくるか。
④学習課題の目指すところは、情報の共有を通じて創造的な答えを見出すものか。
⑤学習活動の中で見出せた新たな成果は、参加した学習者それぞれにとって意味をもつものとなる可能性があるか。

　これらのチェックポイントは、教師がデザインした授業が協働学習の概念にそったものかどうかを確認するための指標である。ただし、1回分の授業のデザインにおいてすべてが満たされる必要はないであろう。それぞれの教師が

実践する現時点の授業をスタートした改善プロセスと捉えれば、その移行をどう進められるかは教師各自の実践環境に応じたものとなるのであろうし、教師自身あるいは学習者や教室の状況も考慮していくことになるからである。

　では、授業後には何を行うのかといえば、授業の実際を分析することになる。このとき再び①～⑤を観点として教師は分析することができる。そして、実施した授業をさらに改善していく上で、次の指標を設定する際にもっとも重要となってくるのは、主体となる学習者の活動参加の実態である。これを教師の視点から把握する手段（方法）は「観察」である。教師は対話活動中の学習者をよく観察する必要がある。もう一つには、学習者自身の目から捉えた授業の実態である。こちらについては学習者自身の声を引き出すなんらかの方法が必要となる。もちろん、先の①～⑤を観点とした授業実態の把握による授業分析は可能である。しかし、授業分析においては個別の授業に応じて、これら五つからさらに絞ることも、反対に追加の観点を設定することも可能である。

5 ｜ 日本語教育の協働学習の広がり

　日本語教育の協働学習は当初は作文や読解、スピーチ、内省、発音など日本語技能別学習活動での実践に始まった。その後は、総合日本語やテーマ別日本語（異文化理解、日本事情他）、アカデミックジャパニーズ、日本語教師養成、ビジネス日本語、介護・看護の日本語などの専門日本語においても協働学習の応用の実践事例が見られるようになった。とくに、近年になって注目されるのは、ビジネス日本語教育に提案された「ケース学習」である。これは経営学MBAコースや開発教育で開発された「ケース・メソッド」授業をもとに、また90年代に日本語教育に提案さ

れた「対話的問題提起学習」を統合させたかたちで開発されてきた。ケース学習は、協働学習の概念のもとに、学習者を取り巻く仕事環境での社会的関係づくりとその持続、発展を目指す学びである。社会的関係づくり、つまり、自分を取り巻く環境を他者との日本語による対話を手段として構築していく学びといえる。これまでのビジネス日本語教育の内容や方法をより現代社会の現実にそうように改善していくものとして「ビジネス日本語コミュニケーション教育」という分野を形作り、さらには介護・看護の日本語教育など他の専門日本語教育にも重要かつ具体的な示唆を提供してきた。

　一方で、日本語教育のピア・ラーニングは他分野の教育実践へも発信と応用実践を試みてきた。つまり、日本語教育が発信する学びの改革の一つともいえる。たとえば、「日本語表現法」という大学でのリテラシー育成のための基礎科目として開講する授業をアクティブラーニングにするために日本語教育のピア・ラーニングをもとにしたコースデザイン、授業デザインが試みられた。『ピアで学ぶ大学生のための日本語表現』（2005年、ひつじ書房）という教材は、当時表現法の専門分野がまだ確立していない時期であったため、この科目を担当する多様な専門背景をもつ教師を考慮して、ピア・レスポンス（協働作文活動）の活動指示やモデル発話までを詳細に書き入れた。また、水圏環境分野の教育にも日本語教育のピア・ラーニングを応用した実践を試みている。海の環境の持続的・発展的開発のための学びのあり方として、日本語教育の協働学習を応用した（海洋サイエンスコミュニケーション教育）。大学での国際教育にも日本語教育の協働学習の試みがある（ケース学習を組み込んだ海外研修プログラム）。

6 │ おわりに──アジアにおける日本語教育の協働学習の展望

　日本語教育の協働学習について実践研究者たちが学び合う場として、2010年9月に協働実践研究会を設立することができた。以後、日本語教育における協働実践研究は東京を拠点として国内の複数地域への発信を行ってきた。同時に、海外、とくにアジア地域の日本語教育現場での日本語教師研修も活発に行ってきた。この協働実践研究会の目的は、日本語教育において協働の考え方にもとづく実践研究を進めていくことであり、具体的には次のような三つの課題を掲げている。

（1）教師間の協働、教師と専門家との協働など教育現場における協働の実践研究と理論構築
（2）ピア・ラーニング（教室の協働学習）の実践研究と理論構築
（3）上述の研究を進めるためのネットワークづくり（国内外）

　これらの課題のもと、今日まで国内はもとより海外でのネットワーク構築を目指す活動に取り組んでおり、現在までに海外9地域において協働実践研究会の海外拠点を設立することができた（中国、台湾、韓国、タイ、モンゴル、キルギス共和国、マレーシア、インドネシア、ベトナム）。ごく最近では、中国国内の新拠点として四川省成都やベトナムのフエの設立がある。こうしたアジアの協働実践研究拠点では、各地域特有の歴史文化を反映した教育事情を踏まえた教育実践研究のあり方を実践者自らの協働により実現していくことが目指されることになる。そのために、日本における実践研究からの知見が示唆することも当然あるのだが、「外国語としての日本語教育（JFL）」の課題の追究には、むし

ろ海外の拠点同士の協働実践の成果が示唆するところが重要となるのではないだろうか。その意味では、今後、日本語教育がアジアにおける急激なグローバル化現象に対応していくために、日本を含む海外各地域間の協働を通じた実践研究の必要性がますます高まるであろう。日本語教育の協働実践研究がグローバルネットワークをさらに拡大進化させていくことで、常に変化する社会に求められる日本語教育実践の可能性を追求していけるのではないだろうか。

参考文献

池田玲子（2009）「協働的アプローチで授業をデザインする」大島弥生・大場理恵子・岩田夏穂『日本語表現能力を育む授業のアイデア』pp.27–42. ひつじ書房

池田玲子・舘岡洋子（2007）『ピア・ラーニング入門―創造的な学びのデザインのために』ひつじ書房

植田一博・岡田猛（編著）（2000）『協同の知を探る―創造的コラボレーションの認知科学』共立出版

大島弥生・大場理恵子・岩田夏穂（編）（2009）『日本語表現能力を育む授業のアイデア』ひつじ書房

小野修三（1994）『公私の協働の発端―大正期社会政史研究』時潮社

協働実践研究会　池田玲子（編）（2021）『アジアに広がる日本語教育ピア・ラーニング―協働実践研究のための持続的発展的拠点の構築』ひつじ書房

佐藤学（2010）「「教える専門家」から「学びの専門家」へ」『教育と医学』690, pp.2–3.

佐藤学（2013）「対話的コミュニケーションによる学びの創造」『言語教育実践　イマ×ココ―現場の実践を記す・実践する・実践を伝える・実践から学ぶ』pp.5–12.　ココ出版

シャラン, Y.・シャラン, S.（著）、石田裕久・杉江修治・伊藤篤・伊藤康児（訳）（2001）『「協同」による総合学習の設計』北大路書房

ジョンソン, D. W.・ジョンソン, R. T.・スミス, K. A.（著）、関田一彦（監訳）（2001）『学生参加型の大学授業―協同学習への実践ガイド』玉川大学出版部

鈴木有香・八代京子（2004）『交渉とミディエーション―協調的問題解決のためのコミュニケーション』三修社

ソーヤ, R. キース（2016）「第2章　学習を最適化するということ―学習化学研究の意味」OECD教育研究革新センター（編著）、有本昌弘（監

訳）、多々納誠子・小熊利江（訳）『学びのイノベーション—21世紀型学習の創発モデル』

舘岡洋子（2010）「多様な価値づけのせめぎあいの場としての教室—授業のあり方を語り合う授業と教師の実践研究」『早稲田日本語教育学』7, pp.1–24.

舘岡洋子（2016）「「対話型教師研修」の可能性—教師研修」から「学び合い」コミュニティへ」『早稲田日本語教育学』21, pp.77–86. http://hdl.handle.net/2065/00051753

中央教育審議会（2018）『2040年に向けた高等教育のグランドデザイン（答申）』平成30年11月26日中央教育審議会

野沢聡子（2004）『問題解決の交渉学』PHP叢書315

ベライター，カール・スカーダマリア，マルレーネ（2016）「第3章　研究に基づくイノベーションに向けて」OECD教育研究革新センター（編著）、有本昌弘（監訳）、多々納誠子・小熊利江（訳）『学びのイノベーション—21世紀型学習の創発モデル』

第2章
協働的な学びの場をつくる教師の役割
書き手に省察的対話を促すために

広瀬和佳子

1 はじめに

　筆者はこれまで、自身の授業を対象とした実践研究を通して、書くことを協働で学ぶ意義を考察してきた。本章は、その過程において、授業をデザインする教師としての筆者がどのように変化したのかを具体的な授業実践とともに提示し、協働的な学びの場をつくる教師の役割について論じる。筆者は本章で事例として提示する授業をデザインする際、以下の問題意識を持っていた。

(1)「書く」という言語活動を通して学習者は何を学んでいるのか。
(2) 協働的な学習環境をデザインする教師の役割とは何か。

　以下、2節、3節では、上記の問題意識を持つに至った背景と、問題意識に基づく授業デザインの方針について述べ、4節では具体的な実践事例を紹介する。5節で、教師としての筆者の変化をまとめ、協働的な学びの場をつくる教師に何が必要なのかを述べる。

2 | 書く活動をどう捉えるか

　一つ目の問題意識は、学習ニーズが多様化している現況を考えるとき、第二言語学習者にとってそもそも書くことは必要なのかという、根本的な問いに関わるものである。例えば、大学の授業を英語で受ける留学生が、日本語は書けなくても話せればよいと考えていたら、教室で「書く」活動は不要なのだろうか。筆者は、そのようには考えない。むしろ、「書く」ことは学習者にとって不可欠だと考えている。それは、「書く」ことを単なる言語的なスキルではなく、学習者が第二言語を学ぶ意味や目的を問い直し、自分にとって必要なコミュニケーションとは何かを考えるきっかけとなりうる言語活動だと考えるからである。書くことは話すことと同様に、他者とのあいだで営まれる対話的コミュニケーションであり、書かれる内容は読み手とのあいだで対話的に構築される。決して書き手が頭の中で考えたことを機械的に文字に置き換えているわけではない。書き手は読み手がどう反応するかを予測しながら書く内容を構想している。つまり、読み手と対話しながら書き進めているのである。また、書いたものを読むことで自分自身とも対話している。書くことで新たな考えに気づいたり、考えを深めたりしている。このようなプロセスを学習者がどのように経験しているのかを理解し、学習者に教室で「書く」意義を実感してほしいと考えていた。

　「書く」ことをこのように捉えるようになったのは、自身が行ったピア・レスポンス活動に関する実践研究がきっかけだった。筆者の教室では、学習者はピア・レスポンス活動に積極的に参加し、作文の内容に関して盛んにやりとりしていた。しかし、いざ作文を修正する段階になると、ピア・レスポンス活動で話されたことはまったく反映されず、文法や表記の訂正ばかりがなされていた。なぜこのよ

うな結果になるのか、理由を解明するために、実践研究[1]を繰り返した。その過程で筆者は次のような気づきを得た。

(1) それまでの筆者の教室では、書く目的と、ピア・レスポンス活動を行う目的が曖昧にされており、学習者はだれに向けて何のために書き直すのかを意識しないまま推敲作文を書かされていた。
(2) 作文をよりよくするためのフィードバックとしてピア・レスポンス活動を捉えることは、活動本来の目的から外れ、その意義を失い、かえって学習者の推敲活動を妨げる場合がある。

　つまり、何のために書くのか、なぜピア・レスポンスなのかという、授業における活動の目的を、教師である筆者自身が明確に意識していなかったことが原因となっていたのである。筆者は、ピア・レスポンスによって学習者が書いた作文がよりよいものに変化することを無意識のうちに期待していた。しかし、「よりよい」作文とはどのような作文なのか、学習者にどのようなピア・レスポンスを行ってほしいのかという点については、深く考えていなかった。それが授業デザインにも表れており、結果として学習者の推敲活動が十分に行われなかったのである。
　このような実践研究による気づきを通して、授業デザインを少しずつ変えていった。デザインの方針として大きく変わったのは、書く過程（推敲過程）における書き手の内省を重視するようになった点である。子どもの言語発達を論じた内田 (1990) は、作文教育において推敲する意義を、書くことによる認識の変化や、書く以前には自覚されなかったことが新たに発見されることにあると主張した。つまり、書くことによって人は自分自身を対象化して捉え直し、自分が生きている世界に自身を位置づけることが可

第2章　協働的な学びの場をつくる教師の役割

能になるというのである。第二言語においても、書くことの本質に違いはない。推敲は、自己内対話を繰り返すことで内省を深め、第二言語でコミュニケーションする自分を他者との関係の中に位置づける過程と捉えることができる。そのために他者の存在は欠かせない。書き手としての学びや成長は、読み手である他者との対話を基盤として、自分が書いたもの、つまり、自分自身と向き合い、推敲する過程そのものにあるのではないか。このような観点から「書く」活動を捉え直し、授業デザインを再考する必要があると考えた。

3 対話的に課題を解決する場としての教室

二つ目の問題意識は、上に述べたような「書く」活動を教室で実現するために、教師はどのような役割を担うべきかというものである。ピア・レスポンスは、それまでの教師主導型のライティング教育を批判的に捉える立場から実践されてきた。教師が書くために必要な表現や文法を教え、モデル文を提示し、学習者が書いたものを添削するという授業での教師の役割と、学習者が協働で学んでいく学習環境をデザインする教師の役割はまったく異なる。

ピア・レスポンス活動では、教師は教える人ではなく、活動を計画、実施、管理し、学習者の学びを支援する人となる。池田（2007）は、ピア・レスポンス活動における教師の役割を、情報やリソースへのアクセス方法を提示する人的リソースとしての支援、話し合いの管理運営に関わる支援という二つの観点から論じた。「協同学習」を提唱するジョンソンらが教師の役割としてあげているのもグループ活動の管理運営についての詳細な手順である（ジョンソン・ジョンソン・ホルベック2010）。

活動を円滑に管理運営するために教師が行うべきことと

しては、活動の目的・手順の明確化、課題や教材の工夫、適切なグループ編成、活動促進のための観察・介入、活動の評価などが重要項目としてあげられている。ピア・レスポンス活動を自身の授業で行うようになってから、筆者が意識して担っていたのは、まさにこのような教師の役割だった。しかし、先に述べた「書く」活動の意義を学習者が実感できるようにするためには、活動の管理運営的な支援だけを行っても十分ではないと思うようになった。日本語で書くこと、推敲することにおいて、教師として筆者が望ましいと思う具体的な方向性を示す必要があると考えたのである。

　このような考えに至ったのは、大学教員でありながら自ら小学校教師として教壇に立ち、教育学の研究を行うランパートの研究（1995）に大きな示唆を得たからである。ランパートは、自らの数学の授業を、真正の数学活動に参加者を携わらせる実践であると捉えている。学校では一般に、「数学する（doing mathematics）」ことは教師の決めたルールに従うこと、「数学をわかる（knowing mathematics）」ことは教師の質問に正しいルールをあてはめることを意味しているという。しかし、ランパートは、数学の主張についての真理はコミュニティにおける数学的議論の中で確定していくものであり、生徒には数学の知識を習得するだけではなく、学問的なディスコースに参加するのに必要な資質も学んでほしいと考えていた。

　ランパートは教師と生徒の相互作用の新たな形式を提示し、それを実現した。教師は数学の何について話し合うかを決めるために問題を選択し、生徒はその問題領域での興味、疑問、理解を皆に示すことが求められた。それは単に正しい解法と答えを探し出すことが目的ではなく、生徒たちには数学的前提と自分の方略の正当性についての問いに答えることも期待されていた。ランパートは「私の授業で

は、数学をわかることについて生徒たちに学んでもらいたいと私が考えていることを、自分自身の役割をどのように構成し、教室の皆になにを望むのかということのなかに表現した」（p.200）と述べている。教師が意図した教室での教師、生徒の役割や責任が話し合いという活動の中で明確化していくことで、生徒は数学的議論への参加が可能となり、学問世界のディスコースにふさわしい方法で数学することを学んでいったという。

　ランパートが実践で示した教師の役割は、唯一の正解を握っている権威者としての教師とは大きく異なる。自分が望ましいと思う方法で生徒が数学をわかるには、教室の中で数学を最もよく知っている熟達者としてのふるまいを示すことが必要であり、それは生徒との数学の議論に携わることだった。教師は議論するときに自分が使う知識を明確にしなければならず、生徒たちの議論が数学という原野をさまようときにはそれについていくことも必要であり、生徒の主張を支持し、適切な証明法を提示し、援助することが求められると述べている。

　ランパートの実践は、自身が教師として実現したい教室の姿が、生徒にも、論文を読む読者にも明確に示されており、それは数学という学問領域に教師がどのように関わり、いかに理解を深めているかということと強く結びついている。生徒を数学的議論に巻き込むために教師が行ったことは、議論のしかたを教えることではなく、どのような議論をしてほしいのかが生徒に伝わるようにすること、そしてその議論に教師が積極的に加わることだった。ランパートは自らの実践を真正の数学的活動への参加と捉えていたが、言語教育を行う教師は自らの実践をどのように捉えるべきだろうか。

　数学をわかることは、一般的に正解を素早く得られることだと思われている。同様に、○○語ができるということ

は、相手の発話に素早く反応し、正しい言語形式で応答できることだと認識されている。このような学習観に基づき、協働学習が行われる場合も多いと推測される。しかし、唯一絶対の規範からの逸脱をなくすことが教室の目的となるならば、教師は権威者としての役割を担い続けることになる。このような教室では、協働という形式はとられていても、教授—学習という構図は変化しない。

　一方、数学的真理が議論の中で形成されていくという見方があるように、言語形式の適切さは現実のコミュニケーションのあり方によって規定されるとみるならば、教師と学習者の相互作用のあり方は大きく変化する。そこには、学習者同士の協働を推進する権威者としての教師は存在せず、授業の目標として設定された課題を達成するために、互いに学び合うコミュニティが形成される。

　権威者ではなく熟達者としてふるまう教師が目指すのは、理想的な言語モデルを示すことだけではない。学習言語を用いてどのようなコミュニケーションを実現したいのか、すなわち、教室参加者のあいだにどのような関係をつくっていきたいのかを教師自身が明確に意識し、その意図が学習者に伝わるようなコミュニケーションを行っていくことが求められると考える。

　筆者が教室で実現したいのは、書くこと、対話することによって他者や自分自身に対する理解を深める相互行為であり、筆者が教師という熟達者のモデルとして示したいのは、書くという問題解決へのアプローチである。そのためには、学習者が書こうとする内容に積極的に関わること、読み手であり教師である「私」の価値観を提示することが必要だと考えた。

4 全員参加の対話の場をつくる

　上に述べた問題意識に基づき、筆者は次のような文章表現の授業をデザインした。ここでは、授業の枠組みを示すとともに、筆者が教師として教室活動にどのように関わったのかを中心に述べる。

4.1　実践の概要

　対象者：

　国内の大学で日本語を学ぶ留学生。レベルは中級で、レポートのような長い文章は日本語で書いたことがない学習者。

　授業目標：

　自分自身が考えていることを読み手にわかりやすい文章で表現できるようになることを目標とし、具体的項目として以下の3点を提示した。

（1）読み手を意識した文章が書けるようになる。
（2）自分が書いた文章を読み直し、自分でよりよい文章に書き直していく力を身につける。
（3）わかりやすい文章を書くために必要な文法、文体、構成など、日本語の文章の「書き方」に関する基本的な知識を身につける。

　中心となる課題は新聞に投書する500字程度の意見文を書くことである。新聞への投書を主な活動としたのは、教室参加者だけではなく、対話の場を共有しない第三者に向けて書くことも学習者に意識してほしいと考えたからである。想定される読み手に対して、自分が伝えたいことは何か、一般論ではなく、自分にしか書けない独自の主張を考

えるよう促した。

　一つの課題につき複数回の書き直しを求め、アイディア
を考える段階から校正し原稿を完成させるまでのさまざま
な段階で、仲間や教師との対話を行った。投書の意見文の
内容は口頭での発表も課し、完成した原稿は新聞社へメー
ルで送付した。意見文の課題に入る前には、文体、話しこ
とばと書きことばの違い、論文やレポートで使われる表
現、パラグラフライティングの考え方に基づいた段落構
成、アウトラインのたて方などについて説明し、例文や練
習のプリントを配付した。

　また、ウェブ上で使用できる辞書や漢字にふりがなをつ
けてくれるサイトなど、読み書きに役立つリソースの紹介
も行った。宿題の提出はウェブ上で行い、書いたものや、
それに対するコメント、授業で配付したプリントや紹介し
たリソースは、大学のLMS（Learning Management System）
やメーリングリストを使用してクラスで共有した。投書を
書く活動の流れを表1に示す。

表1　投書を書く活動の流れ

1		論理的な文章とは何かを考える1： 二つの対比的な意見文について違いを話し合う。
2		論理的な文章とは何かを考える2： どうすれば論理性を高められるかについて話し合う。
3		新聞の投書の構成をグループで分析する。
4	対話1	各自のテーマについてグループでアイディアを出し合う。
5	対話2	各自のアウトラインについてグループで話し合う。
6	対話3	各自の第一稿についてグループで話し合う。
7	対話4	発表者の作文に対し、クラス全員で話し合う。作文は事前にクラスで共有し、全員が読んでコメントを書く。コメント担当者を決めておき、担当者を中心に話し合いを進める。
8	対話5	グループで作文を最終点検し、お互いの作文についてコメントを書く。
9		新聞社にメールで投書する。
10		授業の振り返り：最終稿について自分自身でコメントを書く。

ここでは、対話4の活動を取り上げる。対話1〜5のうち、対話4以外は2〜3人のグループでお互いの書いたものについて話し合う活動であり、一般的なピア・レスポンス活動といえる。これに対し、対話4は1人の作文をクラス全員で議論するという形をとっている。例として、9名のクラスで90分授業の場合の進め方を以下に示す。

　対話4の進め方：
①クラス全員の第一稿のテーマ一覧を作成し、学習者がお互いに関心のあるテーマを選べるようにする。1回の授業につき、全員が発表者あるいはコメント担当者になるように役割分担を決める（表2参照）。
②発表者は、発表日の3日前までに第二稿をウェブにアップし、当日は2分程度の時間で原稿を読み、発表する。
③コメント担当者は提出された第二稿について質問やコメントを書き、当日持参する。
④発表当日は、発表者が原稿を読んだあと、コメント担当者が順番に質問とコメントを行い、発表者とやりとりする。そのあと、発表者、コメント担当者以外のクラスメートからの質問、コメントを受ける（「発表の流

表2　発表者とコメント担当者の役割分担

	発表者	コメント担当者
発表1日目	Aさん Bさん Cさん	Dさん　Eさん Fさん　Gさん Hさん　Iさん
発表2日目	Dさん Eさん Fさん	Aさん　Bさん Cさん　Gさん Hさん　Iさん
発表3日目	Gさん Hさん Iさん	Aさん　Bさん Cさん　Dさん Eさん　Fさん

れ」参照）。

⑤コメント担当者は発表者へコメントを渡し、その日の
　発表について気づいたこと、考えたことを全員振り返
　りシートに記入する（4.2の図1参照）。

発表の流れ：
Aさんの発表（500字程度の原稿朗読）　　　2分
Bさんの質問・コメント　　　　　　　　　10分
Cさんの質問・コメント　　　　　　　　　10分
他のクラスメートからの質問・コメント　　5分
※同様に、Bさん、Cさんの発表を行う。

　上に示したように、この授業ではクラス全員が発表者か
コメント担当者の役割を担い、クラス全員の前で、自分の
意見を述べることが求められる。発表者である書き手より
も、むしろ読み手であるコメント担当者の方が発表の準備
が必要となる。このような発表形態で行った理由は、互い
の作文を時間をかけて丁寧に読んでほしかったからであ
る。さらに、書き手と読み手のやりとりを客観的に見る機
会を得ることで、それまで自分が行っていた「書く」活動
を振り返り、どのようにふるまえば自分にとっても他者に
とっても有意義な議論になるのかを学んでほしいと考えて
いた。
　学習者は、この発表までに表1の1〜6のグループ活動
を経験している。このクラスではどのような文章を書くこ
とが求められており、そのためにどのようなコメントをす
ればいいのかを少しずつ理解できるようになっている。ク
ラスでの対話は、各自が抱えている課題を教室参加者全員
で共有し、自分が当然だと思っていることでも、クラスに
は多様な異なる考え方があることを知り、考えを深めるこ
とを目的として行った。

教師である筆者は、グループ活動4〜6（対話1〜3）で、学習者1人ひとりの作文に対して、自身の意見（賛成、反対、疑問、主張の曖昧さや論理的な矛盾の指摘）を繰り返しコメントした。グループで作文を検討する前に、教師のコメントを渡すことで、グループでは自然に教師のコメントに対する検討（同意、反駁、批判、疑問の提示）がなされる。教師のコメントを批判することで新たなアイディアが生まれたり、教師の意見に同意する読み手が教師に代わってコメントを説明あるいは補強して書き手に伝えることもある。グループによっては、議論の停滞や、衝突が激しすぎて建設的な議論に結びつかない場合も見られるが、自分の意見に共感や反駁を示す本物の読者を得たり、コメントが受け入れられ、相手の課題解決に貢献する経験をすることで、学習者は協働的な学びの意義を実感できるようになっていく。

　このような活動の意義を実感できる経験を一度でも持つことができれば、それまで活動に消極的だった学習者の反応も大きく変わってくる。なぜ、何のために話し合うのか、目的もわからず準備も十分ではない状態で、ただ話し合うよう促されても、うまくはいかない。筆者の場合は、上に示したような対話の場をつくること、すなわち多様な考え方を背景に、オリジナルな主張を他者にわかりやすく（論理的に）述べることを重視していた。そのため、主張形成に欠かせない議論の衝突を肯定的に捉え、問題や矛盾が見えやすくなるよう、学習者の議論に教師として積極的に関与した。

　このような活動を踏まえたうえで、対話4では事前に決めておいたコメント担当者を中心に話し合いを進め、筆者も一参加者としてコメントした。コメント担当者は作文を十分に読み込んでくるので、意図が曖昧だと教師が感じていたような箇所は、ほとんどがコメント担当者の質問によって意図が明らかにされていった。書き手とコメント担当

者のやりとりが白熱してくると、それを聞いていた参加者からも異なる観点からコメントが出てくるようになるので、教師は時折議論の交通整理をし、さらに深く掘り下げてほしい点をコメントとして示すようにした。

　クラス全体での対話、グループでの対話のあとには、毎回、振り返りシートを提出させた。学習者は対話の中で印象に残ったこと、考えたこと、学んだことなどを教師への質問やコメントなどとともに書く。教師はそれに毎回コメントして返却する。振り返りシートのやりとりをすることで、学習者が対話をどのように捉え、書くこととどのように結びつけているのかを段階的に知ることができる。次項では学習者の変化を示す例として、キリという学習者の事例を紹介する。

4.2　学習者キリの変化

　キリが在籍していたのは20名のクラスで、学部生、短期交換留学生、大学院生など、国籍や日本語レベルもさまざまな学習者が履修していた。活動3が終了した時点で、キリが書いた授業コメントには「クラスメートと一緒に討論することはなるべく減少した方がいいと思います」とあった。授業コメントはクラス全員に書かせていたが、クラスメートとの対話に否定的な態度を示したのはキリだけだった。キリはもともと話すのが好きではなく、それまで一緒にグループ活動していたクラスメートとはあまりなじんでいないようだった。しかし、教師や他のクラスメートとの対話を繰り返すことで、クラスへの参加のしかたが次第に変化していった。キリがグループ活動の意義をはじめて実感できたと思われる活動6（対話3）の振り返りシートが図1である。

☆だれと話しましたか、
　　○○さん

☆どんな話をしましたか（どんなアドバイスをもらいましたか）。
　　**面白い経験でした。ちゃんと討論しました。とてもうれしいでした。いろいろな話を
　　はっきり言いました。**

☆自分の作文のどこを直したらいいと思いますか。
　　解決問題の方法をはっきり書いた方がいいです。

☆今日の授業を振り返って（気づいたこと・考えたことを書いてください）
　　**○○さんと話して、とても面白い経験です。お互い相手に了解のために、討論して、
　　とてもいい経験でした。**

☆先生に言いたい一言（困ったこと・感想など）
　　先生、ありがとうございます。

図1　キリの振り返りシート

　この対話をきっかけに、キリの「書く」内容も大きく変化した。クラスメートとの関係が変わることで「書く」活動も変化し、それに伴って協働的な学びの意義を実感できるようになっていったと考えられる。キリは授業最終日の振り返りで以下のように書いている。

　1回目のテーマと新聞に投書するテーマはすごし関係があるけど、書いた内容はまったく違うと思う。最初の作文は「未成年者喫煙問題」について、自分を持っている感想を書いたが、投書するときは（はっきりで）未成年者にタバコを買えることを禁止すべきだ。その書き直す過程の中で、いろいろな思いを考えて、何回も作文を直して、最後は投書する作文を書いた。もともと面倒なことだと思うのに、最後はその作文の書くことを面白いと感じていた。「どうやってもっと完璧な作文を書くか。」その考えを持っているが、授業は面白くなっていった。この授業を渡って、いろいろなことを勉強になった。文章表現の授業をとったのは本

当によかった。先生、ありがとうございます。

　こうしたキリの変化は特別なものではない。クラスメートに自分の考えを伝えたいという思いをどれだけ強く持てるか、つまり、理解し、理解されたいと思う他者との関係を自身の周囲につくれるかが大きく関係していた。キリの変化は、筆者がキリを心配し、授業後に声をかけたこと、活動5（対話2）でキリの作文について真剣に考えてくれるクラスメートと出会ったことがきっかけになっていた。自分の考えをどうしたら相手に伝えられるのか、自分もクラスメートの作文を理解したい、よりよくするために貢献したいという気持ちの変化が、「面倒な」書く活動を「面白い」ものにしたのだと考えられる。キリが書く活動について感じたこの「面白さ」は、筆者が学習者に教室で経験してほしい「面白さ」でもある。キリのような学習者と出会うことで、その後の授業デザインも少しずつ変化していった。

4.3　読み手として対話する教師

　これまで述べてきたように、本実践において、筆者は教師として学習者が書こうとする文章の内容に積極的に関与した。しかし、それはこのような文章を書けばよいという望ましい修正の方向を示すための介入ではなかった。書き手の意図を理解したいと願う読み手の1人として、また書き手の課題をともに考える教室参加者の1人として、「私」が感じたことを率直に伝えるようにした。もちろん、教師としての「私」を消し去ることはできないし、学習者から見れば、筆者が言ったことはすべて権威的な教師の言葉であったかもしれない。しかし、書くことの面白さを実感できたキリのような学習者は、教師の言葉にも、他のクラスメートの言葉にも、同様の反応を示している。つまり、だ

れの言葉であっても、それが自分にとってどのような意味があるのかを内省し、自分の言葉で返答しようとするのである。そのような書き手が書いた文章は、クラスでの対話を想起させる、教室参加者への返答の言葉が随所にちりばめられ、読み手に説得力を持って訴えかける完成度の高いものになった。

　協働学習を実践する教室では、学習者同士の話し合いへの介入を避ける教師もいる（広瀬2019）。教師の存在が見えなければ見えないほど、学習が円滑に行われていると考える教師の言葉も耳にする。しかし、本実践では、教師の考え方や価値観を示すこと、それによって教師と学習者とのあいだに、あるいは学習者同士のあいだに、ときには故意に対立を引き起こすことが必要になった。そしてそれが教室での対話や学習者の内省を促し、書く活動を「面白い」ものに変えていったといえる。

4.4　添削は必要か

　作文教育では、形式的フィードバック、いわゆる添削[2]を行うことが一般的である。教師が読み手として対話するだけでは不十分だという意見もあるだろう。本実践でも、投書を新聞社へ送るための最終稿を書く段階では添削を実施した。学習者の不安あるいは不満を解消するためだったが、それは言い換えれば、筆者にも添削を完全になくすことへの躊躇があったからである。

　しかし、実践を積み重ねていくうちに、形式的なフィードバックの割合は減少していった。読み手との対話を通して推敲を繰り返すことで、意図が理解できない箇所はなくなるからである。本実践の学習者もそれを実感していたからか、最終稿に至るまで添削が行われないことに不満を述べる者はいなかった。

　このような筆者の変化には、添削の限界と問題点を論じ

た経験（広瀬2010）も大きく影響している。添削者が修正できるのは、言語形式上の問題の一部であり、学習者が言いたいことを教師が代わって表現することはできない。添削の限界は教師も認識しているが、誤りの訂正を望む学習者を前に添削をやめることに踏み切れない教師の現状がデータから明らかになったからである。

　添削の要、不要は個々の現場で判断されるべきである。重要なのは、本当に厳密な添削が今必要なのか、なぜ必要なのかを考え、添削の縛りから学習者も教師も自由になることである。文法や語彙の適切さは、書き手が置かれている状況によって異なる。正確さを重視しすぎれば、自分が言いたいことは自分にしか表現できないというあたりまえの事実を学習者に見えなくさせ、教師への依存を増大させてしまう。言語形式を整える練習の場ではなく、他者には表現できない学習者本人が言いたいこと、伝えたいことが生まれる場としての教室が必要である。さらにいえば、書くという学習活動を書かれた文章のみで評価するのではなく、書くプロセス、すなわち、書き手と読み手の相互行為の全体を含めて多様な観点から評価できるよう、従来の評価観を再考していくことこそが重要だと考える。

5 協働で何を実現したいのか

　これまで述べてきた、教師としての筆者の変化とそれを促した実践研究による気づきをまとめたものが図2である。

　2節で述べたように、ピア・レスポンス活動を授業で始めたばかりの筆者は、ピア・レスポンスが推敲作文に反映されないことに問題意識を持っていた。それが学習者の推敲過程を分析する実践研究につながり、そこで得られた気づきが実践を変え、新たな疑問がさらに次の実践研究を促すことになった。

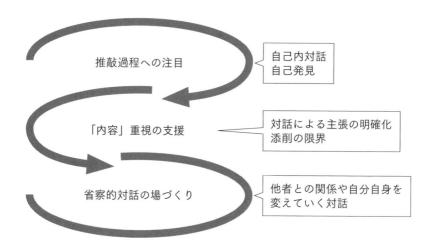

推敲過程への注目 ← 自己内対話 自己発見

「内容」重視の支援 ← 対話による主張の明確化 添削の限界

省察的対話の場づくり ← 他者との関係や自分自身を 変えていく対話

図2　教師の変化と実践研究による気づき

　書くことは、書き手と読み手の相互行為であり、書かれる内容は読み手とのあいだで対話的に構築される。学習者に必要とされるのは、規範を絶対視することなく、書き手と読み手が協働的に新たな意味を発見し、創造していくプロセスである。教室は、そこで生じるさまざまな葛藤、対立や矛盾を学習者自身が意味づけていく場となるべきだと考えた。このような「省察的対話」（広瀬2015）の場を目指して、徐々に形作られていったのが本実践である。

　3節では、協働的な学びの場をつくる教師の役割について考察した。活動の円滑な管理運営に関する支援だけでは不十分だと感じていた筆者に大きな影響を与えたのが、生徒を真正な数学的議論へ巻き込み、対話的に課題解決を目指すランパートの実践（ランパート1995）だった。

　学習者が1人では達成できない課題を解決するために教師が行う援助は「足場かけ（scaffolding）」として広く知られている。秋田（2010）は学校教育の文脈において、子どもたちの関係をつなぎ参加を促す「社会的な足場かけ」だけでなく、子どもの発言を特定の教科内容、教材理解へとつな

ぐ「分析的な足場かけ」が重要であると述べている (p.122)。

第二言語の教室では「言語的な足場かけ」、すなわち言語的な問題の解決、知識の提供に焦点が当てられることが多い。協働的な学びの場では「社会的な足場かけ」によって、学習者の参加を促す支援も行われている。しかし、学ぶ対象、教材に対する深い理解を促すための「分析的な足場かけ」の重要性については、十分に認識されていないのではないだろうか。

「分析的な足場かけ」は、教師が実践研究や教材研究によって領域知識を深め、自身の教育観を明確化することで可能になる。本実践に即していえば、書くという言語行為やその教授に関する知識を深めること、それによって書くことで学習者に何を学んでほしいのかという自身の教育観を明確化することが、授業デザインや具体的な支援方法を変化させていった。それを簡略化して示したのが図2であり、具体的な授業デザインとして述べたのが4節であった。

筆者の場合は、学習者は何を、なぜ学ぶのかを追究することが結果的に協働的な学びの場づくりにつながっていった。書き手に省察的対話を促すためには、クラスの仲間も教師も1人の読み手として真正な対話を呼びかけることが不可欠だったからである。協働的な学びを目指す教師に必要なのは、協働するための方法を考えることではなく、なぜ協働するのか、協働によって何を教室に実現したいのかを問い続けることだと考える。

筆者の実践研究による探究は続いている。学習者がクラスでの対話を通して書いたものを、プロダクトとして評価するのではなく、書かれたプロセスとともに書く活動全体を協働的に評価できないか、試行錯誤を繰り返している。協働的な学びとその評価について分析と考察を深めることで、教師としての変容、成長につなげていきたいと考えている。

注　　　　　[1] 広瀬（2015）を参照。

[2] ここでは添削を「添削者から書き手に対して一方的に行われる、作文の文法や表記などの言語形式に対するフィードバック」の意味で用いる。

参考文献　　秋田喜代美（2010）「リテラシーの習得と談話コミュニティの形成」秋田喜代美・藤江康彦（編）『授業研究と学習過程』pp.110–125.　放送大学教育振興会

池田玲子（2007）「ピア・レスポンス」池田玲子・舘岡洋子（編）『ピア・ラーニング入門―創造的な学びのデザインのために』pp.71–109.　ひつじ書房

内田伸子（1990）『子どもの文章―書くこと考えること』東京大学出版会

ジョンソン, D. W.・ジョンソン, R. T.・ホルベック, E. J.（著）、石田祐久・梅原巳代子（訳）（2010）『学習の輪―学び合いの協同教育入門』二瓶社

広瀬和佳子（2010）「学習者の作文に対する解釈の多様性と「添削」の限界―日本語教師の添削過程の分析を中心に」『早稲田日本語教育学』8, pp.29–43.

広瀬和佳子（2015）『相互行為としての読み書きを支える授業デザイン―日本語学習者の推敲過程にみる省察的対話の意義』ココ出版

広瀬和佳子（2019）「教師は実践研究においてピア・レスポンスをどのように評価しているか―文献レビューを通して」『日本語教育』174, pp.1–15.

ランパート, M.（著）、秋田喜代美（訳）（1995）「真正の学びを創造する―数学がわかることと数学を教えること」佐伯胖・藤田英典（編）『学びへの誘い』pp.189–234.　東京大学出版会

第3章

社外での学びの場と
職場での実践を結ぶ協働学習
外国人材の「学びの継続」を支援する

金孝卿

1 はじめに

　　厚生労働省によれば、2020年10月末現在、外国人労働者数は、約172万人に上り、過去最多を更新した。日本政府は、人手不足の解消、国際的な人材獲得競争の中で、外国人材の活躍推進に関する施策として、高度な知識と技能を有する外国人材の受け入れ、共生のための総合的対策を示した（法務省2019, 内閣官房2020）。当施策には、外国人留学生等の高度人材の国内就職の促進、ビジネス日本語教育プログラムの開発の促進、採用後の多様な人材育成への政策的な支援などが挙げられている。さらに、企業と大学等の連携への支援、企業間のノウハウの共有など、外国人材の受け入れに関わる環境整備への支援策が示されている。これらを踏まえ、今後、インターンシップやビジネス日本語を身につける教育プログラムの策定、職場内での効果的なコミュニケーションのためのコンテンツや学び方の活用が求められている。

　　では、外国人材の活躍につながる日本語教育研究を考える際に必要となる観点は何だろうか。上記の社会的状況を踏まえ、中長期的な人材の育成を視野に入れる必要があるという点を挙げたい。つまり、外国人留学生を含む外国人材を全人的に捉え、その人材の育成は社会的に構築される

39

財産であるという視点が重要であろう。その上で、外国人材の活躍につながる日本語教育研究のより一層の推進と社会実装が求められているのではないだろうか。

　本章では、まず、成人の外国人材の「学びの継続」を支援する必要性について述べる。その上で、外国人材の活躍につながる日本語教育の方法論として、社外での学びの場と職場での実践を結ぶ協働学習の意義について述べる。前者については、外国人材の「学びの継続」に注目する背景として、①生涯教育、②キャリア論、③職場学習論の観点から述べる。後者については、「ケース学習」を中心としたこれまでの取り組みの概要と成果を述べ、最後に、協働学習としてのケース学習の実践によって、社外での学びの場と職場での実践を結ぶことが、外国人材の活躍のための具体案の一つになることを述べる。

2 ｜ 外国人材の「学びの継続」を支援する

2.1　成人の生涯学習

　近年、日本においては、個々人の人生の再設計が可能である社会を目指し、成人の生涯教育をより具体化するために、「リカレント教育」の拡充を図ることとした（内閣府2018）。中村・波多野（2019）は、諸外国の生涯教育について、移民や外国人労働者への生涯教育の機会が多いドイツの成人・継続教育の例を概観し、日本においても外国人労働者に対する生涯学習の機会の提供が重要であると述べている。

　では、日本語教育において、外国人材の「学びの継続」を支援する際にどのような観点が必要か。この点については、地域日本語教育のシステム作り検討プロジェクトにおける「生活者としての外国人」（日本語教育学会2008）の概念が示唆を与えてくれる。日本語教育学会（2008）によれば、

生活者として日本社会に参加する外国人を捉える際に、生活の場所が変わることでいままで送ってきた人生をどのように続けるかという側面が重要であるという。外国人はその時間軸において、日本社会におけるあらゆる側面と接触しながら、各々の生き方や生活の仕方を営んでいる。また、「多言語使用者」として、日本語を含む複数の言語資源を拡大して管理しつつ、日本に関する社会言語知識や社会文化知識を使って日本社会に参加しているという側面が挙げられている。

　これらの示唆を踏まえるならば、日本語教育においては、少なくとも、外国人材の「働くことに関する個の成長」と「職場内外の他者との接触と学び」の二つの側面が「学びの継続」を捉える上で重要であろう。

2.2　心理学におけるキャリア論

　まず、外国人材の「働くことに関する個の成長」については、学びの主体である外国人材個々のキャリアの捉え方が関わってくる。岡田（2013）は、心理学におけるキャリア研究の理論を概観し、キャリア研究の視点が時代や社会経済的状況などを背景に、客観的なものから主観的なものへとシフトしてきたと指摘している。特に、2000年以降の特徴として、社会構成主義をもとにしたキャリア構築理論が提唱されるようになった。そこでは、仕事環境における複雑さや混乱を切り抜けるための自己概念をいかに構築するか、また、日常の文脈を含む職場内外での他者との関わりを介して、自己のキャリアを意味づけることに関心が置かれる。関係性やナラティブに焦点を当てた研究においては、個人の語りから職場との関係性、アイデンティティの変容と学びのプロセスを質的に分析するといったアプローチが用いられている。さらに、生涯発達というより広い視点から成人期の発達モデルを示している。そこでは、個

人のキャリアは固定的なものではなく、多方向性を持つ可
変的なものであり、成長と衰退を伴う、文脈に依存したも
のとして特徴づけられている。

2.3　職場学習論

　次に、外国人材が職場内外での他者との関係においてど
のように学ぶかという観点での考察が必要である。中原
(2010) は、人材育成の観点から、職場における学習のあ
り方について、職場における他者からの支援と若手の能力
向上の関係を実証的に示している。能力向上に関しては、
ヒアリングデータから「業務能力向上」「他部門理解向上」
「他部門調整能力向上」「視野拡大」「自己理解促進」「タフ
ネス向上」を挙げている。「業務支援」「内省支援」「精神
支援」の観点から上司、上位者・先輩、同僚・同期、部下
からの支援の度合いと能力向上の関係を調べた結果、上司
からの「業務支援」は量としては多いものの、能力向上に
は結び付いていていない 。一方、上司があまり行ってい
ない「精神支援」は、能力向上に結び付いていることを明
らかにした。さらに、仕事の中での他者との係わりに関し
て、上記に挙げたような「職場の人」と「社外の人」の両
方に関わりを持っている人において、「視野の拡大」が進
んでいることを明らかにした。

　以上を踏まえれば、外国人材の職場内外において「学び
の継続」を支援する際には、①外国人材の働くことに関す
る自己概念の構築や、②職場内外での他者との関わりを介
して、能力向上のプロセスへの意識化を促すことが必要で
あると考えられる。以下では、そのための支援として、ケ
ース学習を中心とした取り組みがいかに活かせるか、これ
までの実践の概要と成果をもとに述べる。

3 外国人材の雇用と定着に関する課題と その解決に向けた取り組み

　近年、日本企業における外国人材の雇用と定着を支援するための施策が推進されてきている中、留学生採用に対する企業の意識調査では、依然として「コミュニケーションへの不安」や「上司による指導・マネジメントの困難さ」が課題として挙げられている（鱧谷2016）。外国人材の採用実績のある企業の満足度においては、外国人材の「意欲」「勤勉さ」は高く評価している反面、「出身国と日本の発想の切り替え」「事務能力」においては低い評価を示しているとの報告もある。これらは、外国人材雇用と定着に関する特有の課題でもあり、組織と外国人社員、日本人社員との関係性など、社内の対話のあり方に関わる課題といえる。

　こうした動向を踏まえ、日本語教育においては、ケース学習を主軸とした企業研修を行う講師育成プログラムの開発（近藤2018b）や、企業と日本語教育機関との協働による社内研修の開発（横澤・森島2018, 近藤他2019）などが行われている。本稿で取り上げる「ケース学習」は、実際に職場で生じたトラブルや摩擦（コンフリクト）を題材に、問題の発見と解決方法について他者と討論し、自身の解決方法を見出し、一連のプロセスを内省するまでの学習を指す。このアプローチは、ハーバード大学で開発された教育法である「ケースメソッド」を援用して日本語教育に提案したものである。他者との対話によって多様な価値観に触れ、互いの違いを尊重し、自分の考え方を問い直していくプロセスを辿る。近藤らは、ケース学習を日本語教育における協働学習の活動として位置付けている（近藤2018a, 近藤・金2010, 近藤・金・池田2015）。

　では、協働学習としてのケース学習の実践は、いかにして、外国人材に関する課題の解決に貢献しうるか。次節以降で検討していく。

43

4 ｜ 外国人材の社外での対話の実践（研究①）

4.1 実践研究の概要

　金（2018）では、外国人材の雇用と定着のための取り組みとして、企業と大学の協働による元留学生社会人交流会で行ったケース学習の実践を取り上げている。同実践は、2016年から2018年までの約2年間にかけて、関西経済連合会に事務局を置く「グローバル人材活用運営協議会」の事業の一環として行われたものである。そのうち、元留学生のみならず、企業・行政・大学関係者、現役の留学生を交えた拡大版の交流会（計3回、延べ65名参加）を行い、そこでの参加者の学びの実態を探った。

　拡大版の交流会で用いられた教材は、近藤ほか（2013）『ビジネスコミュニケーションのためのケース学習（教材編）』の中から、「空気を読んで（ケース9）」「完成度（ケース7）」の2点が用いられた。当該の交流会では、それまで継続的に参加した現役の外国人社員以外に、留学生や企業・大学関係者など、初めての参加者が多かったため、文章が短く、かつ、参加者がその場で読んで対話に参加しやすいと考えられたものを選んだ。

　グループの編成は、現役の外国人社員、留学生、企業関係者、行政関係者、大学関係者など、立場の異なる参加者3〜4名で構成された。全体の流れは、大まかに「アイスブレイク」→「ケース学習（70分前後）」→「懇親会」となっている。「ケース学習」の実践は、教材に組み込まれている設問に沿ってグループで討論し、全体で共有しながら問題解決の方策を探るといったものである。

〈交流会の様子〉

　全体の討論では、できるだけ、意見をボードなどに書き、討論を深められるように工夫した。次の写真は、「完成度（ケース7）」についての最後の設問（あなたが●●さんだったら、どう行動するか）に対する意見の例を示したものである。

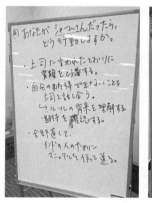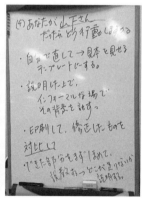

〈全体討論時のボードメモ例〉

4.2　分析の結果と考察

　金（2018）では、ケース学習での討論の内容と参加者アンケートの記述内容を分析した結果から、次の点を明らかにした。まず、背景の異なる参加者がケース学習の活動を

媒介に、個々人が置かれている文脈に照らしながら問題を発見し、解決のための方策を探るプロセスで、様々な視点や価値観に触れている様子が窺えた。

　特に、外国人社員の参加者は、差し支えない範囲で、自身の職場における上司や先輩・同僚、組織と自分との関係に照らしながら、ケースにおける問題を捉えている。この様子は、異業種・異職種の外国人社員が中心の別のケース学習の実践においても同様に窺えた（金2019b）。例えば、現役の外国人社員は、異文化の中で働く際に起こりうる問題をいかに協働的に解決するかという点を強く意識しており、ケース教材の問題に対して「前提や情報を共有する」「他者の視点や立場に立つ」といった解決策に言及する場合が多い。

　一方、日本人の企業関係者からは、外国人社員の問題の捉え方や行動の文化的な違い、さらには彼らが置かれた職場環境についての気づきを得ている様子が窺えた。例えば、「日本的経営や管理の風土への外国人社員の捉え方」「企業関係者や人事・総務への示唆」に言及するものが多い。最後に、留学生の参加者は、会社生活への漠然とした不安を解消し、キャリアのイメージをつかんだり、就活へのヒントを得たりしている様子が窺えた。これは、討論の中で職場での行動やそう思う理由について、様々な角度から共有されたことによるものである。例えば、「問題の背景には、異文化だけでない年代や個性も関わっている」「仕事への評価やアドバイスは、成果を認めるところと指摘するところを分かりやすくするべき」「報告、連絡、相談の重要性」「書式と内容の両方がベストなら、それを目指すべき」といった話題がその例である。

　最後に、以上の分析結果を踏まえ、現役の外国人社員が社外でのケース学習の実践に参加することの意義について考えてみたい。香川（2015）は、ある組織や状況には様々

46

なレベルの境界や矛盾が存在し、それらを乗り越える過程で個人とフィールドの両方に変革が起きるとしている。さらに、複数の状況間をまたぐ学習・発達過程に着目した「越境的な対話」の有効性について論じた。外国人社員は、職場の実践において、職務遂行上の様々な問題に直面すると考えられる。彼らにとって、当該のケース学習の実践のように職場から離れた学びの場は、その現実を対象化し、自らの問題を捉え直し克服するための新たな観点が生まれる場となりうるのではないだろうか。特に、異業種・異職種の他者との対話によって、職場で起きうるコミュニケーション上の問題に対して、視点の重なりと異なりが生まれ、それらが自らの現場の問題を対象化する材料となっていたと考えられる。しかしながら、外国人社員の参加者が社外でのケース学習の経験を職場の実践にどう結び付けていたかという点は課題として残された。

5 | 外国人材の学びの連続性を探る（研究②）

5.1　研究の背景

　金（2019a）では、一連のケース学習の経験と職場での実践のつながりに焦点を当て、当該交流会の継続参加者4名の外国人社員と、参加者Aの所属企業の人事担当者へのインタビューをもとに、経験学習モデルに基づいて、参加者の行動面、認知面、動機づけにおける変化を考察している。

　本研究では、社外でのケース学習の実践を、職場との往還の中で学びを促す実践という観点から、Kolbの経験学習モデルに基づいて分析している。図1は、経験学習のモデルを言語学習に適用したKohonen（2001）から引用したものである（金2008）。

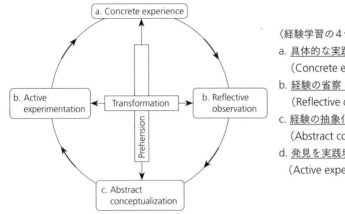

〈経験学習の4つのプロセス〉
a. 具体的な実践経験
（Concrete experience）
b. 経験の省察・観察
（Reflective observation）
c. 経験の抽象化・概念化
（Abstract conceptualization）
d. 発見を実践現場で試す
（Active experimentation）

図1　Kolb（1984）の経験学習モデルKohonen（2001）（金2008より一部変更）

　このモデルは、「a.具体的な実践経験」「b.経験の省察・
観察」「c.経験の抽象化」「d.発見を実践現場で試す」の四
つのプロセスが、省察による発見を促し学びの持続的開発
を可能にするというものである。では、こうした経験学習
の枠組みから、参加者の内的変化をどのように捉えること
ができるか。伊東・河崎（2014）は、大手製造会社の部署
横断のプロジェクトマネージャーの能力開発を目的とした
ケースメソッド研修を実施した。内的変化の評価項目とし
て、①省察：「良き振り返り」「自身の行動の客観視」、②
発見：「新たな視野」「挑むべき方向性」、③動機づけ：「将
来への志気向上」を立てている。さらに、それぞれに関し
て、行動面、認知面、動機づけの面から、議論からの学び
と気づきを質的に分析した。以下では、ケース学習の実践
の参加者は、こうした一連の経験をどう捉えているか、ま
た職場での実践に持ち帰って活かそうとしたかという観点
から分析した結果を述べる。

5.2 研究の方法

　分析の対象は、2016年から2018年までの約2年間に渡って行った、元留学生社会人交流会におけるケース学習の実践に継続的に参加した参加者（4名、参加者A〜D）と参加者Aの人事担当者へのインタビュー（各1時間）の内容である。

　参加者4名に半構造的インタビューを行った。インタビューの質問は、①現在の仕事、②働く中で困ったことや工夫していること、③ケース学習の実践について、④今後研修などで必要だと思うこと、⑤今後3年または5年後の計画、の五つである。本研究では、③ケース学習の実践についての質問（その経験をどう評価するか、職場に持ち帰って活かそうとしたかなど）への回答として語った内容を主な分析対象とし、その他の質問への回答の内容を補助的に用いた。まず、インタビューの文字化資料をもとに「省察」「発見」「動機づけ」と判断される部分を同定した。「省察」「発見」「動機づけ」については、伊東・河崎（2014）の下位項目を参考に分析を行った。

5.3 分析の結果と考察

　4名の参加者の語りの分析から、「日本語についての自信の向上と職場での発信力へのつながり（参加者A）」「職場でのコミュニケーションへの意識の向上（参加者B/C）」「自分の経験への振り返りと異文化で働くことへの理解の深まり（参加者D）」の学びの気づきが浮かび上がった。以下、参加者Aの学びと気づきの分析結果を中心に述べる。

　参加者Aの語りからは、【省察（振り返り・行動の客観化）】「職場内でのコミュニケーションの不全感への気づき」「会議での日本語使用」、【発見（挑むべき方向性・新たな視野）】「企画の提案」「日本語使用への不安と意識の変化」「コミュニケーションの実践」、【動機づけ（将来への志気向上）】

「踏み出す勇気」といった観点が抽出できた。参加者Aの語りの断片に照らして示すと、次の通りである。

〈語りの断片①〉

日常的に過ごしていても「自分の考え方は実はこうですよ」「みんなちゃんと分かりますか」という思いがあったが、何をどうすればいいかなと思っていた。【省察（振り返り）】「職場内でのコミュニケーションの不全感への気づき」

〈語りの断片②〉

最初は、会議のとき、すごく緊張して、手を挙げて意見を出さなかった。行動が大きいとか、そういう反応が嫌で。一応、自分の意見では賛成だが、手を挙げて「こういうことやったらどう？」というのは、失礼かなと、わざと意地悪な質問をする人もいないなと思ってあまりしなかった。【省察（行動の客観化）】「会議での日本語使用」

〈語りの断片③〉

この交流会ですごく役に立ったのは、自分が勇気を持てるようになったことだ。前はあまり会議で発言しなかった。失礼かな、自分の日本語どうかなあ、分かるかな、不安がいっぱいありました。でも、交流会に参加して、日本語で他の参加者とディスカッションするようになってから自信がついた。【発見（挑むべき方向性）】「日本語使用への不安と意識の変化」

〈語りの断片④〉

交流会で話し合ったケースの中に、「できます」という回答について、外国人社員と日本人社員の捉え方が違うという話があったので、アジアカフェでも社内で共有したら、みんな「できます」より「がんばります」「はい、やってみます」と言うようになって、変化したと思う。【発見（新たな視野）】「コミュニケーションの実践」

〈語りの断片⑤〉

今いる海外事業部にはある活動があって、ボーダーを越える、外国人社員とダイバーシティの一環として「アジアカフェ」というのを提案した。交流会を見て、本当にできるんじゃないかって持ち帰ってPPTや案を作って部長に提案した。一歩足を踏み出せばドアが開く。ドアが開いたら何か発見できると思った。【発見（挑むべき方向性）】「企画の提案」・【動機づけ（将来への志気向上）】「踏み出す勇気」

> 積極的に「私は何もまだ分からないので、もし間違いや気づいた方がいいことがあれば教えてください」とポジティブに言えば、日本人の社員にもいいと思う。人はそれぞれのやり方があるので、私も自分なりに成功することも、失敗することもあると思うけど、何とか乗り越えたかなと思う。【発見（挑むべき方向性）】・【省察（行動の客観化）】「コミュニケーションの実践」

　参加者Ａにとって、ケース学習での話し合いが、職場でのコミュニケーションの不全感や自身の行動を客観視するなどの省察を促すきっかけとなったようである。そこから、職場で自分から企画の提案をし、本実践での学びを職場での実践に結び付けるなど、意識と行動の変化を見せていた。また、普段の職場では日本語の間違いに対する不安があり、会議などで日本語での発言を控えていたが、本実践に参加したことによって職場で自分の意見を日本語で発信していく自信を得たことを示していた。

　こうした参加者Ａの意識と行動の変化は、職場の上司や人事担当者の理解が関わっていることが分かった。上司や人事担当者からの支援は、主に参加者Ａの企画提案に対してその内容を聞き、助言を行いながら予算面を含めて企画の実行を後押しする形で行われていた。人事担当者は、参加者Ａの行動の変化について、入社３年目にして社内のプロジェクトリーダーを務めるまでに至ったことからその変化を認めていた。また職場外での交流について肯定的に捉えており、外国人材の持つものの見方やマインドを企業内の「多様性」として捉えて活かしたいという姿勢を示していた。

　以上、参加者Ａを例に結果を示したが、他の参加者においても、職場における自身の言語行動やコミュニケーションのあり方、職場の環境について振り返り、各自の必要に応じて社内での対話を試みた様子が窺えた。

6　外国人材の「学びの継続」を支援する協働学習

　最後に、これまで述べた研究を踏まえ、協働学習としてのケース学習の実践によって、社外での学びの場と職場での実践を結ぶことの意義について、外国人材の「学びの継続」を支援するという観点から述べる。

　まず、本稿で取り上げた、社外でのケース学習の実践で外国人社員の参加者は、異業種・異職種の他者と対話することによって、自らの職場での実践を対象化し、自身の行動や意識に変革を起こす一面を示していた。参加者Aの例で示したように、その変革に影響を及ぼしたのは、例えば、ビジネス日本語の学習項目として扱われるような「社内での依頼の仕方」や「お客さんへの断り方」に関する規範としての日本語使用の知識ではなく、むしろ、その依頼の仕方や断り方が求められる文脈や人間関係、さらには自らの規範や価値観に照らしながら対話する中で得られる「視点の変化」なのではないだろうか。さらに、そのような「視点の変化」は、外国人材が職場での実践において自らの行動を省察し、新たなコミュニケーションを試みたり、職務上の課題遂行に結び付けて考えてみたりする動機づけになったのではないだろうか。こうした経験学習のサイクルを重ねることによって、職場での実践における自らの行動や意識を方向づけることができるとともに、働くことに関する自己概念が構築されるのであろう。

　冒頭で、外国人材の「学びの継続」を捉える際に、少なくとも「働くことに関する個の成長」と「職場内外での他者との接触と学び」という側面が考えられると述べた。協働学習としてのケース学習の実践によって、社外での学びの場と職場での実践を結ぶことは、二つの側面が有機的につながるよう支援することともいえる。

参考文献

池田玲子・舘岡洋子（2007）『ピア・ラーニング入門―創造的な学びのデザインのために』pp.71–109. ひつじ書房

伊東昌子・河崎宜史（2014）「若手マネジャーの省察的学びを促すペルソナ導入型ケースメソッド」『プロジェクトマネジメント学会誌』16(2), pp.3–8.

伊東昌子（2015）「第8章 仕事と社会における学び 1節 熟達者のさらなる成長促進―プロジェクトリーダーの疑似経験学習」森敏昭（監修）、藤江康彦・白川佳子・清水益治（編）『21世紀の学びを創る学習開発学の展開』pp.191–199. 北大路書房

岡田昌毅（2013）『働く人の心理学』ナカニシヤ出版

香川秀太（2015）「「越境的な対話と学び」とは何か―プロセス、実践方法、理論」香川秀太・青山征彦（編）『越境する対話と学び―異質な人・組織・コミュニティをつなぐ』pp.35–64. 新曜社

金孝卿（2008）『第二言語としての日本語教室における「ピア内省」活動の研究』ひつじ書房

金孝卿（2018）「元留学生社会人交流会「サロン・デ・ゼクスパット」におけるケース学習の実践―企業と大学の協働による学びの場の構築に向けて」『多文化社会と留学生交流』22, pp.57–65. 大阪大学国際教育交流センター

金孝卿（2019a）「ケース学習を用いた職場外での学びの場の意義―外国人社員参加者及び人事担当者へのインタビューから」『2019年度日本語教育学会春季大会予稿集』pp.424–427.

金孝卿（2019b）「企業の多文化共生環境のためのケース学習―対話による問題解決プロセスの意義」『2019年度冬季国際学術大会（第36回）予稿集』韓国日語教育学会・協働実践研究会（日本）

金孝卿・近藤彩・池田玲子（2020）『日本人も外国人もケース学習で学ぶビジネスコミュニケーション』日経HR

経済産業省（2015）『H26経済産業省委託事業 外国人留学生の就職及び定着支援に関する調査報告書』

厚生労働省（2019）「外国人雇用状況」の届出状況まとめ（令和元年10月末現在）報道資料 https://www.mhlw.go.jp/stf/newpage_09109.html

近藤彩（2018a）「職場につながるライティング教育―相互理解・問題解決・協働を可能にするケース学習」村岡貴子・鎌田美千子・仁科喜久子（編著）『大学と社会をつなぐライティング教育』pp.177–195. くろしお出版

近藤彩（2018b）「日本語教育関係者と企業関係者における異業種の協働―企業研修を行う講師育成プログラムの開発」『BJジャーナル』創刊号, pp.16–28. ビジネス日本語研究会

近藤彩・金孝卿（2010）「「ケース活動」における学びの実態―ビジネス上のコンフリクトの教材化に向けて」『日本言語文化研究会論集』6, pp.15–31. 国際交流基金日本語国際センター・政策研究大学院大学

近藤彩・金孝卿・池田玲子(2015)『ビジネスコミュニケーションのための
ケース学習―職場のダイバーシティで学び合う【解説編】』ココ出版

近藤彩・金孝卿・池田玲子(2019)『ビジネスコミュニケーションのための
ケース学習―職場のダイバーシティで学び合う【教材編2】』ココ
出版

近藤彩・金孝卿・福永由佳・ヤルディ，ムグダ・池田玲子(2013)『ビジ
ネスコミュニケーションのためのケース学習―職場のダイバーシティ
で学び合う【教材編】』ココ出版

近藤彩・戸﨑典子・池田玲子・金子壮太郎(2019)「企業関係者と日本語
教育関係者の協働による外国人エンジニアのための環境整備―企業研
修を中心に」『2019年度日本語教育学会春季大会予稿集』pp.53–62.

内閣官房日本経済再生総合事務局(2020)『外国人材の活躍推進に関する
成長戦略施策の進捗状況及び高度外国人材活躍推進プラットフォーム
に 係 る 取 組 状 況 』https://www.kantei.go.jp/jp/singi/keizaisaisei/
portal/foreign_talent/pdf/follow_up.pdf

中原淳(2010)『職場学習論―仕事の学びを科学する』東京大学出版会

中村佐里・波多野和彦(2019)「生涯学習とその機会提供について―ドイ
ツの生涯学習を中心に」『江戸川大学教職課程センター紀要』pp.21–
27.

日本語教育学会(2008)『平成20年度文化庁日本語教育研究委託　外国
人に対する実践的な日本語教育の研究開発(「生活者としての外国人」
の た め の 日 本 語 教 育 事 業) 報 告 書』http://www.nkg.or.jp/pdf/
hokokusho/houkokusho090420.pdf

鱧谷貴(2016)「外国人留学生の採用に関する調査結果について(H27実
施分：大阪商工会議所会員企業、大阪府内の法人・団体会員(すべて
の職種)のうち238社回答分)」『第21回JAISE研究大会(大阪・中
之島)予稿集』pp.1–40–1–54.

法務省(2019)『外国人材の受入れ・共生のための総合的対応策(改訂)
令和元年12月20日　外国人材の受入れ・共生に関する　関係閣僚会
議』 http://www.moj.go.jp/content/001311603.pdf

横澤徳一・森島聡(2018)「企業と日本語教育機関の協働による海外日本
語研修プログラムの構築―CEFRに準拠した課題遂行能力育成を目指
して」『2018年度日本語教育学会秋季大会予稿集』pp.266–271.

第2部
交流プログラム・遠隔での実践

第4章

日韓交流学習における
クラス間協働の課題
動画の協働制作プロセスで生じた「ずれ」に焦点を当てて

岩井朝乃・中川正臣

この実践の概要

教室の場所	韓国の大学の日本語教室 日本の大学の韓国語教室 ※課外の時間を活用したオンライン交流
クラスの位置づけ	正規の教養科目の第二外国語のクラス
日本語／韓国語レベル	日本語　初級 韓国語　初級
クラスサイズ	日本語教室　韓国語母語話者14名　　　　　計14名 韓国語教室　日本語母語話者7名 　　　　　　韓国語母語話者1名 　　　　　　フィリピン語・日本語母語話者1名　　　計9名
学習内容	各授業に交流学習を取り入れ、段階ごとに以下の課題を行う。 ・日韓のお菓子を紹介する。（教師による動画撮影） ・「私」を紹介する（個人による動画制作） ・「私たちが好きな○○」を紹介する（日韓の学生の協働による動画制作）
特徴	韓国の大学で学ぶ日本語学習者と日本の大学で学ぶ韓国語学習者の交流学習、異なる教室の学習者による協働学習（クラス間協働）

1 | はじめに

　　　近年、ICT環境の発達により外国語学習の環境は劇的に変化している。SNSが学生たちにとって身近なものとなり、学んだ言語で発信し現地の人々とつながることも珍しいことではない。そのような中、異なる地域に住む人々とオンラインでつながりながら学習する形態が外国語学習に

も取り入れられ、韓国の日本語教育の中では日本で韓国語を学ぶ人々との交流学習の実践が増えてきている（澤邉2010, 岩井・中川2017, 岩井・中川2018, 中川・岩井2020）。

　交流学習は「異なる国や地域の子供たちが、インターネット上のさまざまなコミュニケーション・ツールを活用しながら交流を重ねる中で、仲間意識を育て、共に学んでいく活動」（稲垣2011: 6）と定義され、コミュニケーション、コラボレーション、ICTリテラシーといった21世紀型スキル（グリフィン他2014）を実践的に学ぶのに適している。特に国際的な交流学習は、自国にいながら学習言語を使って異なる国にいる学生たちとやり取りができるという利点があり、外国語学習との適合性が高いと言える。

　もっとも、オンラインでの交流学習には授業期間や学習目標、学習者の学習言語のレベルといった国や教育機関による教育システムの違いや、対面に比べ細かいニュアンスが伝わりにくいなどオンライン交流ならではの難しさがあり、学習者と教師はこれらと折り合いをつけながら学習を進めていかなければならない。しかし、グローバル時代に活躍できる国際社会の構成員を育成するという意味においては、外国語の授業が単なる教養知識を得る場に留まるのではなく、学習言語を用いた異文化間協働を経験する場として活かされることが求められる。昨今は国際オンライン会議なども日常化しており、学習言語を用いた協働やオンラインでのコミュニケーションは決して珍しいものではない。そのような将来を見据えるならば、学習言語話者とのリアルな対話の場を授業の中に作り出すことは、困難点を含め学習者がその経験をすること自体に意義があると言えるだろう。

　筆者らはこのような考えから、2016年後期より2019年後期まで毎学期、韓国の大学の日本語授業と日本の大学の韓国語授業の受講生たちがオンラインでつながり、共に学

ぶ日韓交流学習の実践を行ってきた。本章では、その中でも2017年度後期に行った動画の協働制作の実践を取り上げる。学習者たちは異文化間の協働学習をどのように体験したのか、特に困難点を述べた語りに着目してその実態を浮き彫りにし、今後の実践の示唆を得ることを目的とする。

2 交流学習と協働学習

交流学習とは、前述したとおり異なる国や地域の学習者が交流を重ねながら共に学んでいく活動である。稲垣（2004: 16）は学校間交流学習の要件として、1）異なる地域の学校の児童生徒がインターネット上の様々なコミュニケーション・ツールを用いて一緒に学ぶ、2）交流を重ねながら仲間意識を育てていく、3）教師は交流のストーリーをデザインし、交流の目的を示して児童生徒のコラボレーションを引き出すという3点を挙げている。また、その学習過程においてはコミュニケーション、コミュニティ、コラボレーションが重視されており、理念においても学習デザインの面からも協働を含んだ学習形態であると言える[1]。

では、協働学習と稲垣の言う交流学習はどのような関係にあるのだろうか。日本語教育の協働学習については、池田・舘岡（2007）は「対等」「対話」「創造」「（協働する対話の）プロセス」「互恵性」の五つの要素を提唱している。これに対し、多くの交流学習では共通のねらいに①コミュニケーション能力、②他地域や異文化を理解する力、③学習を追求する意欲、④情報活用能力、⑤協同作業する力（土井ら2002, 稲垣2004）が挙げられており、池田らの5要素はこれらを実現する基盤であるとも言えよう。例えば、クラス内の学習者同士はもちろん、交流相手となる学習者たちが互いに尊重し、助け合う「対等」な関係と「互恵

性」が確保されてこそ効果的に交流学習を進めることができる。学習者間はもちろん、交流学習をデザインする教師間、教師と学習者の間でも頻繁に「対話」と調整が行われる。さらに多くの場合、交流学習には何らかの成果物を制作し共有するプロセスが組み込まれており、学習者たちは「創造」と「協働のプロセス」を経験することとなる。このように交流学習では、その理念において協働学習と重なる部分が多く、協働学習の特徴を含んだ活動が頻繁に行われるものである。

3 │ 日韓交流学習の定義と類型

　稲垣（2004, 2011）の交流学習の定義は異なる地域の学校をオンラインでつないで共に学ぶ学校間交流学習を指しており、初等教育での事例が多く紹介されている。これに対し筆者らが考える交流学習は、稲垣の定義と異なる点が二点ある。まず、交流パートナーとつながる方法にはオンラインだけでなく、対面や文通などのアナログな交流も含まれる。また、つながる相手は学校間のみならず地域社会の人々や生涯学習として学ぶ人々との交流などが含まれることもあると考える。中でも外国語学習という文脈において、日本と韓国で互いの言語を学ぶ人々の間で行われる交流学習を日韓交流学習と呼び「韓国語学習と日本語学習に関わる人々が、様々なコミュニケーション・ツールを活用し、交流を重ねる中で学びを深めていく実践」（中川・岩井 2018）と捉えている。

　日韓交流学習は1980年代半ばから姉妹校の相互訪問のような形で始まり、2000年代より学術誌において外国語教育における実践の報告が見られるようになった（中川・岩井 2020, 山下 2000, 阪堂 2004）。日韓交流学習の実践研究のレビューを行った中川・岩井（2020）では、清水・益子

（2009）の交流学習の類型で用いられた「活動の協同性」
と「共有される対象」という軸を用いて【協働的交流型】、
【交流重視型】、【場利用型】、【成果物共有型】の４類型が
示されている（表1）。

表1　中川・岩井（2020: 4）による日韓交流学習の４類型

学習内容・活動の共有性が高い
（学習内容や活動の共有）

| | 活動の協同性が低い | 【交流重視型】
交流すること自体を目的とし、具体的な成果を求めることは少ない。交流会の開催などがこれに含まれる。 | 【協働的交流型】
交流相手と学習内容の選定から共に行い、学習活動と時期を合わせて共有するなど、綿密な打ち合わせの下に学習が設計される。実際の活動でも学習者は交流相手と頻繁に打ち合わせを行い、同じ手順を踏んで一つの成果物（例：演劇）を作る。 | 活動の協働性が高い |
| | | 【場利用型】
交流重視型同様、交流自体を重視しつつ、学習言語による成果物を作ることも求める。ただし共に一つのものを制作するのではなく、交流活動を通して得たこと（例：インタビューやアンケート調査の結果）を反映させ、それぞれが作ったものを一つの場（例：オンライングループ）で共有する。 | 【成果物共有型】
交流相手とともにどのような成果を上げればよいか、共通のゴールが定められている。大まかな枠組みと手順を共有し、交流相手とともに一つの成果物（例：WEBページや動画）を作る。 | |

学習内容・活動の共有性が低い
（全体の枠組みのみ共有）

　　【交流重視型】は学習内容・活動の共有性が高く活動の
協働性が低い交流学習であり、学習者間で動画通話を行っ
たり、実際に訪問して交流会を行うことなどが含まれる。
学習言語話者と交流すること自体が目的であり、交流を通
して学習の成果物を作ることまでは求めない。【場利用型】
は学習内容・活動の共有性が低く活動の協働性も低いタイ
プの交流学習である。それぞれのクラスの学習活動で生ま

61

れた成果物をオンライングループなどで相手と共有するものであり、交流相手へのインタビュー結果をまとめて成果物としアップロードすることもあれば、学習言語による動画などを作成し、交流相手に紹介してコメントをもらうといった活動もある。【交流重視型】は同じ時間を共有して交流することを重視するのに対し、【場利用型】は学習成果を重視し、その成果物を共有する場として交流学習を行うという点が異なるが、どちらも交流パートナーとの協働性は高いとは言えない。

　【協働的交流型】は時期と学習活動を揃えて交流パートナーとともに一つの成果物を作る交流学習であり、共通のカリキュラムを教師らが協働でデザインすることから始まる。学習内容・活動の共有性が高く活動の協働性も最も高い交流学習である。一方【成果物共有型】の交流学習は、交流パートナーとともに一つの成果物を作るという点では【協働的交流型】と同じく活動の協働性が高いが、学習内容・活動の共有性は低く、時期やカリキュラム全体を共有する必要はない。それぞれのカリキュラムに応じて柔軟に対応しながら、学習活動の内の一つを協働で行うとともに成果物を作るというスタイルである。

　これまでの日韓交流学習においては【場利用型】の実践が最も多く、【交流重視型】と【成果物共有型】の実践も見られるものの、【協働的交流型】の報告は見当たらなかった（中川・岩井2020）。これは、学習内容や活動の一部を共有することは比較的容易でも、学習内容の選定から学習活動まで時期を合わせて共有することは難しいためと考えられる。

　本章の5節で取り上げる実践は、異なるカリキュラムの中で一つの活動を共有し成果物を共に作り上げる【成果物共有型】の交流学習である。韓国と日本の大学の学期の開始時期にずれがあることや各科目の学習目標の違いから、

共通のカリキュラムで学ぶ【協働的交流型】の交流学習を行うことは叶わなかったが、異なるカリキュラムの中でも最大限交流パートナーとの協働を体験できるよう意図し、活動を教師らが協働でデザインした。

4 ｜ 日韓交流学習における協働の特性

交流学習には、複数の協働が重なり合いながら進んでいくという特性がある。まず、交流学習を企画し、学習をデザインする教師間の協働があり、次に学習者間の協働がある。学習者間の協働には一つのクラスの中での学習者同士の協働（以下、クラス内協働）と、交流パートナーである複数のクラスの学習者が混在したグループでの協働（以下、クラス間協働）があり得る（図1）。これに加え、教師は学習者たちの様子を見つつ意見を聞いて学習のプロセスを随時調整している。

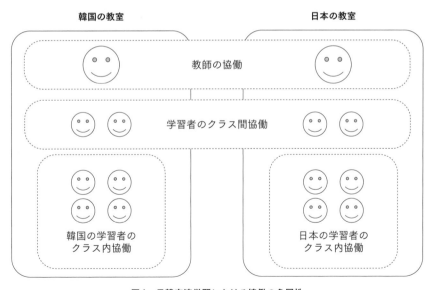

図1　日韓交流学習における協働の多層性

クラス内協働の含まれる日韓交流学習の実践としては、それぞれのクラスで動画などを制作した後に交流相手のクラスと共有する動画交換（阪堂2004, 岩井・中川2017）などがある。また、日韓のクラス間での協働を取り入れた実践には、日韓混合グループがICTを用いて発表や討論を行った谷他（2016）の実践がある。これらは各クラスで準備を進めた後に共有するという形を取っており、前述した中川・岩井（2020）の四類型の【場利用型】に該当する。また日本語と韓国語の学習者間の交流という本章の定義には該当しないものの、韓国の大学の日本語学習者と日本の大学の日本語教師養成課程の学生をつないだ交流学習として、韓国旅行に役立つ日本語のパンフレットを協働で作成した澤邉・相澤（2015）がある。これは両クラスの学習者が協働して一つの成果物を作るという点で、クラス間協働の度合いの高い【成果物共有型】の事例と言える。【場利用型】の実践においては、クラス間協働がどの程度存在するかは学習デザインのあり方によって異なるのに対し、【成果物共有型】の実践は交流相手と一つの成果物を作り上げるプロセスを共有するため、元来クラス間の協働が多いと言える。

　日韓交流学習における【成果物共有型】の実践は、多くの場合交流相手との対話がオンラインで行われるため、対面での交流に比べ相互に交換される情報が少ない。また、グループ内の共通言語が二つあり、学習者と母語話者が混在している。さらに互いの文化背景、学期の開始・終了時期やカリキュラムなどが異なることから、様々な調整が必要となる。筆者らは、このように協働学習のあり方が複雑で難易度が高いとも言える【成果物共有型】の活動を体験した学習者たちの声を拾い上げ、今後の日韓交流学習の学習デザインに活かしていく必要があると考えた。

5 | 2017年度後期の日韓交流学習の実践

　本節では、2017年度後期に韓国のK大学の日本語クラスと日本のJ大学の韓国語クラスで行った日韓交流学習での試みを取り上げる。この実践は交流相手と協働して動画を制作する活動を含む【成果物共有型】の交流学習である。この活動を取り入れた理由は、筆者らが2016年後期と2017年前期に行った動画交換、インタビューといった【場利用型】の実践を経験した学習者たちから、より交流頻度の高い活動を望む声が上がったためである。これらの声を踏まえ、クラス間での協働の度合いを高め学習者が交流相手との人間関係を形成しつつ学びを体験できるように学習デザインを行った。

　両科目の概要は表2のとおりである。両大学ともに教養の第二外国語の科目であり各教師が各々の現場に合わせてカリキュラムをデザインし学習目標を設定した。交流学習を取り入れたねらいは、韓国の大学の日本語クラスでは日頃の学習の実践の場とされているのに対し、日本の大学の

表2　各科目の概要

大学（所在国）	K大学（韓国）	J大学（日本）
科目名	中級日本語会話演習	中級韓国語講読
レベル [2]	レベル2	レベル1・2
人数（母語）	14名（韓国語14名）	9名（日本語7名、韓国語1名、日本語・フィリピン語1名 [3]）
学習目標及び交流学習を取り入れたねらい	場面に合わせたロールプレイを通じて既習文法を定着させ、旅行や日常会話で必要なやり取りができるようになることを目指す。課外活動として行う交流学習では、授業で学んだことを活かし実践的な日本語会話にチャレンジする。	韓国語学習を通じて、「言語」、「文化」、「社会」についてクラスメートや交流相手とやり取りしながら学ぶとともに、人間関係が構築できることを目指す。学習目標を達成する一環として課外活動の交流学習を進めつつ、その土台となる学習内容を教材などから学んでいく。

韓国語クラスでは交流学習を柱としたシラバスとなっている点が異なる。

　次に、交流学習の概要について述べる。まず開講前に教師間で全体の活動について協議し「紹介する」ことを大きなテーマとして設定した。テーマに沿って、活動①日韓のお菓子紹介と交換、活動②動画による自己紹介、活動③グループで共通の好きなものを紹介する動画の協働制作の三つの活動を設定した。活動①お菓子紹介と交換と活動②自己紹介動画はそれぞれのクラスで準備した内容を相手と共有する活動であり、クラス内協働を含んでいる。一方、活動③動画の協働制作は両クラスの学習者の混成グループで一つの成果物を作る活動であり、クラス間協働を軸としている。活動①のお菓子はオンラインで紹介した後、郵送し、活動②の自己紹介と活動③で制作した動画は、交流学習のために開設したfacebookの非公開グループ（以下、FBグループ）で共有した。活動の詳細は表3のとおりである。

　三つの活動の中でも、活動③動画の協働制作は典型的な【成果物共有型】の活動であった。両クラス混成のグループを形成した後に、学習者たちは同じグループになったメンバーに連絡を取り、リーダー、動画のテーマ、構成、具体的な内容と役割分担まで対話しながら決定した。動画の台本はそれぞれの学習言語で作成し、相互に添削サポートを行うこととした。撮影は日本と韓国でそれぞれ行い、編集を経て5分程度の動画を制作しFBグループにアップロードした。グループのメンバーは学習者の希望を考慮しつつ、教師間で協議して決定した。動画のテーマと人数の割合は表4のとおりである。

表3　2017年後期の日韓交流学習の概要

活動（時期）	ねらい	内容
オリエンテーション （9月初旬〜中旬）	・交流学習の概要と活動を理解する。 ・交流学習の準備。	1) 交流学習の概要説明。学習者に参加の同意を得る[4]。 2) 注意事項の説明。研究協力同意書と事前アンケート。 3) 教師がfacebookの非公開グループを作成。 4) 学習者たちがFBグループに加入。
活動① お菓子交換 （9月中旬）	・クラス間のアイスブレイク ・交流への期待を高める。	**テーマ「日本／韓国のお菓子を紹介します」** 1) お菓子を一つ選び、説明を日本語／韓国語で考えてくる。 2) 日本語クラスの授業時間に、ビデオ通話で韓国の教室と日本の大学の研究室をつなぎ、全体自己紹介とお菓子紹介を行う（Wi-Fi不調のため、動画撮影に切り替えFBグループにアップロード）。 3) お菓子に簡単なメッセージをつけ、教師が送付する。 4) お菓子を受け取り、教室で開封する。
活動② 動画による 自己紹介 （9月末〜10月中旬）	・お互いにどんな人がいるかを知る。 ・動画撮影とFBグループに慣れる。 ・クラス間協働の準備段階。	**テーマ「私を紹介します」** 1) 自己紹介の表現を学習。 2) 自己紹介の台本作成。教師や学習者同士のフィードバック。 3) 自己紹介の動画作成及びFBグループへのアップロード。 4) 交流相手の動画を見て、コメントをつける。 5) 同じグループになりたい人の希望を教師に提出する。 6) 教師によるグループマッチング。
活動③ 動画の協働制作 （11月〜12月初旬）	・互いに学習言語を用いて対話し協働しながら学ぶ。 ・ICTスキルを身につける。	**テーマ「私たちの好きな○○を紹介します」** 1) グループ発表（3〜4人。クラス間の混成グループ）。 2) 同じグループの人に連絡を取り、リーダーとテーマを決める。 3) 動画の内容と構成を考え、役割を決める。 4) 学習言語で台本を作り相互に母語話者が添削する。 5) 教師と学習者間のフィードバックを経て調整を行う。 6) 日本と韓国でそれぞれ撮影する。 7) 撮影した動画を編集して5分程度の動画にする。 8) FBグループにアップロードする。 9) 他のグループの動画にコメントをつける。 10) チェックシートを提出する。 11) 事後アンケート。

表4　動画のテーマとグループの人数

テーマ	人数（母語）
日本と韓国のカラオケ	K大学2名（韓国語2名）、J大学2名（日本語1名、韓国語1名）
旅行（弘大エリアと下北沢の紹介）	K大学2名（韓国語2名）、J大学2名（日本語2名）
日韓の大学生がよく食べるランチ（お勧めしたいお昼ご飯）	K大学3名（韓国語3名）、J大学1名（日本語1名）
日韓の若者言葉	K大学2名（韓国語2名）、J大学1名（日本語・フィリピン語1名）
日本の韓国料理屋と韓国の日本料理屋	K大学2名（韓国語2名）、J大学2名（日本語2名）
日韓のお祭り	K大学2名（韓国語2名）、J大学1名（日本語1名）

　　グループの中では、J大学、K大学のメンバー同士は対面で、交流メンバーとは主にカカオトーク（韓国で最も使用されているSNS、日本で普及したLINEとほぼ同じ機能を持つ）を用いてコミュニケーションを取っていた。各グループのテーマは、全体テーマである「私たちの好きな○○を紹介します」から発展し、授業でのフィードバックを経て調整された。動画は評価の対象であり、評価基準については教師が事前に周知した。また、動画の構成と長さは適切か、グループ内でのコミュニケーションは十分に取れていたか、台本や発音チェックなどを相互に助け合えたか、グループへの貢献の程度は公平であったか、最も貢献した人は誰かなどをチェックシートに記して提出した。

6 ｜ クラス間協働を経験した学習者たちの声

　　2017年後期の実践では、交流学習の後に事後アンケートを行い、インタビューへの協力の可否を尋ねた。協力の意思を示した学習者（韓国側4名、日本側4名）には、担当の教師が半構造化インタビューを行った。インタビューの平均時間は日本側28分、韓国側40分であった。インタビューを行う際には、協力者の権利について説明し許可を

得た上で録音し、後に文字化した。インタビューで使用する言語は協力者が選択し、韓国語で語られた内容は、インタビューを行った担当教師が後に日本語に翻訳した[5]。インタビューでは事後アンケートの記述に基づいて、交流活動全体についての感想、それぞれの活動ごとに感じたことなどについて尋ねた。その際、クラス間協働の経験について詳細で率直な語りが得られたため、本稿ではインタビューを主な資料とすることとした。人数が限られており全ての学習者の体験を反映することはできないが、より具体的な事例を示すことにより実践の課題を浮き彫りにできると考えたためである。

　インタビューでは、クラス間協働の度合いの高かった動画の協働制作に関する語りが多く見られた。グループ内のコミュニケーションが円滑で、互恵的に協働学習ができたという学習者がいた一方、クラス間協働に困難を覚えたという語りも少なくなかった。本節では、困難さを訴えた語りに焦点を当て、協働学習の相互作用の中でどのようなことが起きていたのかを記述しながらその要因を探る。

　学習者たちが困難を感じたと語った内容は、「コミュニケーション上の困難」と「協働制作のプロセスの中で生じた認識のずれ」に大別された。以下では、インタビュー協力の得られた韓国のK大学の学習者をK1 ～ 4、日本のJ大学の学習者をJ1 ～ 4とし、具体的な語りを示す。

6.1　コミュニケーション上の困難

　「コミュニケーション上の困難」には、〈使用言語の偏りによる意思疎通の遅れ〉〈消極的な意見交換〉〈真意の分かりにくさ〉が見られた。

〈使用言語の偏りによる意思疎通の遅れ〉
　学習者たちは、SNSでグループトークを作りメッセー

ジで対話しながら様々なことを決定していた。主に日韓二言語が使われていたようだが、使用言語が韓国語に偏り始め、日本語母語話者で韓国語学習者のメンバーが理解に困難を感じたという声が聞かれた。

> 4人のグループで、私1人だけが日本人だったので、バランスが取れなかったというか。カカオトークでやり取りをしてたんですけど、ほぼ韓国語で埋め尽くされて。「わあ待って」みたいな。情報が読み取れなかったり。それも大変だったし、意思疎通ができているのかなっていうか。一つの作品を作んなきゃいけないから、全体像とかも分かんない状態で進んじゃったりしてたんで。グループワークできたのかなっていう感じ。 (J1)

このグループでは、当初は日本語も使われていたものの徐々に韓国語の割合が多くなり、唯一の日本語母語話者であったJ1は翻訳アプリを使いながら参加していた。しかし、翻訳機を使いながらの参加には限界があり、時間差と理解のずれが生じ困難を覚えたと述べていた。一方で、同じように韓国語の割合が多くなっていった別のグループでは、J大学に属する韓国語母語話者のメンバーが通訳の役割を果たし仲介していた。この役割を果たした学習者はJ大学に留学中であり、日本語母語話者とのやり取りに慣れていた。K大学の韓国語母語話者たちに対して「日本人1人だったのに、韓国語で難しい話をするから、簡単に話すこともできるのに、これは大変だなと思って。みんなが分かる言葉で話したらダメなの？って思って」（J2）と疑問を呈していた。重要な内容は韓国語と日本語が併記されていたというが、それは「翻訳機をかけているから、不思議な日本語」（J3）であり、同じグループの日本語母語話者

であるJ3が理解するにはJ2の助けが必要であった。一方で、同じように日本語母語話者が1名であっても、コミュニケーションに日本語が多く使われたグループではこのような困難は挙げられなかった。

　このような声から、共通言語に二言語を用いて協働学習を行う場合、言語の使用量に偏りが生じることがあり、そのために理解の困難が生じうることが示された。ある言語の母語話者である学習者にとって、自らの母語が当該言語を学習している人にとってどの程度難しいのかを推測することは容易ではなく、配慮や調整の仕方が分からなかった可能性がある。J大学に留学中のJ2は外国語で対話する困難を理解していたために、自ら通訳を行いファシリテーターの役割を果たすことが可能であった。またコミュニケーションに日本語が多く使われたグループでは、日本語学習者であるK大学のメンバーたちの日本語能力が比較的高く日本語を中心に会話を続けられる程度であった点も最初の事例のグループとは異なっている。教師は、学習者たちに使用言語の割合に対する配慮を促すとともに、一つの言語でのやり取りが続いた場合、言語の学習者であるメンバーの理解をその都度確認するなどの基本的なスキルを改めて確認する必要があるだろう。

〈消極的な意見交換〉
　一事例ではあるが、テーマを決める際に意見交換が活発になされず、グループでの話し合いが順調に進まないまま時間が過ぎてしまったというケースが見られた。

　　　意見が出ないまま1週間が過ぎてしまって。テーマを
　　　決めないで、自分たちの意見がないなら私にどうしろ
　　　っていうの？っていう感じで。それに、すごくやらな
　　　いなって感じがして。　　　　　　　　　　　　　（J2）

このグループでは、初期にグループのメンバー間で意見があまり出ず、J2は作業分担にも不公平感を感じたという。後半では消極的なメンバーにはリーダーが直接具体的な仕事を割り振って公平さを高めるという工夫が凝らされていた。対照的に、コミュニケーションがうまくいったグループでは、「意見がポンポンと出され全てのメンバーが同じぐらい話していた」（K1）という語りがあった。グループが形成された初期段階で活発な意見交換がなされると、グループのメンバーに積極的な態度であると解釈され好印象につながりやすく、その後の協働学習を進める上で肯定的な影響がありそうである。反対に初期に相手が消極的であると感じた場合は、その後の協働学習に対して不安を覚える可能性があり、信頼関係を築く上で障害にもなりうる。意見交換が活発であったグループでは、協働学習終了後にメンバーに対して感謝が述べられていたのに対し、困難が見られたグループでは不満が述べられていたことからもその傾向がうかがえる。

　このため、教師は特に初期段階においてグループ間のやり取りがどのように進んでいるのかに目を配るべきであろう。通常の協働学習であってもこのようなことは起こりうるが、オンラインでのやり取りでは対面でのコミュニケーションよりも、やり取りが途切れると再度話題を出しにくく、SNSでのやり取りが進まないまま時間が過ぎてしまいやすいといった傾向があるためである。また教室内での話し合いではグループの雰囲気を教師が直に感じ取ることができるが、オンラインのグループトークで話し合いが進められる場合はやり取りが教師の目に見えない。そのため問題が生じていても学習者が話さない限りは教師が気づきにくいという難点がある。学習者に対して意識的に声がけをしたり、相手側の教師に確認をするなどの工夫が求められると言える。

〈真意の分かりにくさ〉

　協働が比較的うまくいったというグループであっても、コミュニケーションに関する不安感が述べられていた。特に韓国語母語話者の学習者からは、グループ内での合意を形成するための意見交換において相手の真意が分かりにくかったという声があった。

　　　先に意見を言わない、お互いに聞いてという感じで。私とK5（他のK大学のグループメンバー）さんが最初に言うのがとても多いと思って、先に聞こうと思っても、2人（J大学のグループメンバー）が私たちに聞くから私たちが先に話して、そのとおりになることが多い。これはちょっと難しいんじゃないとかそういうのが出てもおかしくないんだけど、いつも良いですね、とても良いですね。あまりにも肯定的で、逆に怖い？本当に聞いてるのかな？って。それに顔を見ながら話してるのじゃないから、もっとそうなのかもしれないです。
　　　　　　　　　　　　　　　　　　　　　　　　（K1）

　一般に韓国人のコミュニケーションスタイルは日本人に比べ率直であるといわれている（任・井手2004）。また韓国の日本語学習者は、日本人は二面的で本心が分からないというイメージを持っているという調査結果（呉2008）からも、婉曲的なコミュニケーションスタイルは韓国人にとって理解しやすいものではないと言えよう。このようなコミュニケーションスタイルの違いに加え、今回は表情や声音によって判断できない、文字によるコミュニケーション特有の問題も含まれていたと考えられる。

　以上のようなコミュニケーション上の問題は、【成果物共有型】の実践における特性、そして日韓交流学習の特性

としてある程度予測できた困難点であった。このため、授業の中でも交流学習の注意事項としてSNSのマナーを取り上げ、教師は学習者たちとの対話と観察を行い、教師間でも頻繁に情報交換をしていた。さらにチェックシートやアンケートでコミュニケーションや貢献度の高かったメンバーの記述欄を設け、グループの様子を把握できるよう努力していた。しかし、そのような対応をしていてもなお、「コミュニケーション上の困難」は発生するものであり、問題が起きた時に素早く察知し対応していくことが教師に求められていると言えよう。

6.2　協働制作のプロセスで生じた認識のずれ

　動画の協働制作のプロセスの中で、交流相手のグループメンバーとの間に認識のずれが生じ困難を感じたという言及があった。〈意思決定のプロセスで生じた認識のずれ〉と、〈成果物のイメージのずれ〉である。

〈意思決定のプロセスで生じた認識のずれ〉
　動画の協働制作のプロセスでは、テーマと構成の決定が重要なステップであり、学習者間で話し合いテーマを決めた後、授業でのフィードバックを経て最終的に決定された。J4はグループ内で一度決定したはずのテーマが、韓国側の授業が行われた後に二転三転したことに戸惑ったと述べている。

　　　向こうの授業になるたびに、今日もダメでしたみたいな。他のグループとテーマが同じだから、場所とかテーマを変えた方が良いと思いますって言われて。全く同じなんですかって聞いて。それで、雰囲気がもう変えなきゃいけないって雰囲気になっちゃってるから、じゃあがんばって考えましょうって言いました。（J4）

この韓国側の授業の際、それぞれが話し合って決めたテーマを発表したが、テーマが似通っていたグループが複数あったため、差別化を図るために検討を促すということがあった。J2は、韓国側の授業でグループの内の2名が相談した結果を後から聞いたため、テーマ変更という重要な決定に主体的に関われないまま、韓国側のメンバーに合わせなければならなかったと感じていた。

　このような認識のずれは、別のグループでも起きていた。作業手順の共有が行われないまま作業が始まったことについて、J1は次のように述べている。

　　それぞれの動画をどうつなぐかも分かってなくて、でも台本くださいって言われてたから、いいやとりあえず書こうって思って作って。向こうのも届いたんでフィードバックしてあげて。向こうが最初に動画をやりますってちょっと遅くの方で言われて、じゃあ後につながるような台本書こうかなってなって、出しましたね。
　　　　　　　　　　　　　　　　　　　　　　　　　　　(J1)

　このように、教室で対話している学習者たちとオンラインのやり取りのみの学習者の間には、しばしば共有する情報の差が生じていた。そのため、SNSのみでつながっている学習者は限られた情報から物事を決定し、作業を進めていかなければならなかった。韓国側と日本側の授業日が異なり、かつそれぞれの教室でタスクの遂行状況の報告が行われたため、グループ内の日本側の学習者と韓国側の学習者の置かれた状況は微妙に異なっていた。これに加え、共有する情報の違いや伝達の漏れなどが重なり認識のずれにつながったと思われる。

〈成果物の完成イメージのずれ〉

　動画という成果物を協働で創造する上で、互いが思い描いている完成イメージにずれがあることに気づかないまま撮影を進め、編集の時点で相手の動画を見て戸惑ったという事例もあった。K1のグループでは、韓国側の学習者たちはリポーターのように自分たちが画面に映り会話をしながら撮影したが、日本側の学習者たちは撮影者の目線で歩きながら風景を撮影し、ナレーションは入れず韓国語の字幕のみで説明していた。完成した動画のスタイルが全く違うことに気づいたのは、最終段階であったという。

　　　字幕を添削したのを、字幕と一緒に読むのかと思ってたんですけど、字幕だけ入れてたんですね。後で映像を見てあれ？ってちょっと驚いたんだけど。私たちの先生は話すのが大事だとおっしゃったんだけど、字幕だけ入れても大丈夫なのかと聞いたんですけど、（日本の大学の先生は）字幕だけ入れても良いとおっしゃったと言っていて。会話（の授業）だから、私たちは当然（話すことが）入るじゃないですか。私たちのクラスでは、声を入れるのが当たり前だから、向こうも当然そうだろうと思っていて。そこまで考えもしなくて。編集を向こうでして、私たちも全部してから、合わせる段階で（分かった）。（中略）多分向こうも内容は同じで、それをどうつなぐかを考えていて、撮影方法が全然違うということは考えてなかったんじゃないかと思います。
　　　　　　　　　　　　　　　　　　　　　　　　（K1）

　この動画がグループに投稿された際、韓国側の教師もできあがった動画の形式が異なっていることに気づき、韓国側の学習者と日本側の教師に確認を行った。
　このようなイメージのずれは、他のグループのテーマ設

定に関するやり取りでも生じていた。例えば「好きな食べ物」から連想する動画のイメージに違いがあったことが以下のように述べられている。

　普通に、好きな食べ物、好きな○○を紹介しないとなと思ってて、　じゃあ私が好きなやつでいいんだと思ったんですけど、向こうは微妙に違くて、向こうの学校で人気？　学生たちに人気な食べ物を紹介するっていう感じで。ああどうしようって自分の中で思ってて。
（J1）

　これらのずれが生じた背景として、先述した「コミュニケーション上の困難」による齟齬、また文字によるやり取りが中心となり、視覚的なイメージを十分に共有できていなかったことが挙げられる。相手も同じように思っているだろうという思い込みにより、詳細の確認が必要であることに気づかなかったのであろう。もう一つ考えられる点として、交流学習には二人の教師、二つの授業が存在し、学習目標も交流学習を取り入れたねらいも異なっていたために、教師の説明から学習者たちに伝わるイメージに差が生じたということである。そのため、韓国側の学習者が会話の授業なのだから当然話している場面が入るはずだと考えたのに対し、日本側の学習者は字幕で韓国語を使っているのだから音声がなくても良いと考えたというようなずれが生じたと考えられる。
　交流学習の概要が同じであっても、交流学習を取り入れるねらいや教育観は教師によって異なり、授業中の説明やフィードバックにもそのような差異が反映されうる。結果として学習者の受け取り方に違いが生まれたのも無理はないと言える。しかしながら、成果物が評価の対象になっており、評価項目にできあがった動画の統一性といった項目

がある場合には、このようなずれが評価に影響を及ぼすこともあるため、事前の注意喚起が必須である。教師はずれが生じることを前提として、随時確認と調整を行いながら、そのずれを如何に最小化していくかということに努める必要があろう。

7 ずれを最小化するクラス間協働の学習デザイン

　本節では、クラス間協働の度合いの高い【成果物共有型】の活動の中で学習者たちが感じた困難点から、今後の学習デザインをどのように改善していくべきかについて論じる。日韓交流学習のクラス間協働では、「コミュニケーション上の困難」と、「協働制作のプロセスで生じた認識のずれ」が経験されており、それぞれを構成する下位カテゴリーは図2のようになった。

```
┌─────────────────────────┐  ┌─────────────────────────┐
│  コミュニケーション上の困難  │  │  協働制作のプロセスで       │
│                         │  │  生じた認識のずれ          │
│ ┌─────────────────────┐ │  │ ┌─────────────────────┐ │
│ │ 使用言語の偏りによる    │ │  │ │ 意思決定のプロセスで    │ │
│ │ 意思疎通の遅れ         │ │  │ │ 生じた認識のずれ       │ │
│ └─────────────────────┘ │  │ └─────────────────────┘ │
│ ┌─────────────────────┐ │  │ ┌─────────────────────┐ │
│ │ 消極的な意見交換       │ │  │ │ 成果物の完成イメージのずれ │ │
│ └─────────────────────┘ │  │ └─────────────────────┘ │
│ ┌─────────────────────┐ │  │                         │
│ │ 真意の分かりにくさ     │ │  │                         │
│ └─────────────────────┘ │  │                         │
└─────────────────────────┘  └─────────────────────────┘
```

図2　学習者が感じた日韓交流学習のクラス間協働の困難点

　これらの困難は、6節で述べたように複合的な背景から生じたと推察される。具体的には、日韓交流学習におけるクラス間協働という学習環境、文字中心のSNSによるコミュニケーションの特性、日韓のコミュニケーションスタ

イルの異なり、学習者個々人の態度や関わり方などの異なりが複雑に絡み合った結果であったと言えるだろう。ここに挙げた要因がそれぞれに含む難しさをまとめると表5のようになる。

表5　日韓交流学習のクラス間協働における困難の複合的背景

日韓交流学習の学習環境	・二言語併用 ・二人の教師、二つの教室 ・母語話者と学習者の混在 ・教室内での対話とオンラインの対話の混在
SNSによる コミュニケーションの特性	・文字中心 ・雰囲気や表情が分かりにくい ・時間差が生じやすい
日韓のコミュニケーション スタイルの異なり	・意思決定の方式の違い ・婉曲な意思表現と率直な意思表現
学習者個々人の異なり	・学習者による関わり方や態度の違い ・学習者による学習スタイルの違い ・作業分担に関する意識の違い ・課題に対するモチベーションの違い

　これだけの背景要因が存在する中で、どの要因がどの困難を生じさせたと断定することは難しく、ここに挙げきれない要因も存在した可能性もある。一つ明確なことは、このような複雑な状況の中で、合意形成を行いながら作業を進め動画を完成させるということ自体が、非常に難易度が高い活動であったということである。しかしながら、難易度が高いからとクラス間協働を避けるのではなく、教師らは如何に学習者をサポートし無事に課題を達成できるように学習をデザインするかという点を重点的に検討するべきであろう。

　実際に今回の実践を進める前にも、筆者らは考えられる限りの予防的措置を取っていた。にもかかわらず、事前には予測できなかった困難もあり、今回の調査を通して初めて詳細が明らかになった点も多かった。本章の結果から、筆者らは学習者の困難を軽減するために教師ができること

を改善点として提案したい。

　まず学習環境デザインの観点から、教師は学習のプロセスにおいていくつかの仕掛けをデザインすることができるだろう。今回の実践では、学習者間の対話については、互いに理解しやすい言語を使用するという緩やかな枠組みを設定しSNS使用時のマナーや動画の取り扱いなどについて扱っていた。今後はこれらに加え、コミュニケーションを進める際のガイドや活動の初期、中期、後期で活用できるチェックリストなどを作成し、双方の理解を確認しながら対話できるように意識化させていくことが一案である。協働学習において本稿で分析したような「ずれ」が生じることはむしろ自然なことであり、課題達成のプロセスの中で対話を重ねることによって、問題を共有し乗り越えていくことで新たな学びが生じる。このような学びを達成できるように、学習者が困難を感じた際、必要に応じて教師が寄り添い、共に対応を模索する伴走者としての役割を果たすことも重要である。

　また、オンラインでのコミュニケーションにビデオ通話を取り入れることも、学習者たちが「出会った」という感覚を持つのに効果的ではないだろうか。今回は全てのグループがクラス間協働においてSNSを介した文字のやり取りで対話し、自発的にビデオ通話を利用した学習者はいなかった。しかし、人々は言語的な情報だけでなく表情や声音などから相手の真意を読み取っている。グループが形成された初期段階でビデオ通話を行い顔を見て話すことは、学習者たちが信頼関係を築く上で有効なプロセスであろう。さらに、〈成果物の完成イメージのずれ〉に気づけるようになるために、オリエンテーションや成果物を作る過程で視覚的なイメージを共有する機会を設けることなども考えられる。このように学習環境のデザインをする段階で困難点を予測し、それを緩和するプロセスを取り入れ、

学習者間の対話の質を支えていくことが教師の重要な仕事である。

　次に、今回の事例で見られたようなずれを最小化していくためには、教師間、学習者間、教師と学習者間のそれぞれの協働における綿密な対話を行うことが重要である。今回の実践では、インタビューをしたことにより初めて詳細に浮かび上がった困難も見られた。学習者との対話を丁寧に行わなければ、このような困難を学習者が感じていたことに気づくことも難しかったであろう。実践の只中に身を置くと、課題が円滑に進んでいるかという点に関心が向きがちであるが、「学習者たちは今どのように感じているのか」に関心を寄せて対話することが困難を感じている学習者に気づく第一歩である。そのためにも、教師は学習者たちと疎通する機会を設け、教師間では定期的にミーティングを行うことが望ましい。また何らかのずれが生じていることに気づいたらすぐに相手側の教師と連絡を取り合い、学習者たちの戸惑いを緩和させる努力をするべきである。そのためには、学習者たちの様子を注意深く観察し、一見些細に見えることにも耳を傾ける必要がある。また対話を経て調整や学習デザインの変更が必要であるという結論に至った場合には、当初の学習デザインにとらわれずに調整を行うことも必要であろう。

　今回の実践において筆者らは、あるグループの学習者たちの間に理解のずれがあったことを感じ取ってはいたが、学期中にその理由や交流相手の考えなどを詳しく知ることはできなかった。インタビューに応じてくれた学習者たちの協力によって、交流学習の中で起きた相互作用の詳細を知り、日韓交流学習におけるクラス間協働の課題を明らかにすることができた。彼らの協力に心から感謝したい。彼らの語りは限られた一部のものではあるが、今後の実践をデザインしていく上で耳を傾けるべき貴重な資料である。

教師と学習者間の対話とは、実践の最中のみならず、実践を振り返る学習者の声に耳を傾けることでもある。その声は教師の内省を促し、教師間の対話を深めるのに大きな役割を果たしている。本章は、そのような教師間の対話の深化のプロセスの中で執筆されたものである。

　本章では、日韓交流学習のクラス間協働において学習者たちが経験した困難を考察し、今後の学習デザインにおける改善点を見出すことができた。筆者らは今後、日韓交流学習における教師間の協働と学習デザインの変遷に焦点を当て、どのような学習環境を作り出すことが日本語教育と韓国語教育間の交流学習の発展につながるのかを検討していきたい。また、本実践を行った2017年当時は教育現場でZOOMなどが使われ始めていたものの一般に広く浸透していたとは言えず、筆者らも交流学習のツールとしては採用しなかった。しかし2022年現在では多くの教育現場で用いられており、オンラインを活用した交流学習の可能性を広げている。今後は、日々発展するオンライン学習の状況の変化を取り入れながら、新たな交流学習を模索していきたい。

注

[1] 交流学習は「遠隔共同学習」「交流授業」「協働学習」とも呼ばれ、コラボレーション、協同、協働、遠隔協同学習などの言葉が用いられている（稲垣 2004）。本稿では「協働」という用語を使用するが、先行文献の引用部分においては原文の表記を使用する。

[2] レベルについては『外国語学習のめやす』（2012: vi）で示されている言語運用能力指標に従った。『外国語学習のめやす』のレベルは全4段階であり、レベル1は想定している範囲内で基本的な言い回しを使って、身近な事柄について簡単なやり取りができる程度、レベル2は想定している範囲で、学んだ語句や文から選択して身近な事柄についてやり取りができる程度を指す。

[3] 事前アンケートに記入された表記に基づく。

[4] 韓国の大学ではシラバスへの交流学習の明記と事前の公示によって周

知した。日本の大学では開講後に、教師が口頭で説明し学習者全員の同意が得られたクラスで交流学習を行った。

[5] K大学の日本語教師である筆者（岩井）は上級韓国語話者であり、授業以外の時間に学習者が望む場合には韓国語で応じていた。このため、韓国語で語られたインタビューの内容は筆者が直接日本語に翻訳した。

参考文献　池田玲子・舘岡洋子（2007）『ピア・ラーニング入門―創造的な学びのデザインのために』ひつじ書房

稲垣忠（2004）『学校間交流学習をはじめよう』日本文教出版

稲垣忠（2011）「やってみよう、学校間交流学習！」『国際文化フォーラム通信』60, pp.6–8.

任英哲・井手里咲子（2004）『箸とチョッカラク―ことばと文化の日韓比較』大修館書店

岩井朝乃・中川正臣（2017）「SNSを利用した日韓交流学習における教師の協働―日本語教育と韓国語教育の連携」『韓国日語教育学会　第31回国際学術大会　韓国日語教育学会予稿集』pp.145–150.

岩井朝乃・中川正臣（2018）「大学間の日韓交流学習の意義と課題―継続的な実践と学習デザインの改善を通して」『韓国日語教育学会　言語文化教育研究会（日本）共同開催2018年度第34回冬期国際学術大会　韓国日語教育学会予稿集』pp.70–72.

呉正培（2008）「日本語学習者の日本人イメージに見られる特徴とその形成要因―韓国の大学における学習者と非学習者の比較」『世界の日本語教育』18, pp.35–55 .

グリフィン, P.・マクゴー, B.・ケア, E.（著）、三宅なほみ（監訳）（2014）『21世紀型スキル―学びと評価の新たなかたち』北大路書房

公益財団法人国際文化フォーラム（2012）『外国語学習のめやす2012―高等学校の中国語と韓国語教育からの提言』

澤邉裕子（2010）「韓国の日本語学習者と日本の韓国語学習者間における交流学習」『日本語教育』146, pp.182–189.

澤邉裕子・相澤由佳（2015）「日本語教員養成履修生は海外の日本語学習者との交流学習を通して何を学んだか―『外国語学習のめやす　高等学校の中国語と韓国語教育からの提言』に基づいた授業実践から」『日本文学ノート』50, pp.43–61.

清水和久・益子典文（2009）「小学校における「自律型国際交流学習」の特徴とそのデザイン―国際交流学習の実践事例の類型化に基づく特徴の明確化」『岐阜大学カリキュラム開発研究』27, pp.90–99.

谷誠司・内田智子・吉田広毅・増井実子・中山晃（2016）「ICTを利用した国際交流に関する実践報告―日韓高等教育機関における外国語クラスを例に」『常葉大学教育学部紀要』36, pp.343–354.

土井大輔・松本有・稲垣忠・黒上晴夫（2002）「教師のねらいと活動タイプからみた共同学習の分析」『教育工学会第18回全国大会講演論文集』pp.577–578.

中川正臣・岩井朝乃（2018）「日韓交流学習の動向と課題」『第4回国際学術大会予稿集』pp.211–219.　国語教育学会

中川正臣・岩井朝乃（2020）「日韓交流学習の動向と課題」『城西国際大学紀要』28, pp.107–120.

阪堂千津子（2004）「発信型コミュニケーションと相互理解をめざしたビデオ交流授業」『言語文化』7（特集号), pp.167–187.

山下誠（2000）「異文化教育としての韓国語教育の可能性—日本の高等学校における事例から」『帝塚山大学国際理解研究所主催　第26回国際理解教育賞　応募論文』http://home.a08.itscom.net/jakehs/yamasita ronbun.html（2020年12月22日参照)

第5章

ASEAN日交流プログラムを契機に
マレーシアの学生に循環的・協働的な
学びを創出する

木村かおり

本実践の概要

教室の場所	・マレーシアの国立大学
クラスの位置づけ	・日本のW大学、ASEAN諸国のW大学の協定校、協定校であるマレーシアM大学の学生の混成クラス ・交流プログラムと、交流プログラムを契機に循環的・協働的に作り出された場
日本語レベル	・初級レベルから上級レベル（全レベルの学生）
クラスサイズ	・1回のクラスサイズが平均4～6人の少人数クラス、および、50～60人の中規模人数クラス
学習内容	・異文化コミュニケーション ・自国（マレーシア）文化や社会の理解 ・ASEANリテラシー
特徴	・学生が協働的に内省をする場を複数創出する ・留学経験者の学びを留学未経験者につなげ、個人の経験から生まれた学びを学生間で共有させ循環させる

1 はじめに

　　筆者は、本実践時マレーシアのM大学言語学部の教員であり、本実践の契機である日本のW大学が企画するASEAN日間の交流プログラムのASEAN（マレーシア）側の受け入れコーディネーターであった。実践について述べる前に、1980年代から現在に至るまでのマレーシアにおける長期留学、短期留学、学生の送り出し、学生の受け入れ留学事情を述べたい。

1980年代までマレーシア国内には、国立大学は7校で、学位授与ができる大学が少なかった。このため、マレーシア人にとって、海外留学とは学位を取得するための手段であり、長期留学が主であった。逆に、学位が取得できない短期留学は、経済的な観点から考えて、贅沢な学び方とされ、短期留学をする者は、ほとんどいなかった（木村・ウー2019）。

　ところが、2010年代になって、日本の文部科学省（以下文科省）がASEAN日交流プログラムの助成を活発化したことにより、日本から1〜2週間の短期で留学生がマレーシアに来るようになった。また、M大生がASEAN日交流プログラムの奨学金を利用して、日本へ短期留学する機会も生まれた。

　このような時期に筆者は、M大学教員として、短期プログラムの受け入れを担当することになった。これまでこの部局には、短期プログラムの受け入れの経験がない。受け入れの活動を考えることは、ゼロからのスタートである。また、M大の言語学部のカリキュラムには、M大生の留学指導部分がない。

　だが、どちらもないのであれば、受け入れプログラムを活用したM大生の留学指導を考えたらよいという着想を得た。M大生の留学指導に生かせる受け入れプログラムの活動を作るのである。そして、その活動を受け入れ学生とM大生が、循環的・協働的に学びを作り出すものにしたいと考えた。たとえば、M大生がASEAN日間のつながりを自分たちで作る発信力や協働力を生み出す活動にする。さらに、継続するプログラムであるという性質から、実施した活動が、次の異なる活動を生み出すような循環や、留学経験者の経験が、未経験者の新しい学びにつながるような循環を作り出す。なぜなら、それらの循環の中にこそ、繰り返し他者と内省する機会が生まれると考えるからである。

本章では、以上の循環や活動の場を筆者がどのように作り出していったのかを示していく。また、それらの場がM大生にとって循環的・協働的な学びの場であったことを示すために、M大生たちがどのように学んでいたのか、M大生たちの参加した活動を分析・考察する。

　以下、第2節で本実践の背景と問題の所在を述べ、第3節では、筆者が作り出そうとした場と目指した目標について述べる。最後に、第4節において、実践の報告と共に分析考察を述べる。

2 ｜ 実践のフィールドの背景と問題の所在

2.1　実践フィールドの背景

　2013年は、日ASEAN友好協力40周年記念年であった。グローバル人材育成という目標と相まって、文科省は、ASEAN諸国と日本の交流事業を活発化させるために大学等に事業支援を開始した。その一つに「大学の世界展開力強化事業〜ASEAN諸国等との大学間交流形成支援」プロジェクトに基づく、Student Exchange Nippon Discovery Program（以下SENDプログラム）がある。このプログラムの一つがW大学日本語教育研究科と同日本語教育研究センターが実施したプログラム（以下WSEND）である。W大学は、ASEAN諸国の複数の大学をプログラムパートナーとした。M大学言語学部は、そのWSENDプログラムのパートナー学部の一つとなった。表1にWSENDプログラムの概要をまとめる。

表1　WSENDプログラムの概要（2014年度〜2016年度）

特徴	＊W大学の大学の世界展開力強化事業SENDプログラム 「日本語教育学」総合学習プログラムを通じた重層的・循環的人材育成事業 W大学とASEAN諸国のパートナー大学との間で双方向に学生の交流（長期・短期の送出し、受け入れ）を展開するプログラム（2012年4月〜2017年3月）
W大学が提示する学習目標	①自国文化・伝統・社会への深い理解 ②多文化に対する寛容性と異文化コミュニケーション能力 ③実践的多言語運用能力＋チームワーク力（まとめる力）
方法	①長期：大学院交換留学 ②短期：日本語指導支援および異文化体験を目的とする海外研修プログラム
M大学言語学部への送り出し内容	①2週間のM大学国際寮での滞在 ②日本語指導支援、日本文化紹介活動（参加学生が企画運営）、学生間交流 ③参加メンバーの構成：毎年学部生4〜5名と院生1〜2名

2.2　問題提起

　これまでのM大学の学生送り出し事情からすれば、W大学によるWSENDの実施は、M大生の学びを豊かにすると期待できた。しかし、同時に疑問も感じた。WSENDの概要には、ASEAN日間の学生の「双方向」の交流がうたわれているが、どのような交流により「双方向」交流が実現できるか判然としなかったからである。確かに、WSENDは、ASEAN諸国からW大学へほぼ一方向であった学生の動き（図1a）をW大学とASEAN諸国の協定大学との双方向の動き（図1b）にする。これにより双方向の交流やネットワークが形成される。

　ところが、たとえ、図1（b）のようにネットワークが生まれたとしても、それは、W大学を介したものであり、ASEAN諸国の協定校の学生の動きがW大学と「双方向」になることが目指されるにとどまる。つまり、ASEAN諸国の協定校の学生が互いに移動し、W大学を介さずに直接交流を行うまでは、プログラムの目標に組み込まれていない。

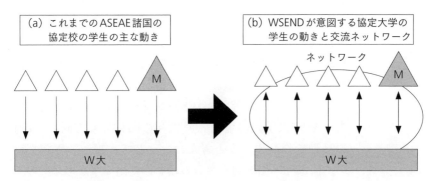

（注：△はASEAN諸国の他の協定大学を示す。M大学（図中M）、W大学（図中W大）中心に論じるため、見やすさの観点から形、色大きさを区別した。）

図1　WSENDが意図するASEAN諸国の大学の学生の動きの変化とネットワーク

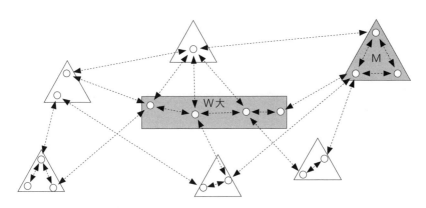

図2　筆者が考えるASEAN諸国の協定大学の学生が個として多方向に移動し、交流するイメージ

　　むしろ、M大生にとって必要なのは、W大学、M大学、ASEAN諸国の大学の学生が互いに移動し、直接交流する「多方向の交流」であろう。筆者が考える「多方向の交流」や移動とは、図1（b）の「双方向の交流」や動きに対し、図2のイメージである。

だが、Ｍ大学には課題があった。それは、言語学部に
Ｍ大生の留学指導部分がないということである。このた
め、これまで学生たちの移動を学部として作り出すことが
できなかった。

　だからこそ、筆者はWSENDプログラムを活用して、Ｗ
大学やＷ大学の協定校とＭ大学の間に「多方向の交流」
や移動を作り出そうと考えた。そして、複数の実践を行
い、協働的・循環的な学びの場を作り出そうと考えたので
ある。その実践が、①留学成果発表会、②成果振り返りディ
スカッション、③後輩のための日本留学説明会、④
ASEAN内日本語留学という四つの実践である。

3 ｜ 作り出そうとした場と目指した目標

3.1　作り出そうとした場

　ここでは、筆者が作り出そうとした場について説明を加
えたい。

　20代前半の若者にとって、留学とは価値観を変えるほ
どの強い刺激である。留学という経験から様々なことを学
ぶ。デューイは、経験を振り返ることで、つまり、内省す
ることで経験は意味のある学びになっていくという
(Dewey 1933)。逆に、経験を内省しなければ、その経験は
学びにつながらず、表面的な理解に終わる可能性がある。
また、内省は、学生1人で行っても深まらない。級友とい
った仲間との「ピア内省」（金2008）の機会が必要である。
仲間との対話による相互作用で内省が深まるのである。そ
こで、様々な仲間と共に複数の視点で、内省する場を作ろ
うと考えた。さらに、学生が複数の視点を持って、繰り返
し内省するために、学生たちが集う複数の場を創出しよう
と考えた。

3.2 目指した目標と実践の変化

　学生たちの内省を深化させるには、「ピア内省」をする仲間さえいればよいというわけでもない。明確な目標が必要である。そこで、協定校間で共有されている「異文化コミュニケーション能力の獲得」というWSENDの学習目標を具体化し、M大生に焦点を当て、M大生が学びに対して主体的に取り組めるような工夫を考えた。その工夫が本章で紹介する【実践1】から【実践2】・【実践3】への改善である。具体的には、学習目標をM大生に焦点を当てた「自国（マレーシア）の文化や社会を理解する」とした。さらに、その目標に重ねて、「ASEANリテラシーの獲得」というように、目標を順次、具体化させ、実践を【実践3】から【実践4】へと変化させた。

　ここで取り上げた「ASEANリテラシー」とは、「ASEAN諸国内の人々が等しく互いに尊重し合い共生すること」（木村・スザナ2015）である。この「ASEANリテラシー」については、4.4【実践4】で詳述する。学習目標は、図3のようなイメージで焦点化および具体化させていった。

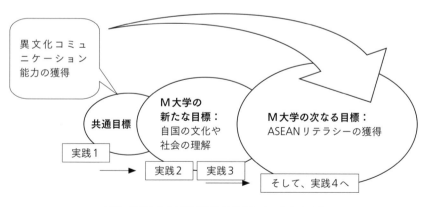

図3　共有された目標を順次具体化していくイメージ

第5章　ASEAN日交流プログラムを契機にマレーシアの学生に循環的・協働的な学びを創出する

4 | 実践報告

4.1 【実践1】留学成果発表会

　先述したように、M大学の学生の日本留学は、言語学部のカリキュラムとは分断されたものであるため、学生が留学について内省する機会は、言語学部の授業にはない。だが、学生たちには、自身の留学経験を「異文化コミュニケーション」、「自国（マレーシア）の文化や社会の理解」などの学びに変えるために内省の機会が必要である。そこで、WSENDで生まれた留学のチャンスとネットワークを生かし、聴衆も出席する、留学成果発表会（2014年3月）を計画した。そして、その発表会を学生たちのピア内省の機会とすることにした。

　成果発表会では、M大3年生とWSENDで来馬したW大生とに、留学期間中に、自身が「経験したこと」、「感じたこと」から自分が「得たと感じたこと」、「学んだと考えたこと」をスライドを使って、プレゼンテーション（以下プレゼン）させた。発表準備をすることによって、1人で何気なく考えていたことが言語化され、内省できる。また、口頭発表当日は、M大3年生とW大学の学生だけでなく、他にも聞き手が存在することで、対話も起こり、内省がより深まると考えた。

　ところが、留学のための奨学金提供者である大使館職員や国際交流基金の部長といった来賓者を意識しすぎたために、M大生の発表は日本に対する好評価に偏った内容となった。例えば、学生は、「買い物時にマイバックを持参すると商品代を割り引いてくれる」サービスや学校給食システムなどを取り上げ、「〜という点が、マレーシアと異なる日本の特徴（良い点）である」と述べたり、贈り物を交換する習慣や時間の観念などを取り上げ、「日本留学では、〜が学べた」と、写真を多用し、日本に対する好印象

を中心に発表したのである。日本で自分が経験したことを中心に話し、反省という観点が疎かにされていた。そのため、学生の発表は、学生たちが互いに応答し合うダイアローグ（対話）には発展せず、それぞれの学生の学びについての内省にも結びつかなかった。学生の発表は、1年間の日本留学の楽しかった思い出や、辛い経験もあったが乗り越えたという「異文化体験」のストーリーを思い出の写真を使って語るというモノローグに終わった。

　だが、学生の発表が学生の内省に至らなかったのは、学生に問題があるのではなく、教師の場の作り方にあると考えた。学生が留学経験を発表する場を教師が「留学成果」の発表という位置づけにしてしまったことが一因だと分析した。そして、学習目標を漠然とした「異文化コミュニケーション能力の獲得」としていたためだと考えた。

4.2　【実践2】成果振り返りディスカッション

4.2.1　目標を具体化・焦点化して実践する

　そこで、学習目標をM大生に焦点化させ、「自国（マレーシア）の文化や社会の理解」とし、学生が留学経験について内省できる場と活動を考えることにした。

　活動には、2015年10月の3年生の授業の一部の時間を当てた。その活動がディスカッションによるピア内省活動である。クラス内にディスカッションの場を準備したのは、発表会といった公開の場ではなく、学生同士が話しやすい環境を整えるためであった。内省の場となった授業や内省の方法、および参加者等について実践1との変更点がわかるように、実践1と比較して表2にまとめる。

4.2.2　概要

表2　内省の場・内省の方法・参加者

時期	内省の場	内省の方法	M大参加者	W大参加者
実践1 2014年 3月	・WSEN留学成果発表会内	・3年生が写真やスライド等を使って留学経験を他者に伝える。	言語学部の 1年生9名 2年生9名 3年生6名 他学部学生	W大生4名 （来賓他）
実践2 2015年 10月	・3年生必修ライティングスキル科目の授業内 ・留学から戻った学期の第1回目の授業	・個人の留学に対する内省の記述 ・「成果振り返りディスカッション」 ・ディスカッション後の内省の記述	言語学部の 3年生7名	なし

　学生が内省する場は、留学から戻った学期の第1回目の授業に設けた。本授業履修者7名は、全員留学から戻ってきたばかりの学生である。

　学生には、事前課題として第1回目の授業の前に、大学が設定しているe-learning のプラットフォーム（Moodle）のフォーラム機能を使って、留学に対する内省文を投稿するように指示した。フォーラム機能により、登録している該当クラスの全員が投稿文を見ることができる。投稿内容には、留学先と留学経験を記述するように指示した。記述内容には、留学中困った経験があれば、困った経験を書くように指示した。

　当該の授業は、毎週2時間のライティングスキル科目であり、留学経験の内省文を書く指示と授業とに整合性がある。ただし、事前課題の内省文は、教師（筆者）にとっては、学生の情報を集めることが目的である。字数制限はなく、文章自体のできを成績評価の対象にしないことを学生に伝えた。学生たちが書き込んだ量は100字未満であった。また、授業後に「成果振り返りディスカッション」で

考えたこと（内省文）を書くように指示した。これも成績評価対象ではないため、学生に負担がないように字数を200字程度とした。本実践で重視したのは、ディスカッションによるピア内省活動のプロセスである。以下、授業中観察された学生たちのディスカッションの内容の変化を示し、分析していく。

4.2.3　観察

「日本留学の成果」ではなく、「日本で困ったこと」を書くように指示した事前課題には、ほとんどの学生が「特になし」と書いていた。授業時、口頭で「日本で困ったことはなかったか」と尋ねても、「日本語が大体わかるので困らなかった」と答えた。しかし、その後、筆者が投げかけたある質問から、学生たちの議論が進んだ。この時の議論をフィールドノートに記録した。授業時の記録はメモ書きである。そのため、授業後、フィールドノートに観察記録としてまとめた。本節では、記録を抜粋してこの時の議論の流れを時系列で紹介する。

1)〈日本語が大体わかるので問題がない〉

事前課題だけでなく授業でも、「日本で困ったことはなかったか」と同じ質問をした。やはり、ほとんどの学生たちは「日本語が大体わかるので問題ない」と答えた。また、「日本には、マレーシアとほとんど同じものがあるから困らない」という意見など表面的な事実報告があるだけで、学生たちの十分な内省が感じられなかった。

2)〈誰もマレーシアのことを知らない〉

そこで、日本語が「大体」わかるとは、「どれぐらい」わかることなのかを考えさせるために、学生たちに「自国（マレーシア）の文化・社会」というトピックで話させた。

すると、ほとんどの学生がマレーシアの誇れる文化は、多民族が生み出す食文化だと答え、自虐的な笑いと共に「食文化しかない」という意見や「いや、マラッカ王国の歴史がある」といった意見が出た。

だが、1人の学生が「でも、他の大学に留学した時、日本人も留学生もマレーシアのことをあまり知らなかった」と言い出した。これにほとんどの学生が同意した。つまり、ほとんどの学生が、マレーシアがどこにあって、マレーシアがどんな国か説明する必要があったということであった。「これが日本で困ったことかもしれない」という声があがった。そして「なぜ、日本人も日本にいる留学生もマレーシアのことを知らないのか」という議論が始まったのであった。

以下、筆者の当時の授業の観察メモから議論を再現する。

＊S：は学生のことば、T：は筆者のことば

T　：「なぜだろう？」
S1：「日本には何でもあるし、どこに行ってもアジアやヨーロッパの食べ物があるけどマレーシアのものは置いていない…。こういうことが原因だと思う。」
Sたち：「うん。そうそう。」
T　：「じゃあ、なぜ置いてもらえないの？」
S2：「皆さん、マレーシアのことがそんなに好きじゃない。」
S3：「実はマレーシアは、マレーシアを代表する食べ物を持ってないが問題。」
S1：「ナシゴレンがあるよ！」
　　　　　　　　　　　……例の列挙（略）……
T　：「じゃあ、なぜ紹介してもらえないの？」
S2：「マレーシアを紹介したい外国人がいないのよ。」
S4：「あ、でも、わたしたちがマレーシアを紹介してもらえるように、マレーシアのいいポイントをアピールしていない。」
S5：「えっ。何をアピールしていいかわからない。」
S4：「ああ、わたしたちがマレーシアのことをよく知らない。」
Sたち：「わたしたちがマレーシアのこと知らなきゃ、話せない。」
（筆者の授業観察記録20151001）より

図4　学生たちの議論「なぜ日本人はマレーシアのことを知らないのか」

学生たちは、図4にあげたような議論を通して、自分た
ちの留学経験と「自国の文化、社会の理解」という目標を
結びつけた。そして、マレーシアのことを理解していない
のは、外国人ではなく自分たちだという自分たちの課題を
発見したのであった。

4.2.4　考察

　議論が以上のような展開になったのは、留学経験を通し
て学生たちが学ぶ目標を「異文化コミュニケーション能力
の獲得」に重ねて、「自国の文化、社会の理解」とし、議
論のトピックの一つを具体的に教師が提示したことが有効
に働いたと考える。

　ただし、トピックを「留学成果」から「日本で困ったこ
と」に変えるだけでは、学生は「留学成果」にこだわった
ままであった。自分ができたことを強調するかのように
「日本語が大体わかるので問題がなかった」と答えた。そ
れが、事前課題の回答であり、授業（議論）開始時の学生
の応答であった。

　だが、ここで、教師が「大体」わかるとは、「どれぐら
い」わかることなのかを考えさせようとしたことで変化が
生まれた。まず、学生たちにマレーシアの文化や社会につ
いて話させ、「どのぐらい」自分たちはわかっているの
か、もしくは、「どのぐらい」わかっていないのかを問う
課題に変えた。それに対し、学生たちは、「外国人がマレー
シアのことをわかっていない」と答えたため、教師が、
外国人は「どうして」わかっていないのかと問いかけたと
ころ、学生たちに「自分たちがほとんどアピールしていな
い」、そして、「自分たちがよくわかっていない」という気
づきがあった。学生たちは、他者の経験や態度、ことばを
考えることで、自分自身のことに気づき、自身の内省を深
めることができたのである。

学生たちは、議論するトピックがデザインされたことによって、自身の留学経験を今までとは異なった方向から見つめ、他者の経験と自身の経験を結びつけた。気づいたこと（成果）を話させて終わるのではなく、気づかせ、さらに、その気づきを課題としていくようにディスカッションを促すことによって、学生の内省の深化を促すことができたのである。

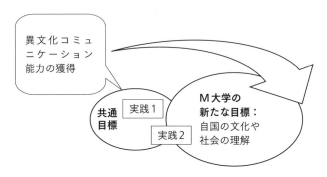

図5　協定校で共有されていた目標を具体化して場【実践2】を作る

4.3 【実践3】後輩のための留学説明会

　【実践2】は、授業内に内省の場をデザインした実践であった。それらは、長期、短期に拘らず3年生が留学先で得た経験を帰国後、仲間と授業の中で振り返り、対話をすることで学ぶことを想定してデザインしたものである。ところが、3年生と違って、1、2年生は、振り返る留学経験がない。そのため、自身の留学経験に代えて、他者の留学経験から学べる場を複数準備することにした。準備した場のうち、先輩学生の経験を1、2年生の学びの機会に結びつけることができた【実践3】「後輩のための日本留学説明会」[1] について報告する。

4.3.1 概要

表3　実践3の概要

時期	内省の場	内省の方法	発表者：先輩学生	参加者：後輩学生
実践3 2015年 11月	後輩のための日本留学説明会の場	留学経験を「伝える、受け取る、答える」という応答のある対話を繰り返す	言語学部の3（4）年生と工学部の3年生12名	言語学部の1、2年生と他学部の日本留学に関心がある学生41名

　「後輩のための日本留学説明会」は、まだ留学経験がない後輩学生（1、2年生）を対象に、先輩学生（3年生／一部4年生）が情報提供するものである。また、先輩学生にとっては、留学体験を話すモノローグで終わってしまった「留学成果発表会」【実践1】に代わるものとして実施した。つまり、留学をテーマとして学生間にダイアローグ（対話）を起こし、先輩学生が留学経験を自らで振り返る場にすることを目指そうとした。そのため、当日の発表に必要なプログラムの組み立てを基本的に全て先輩学生に任せ、留学について改めて考える機会を与えた。また、言語学部の先輩学生だけでなく、2015年にWSENDで日本に行く短期プログラムに参加した工学部の学生を発表者として呼び、リソースとして結びつけた。

4.3.2 観察

　留学説明会場では、後輩学生が理解できるように、先輩学生は主に日本語を使いながらも、英語を交えて現地での生活に必要な情報を伝えていた。また、思い出を語るのではなく、日本の地方都市でコミュニケーションに苦労した話等自分の経験に照らして、口頭発表した。

　説明会の途中、言語学部の後輩学生から次のような質問が増えた。それは、留学のための奨学金を獲得するために

必要な日本語力を問うものや、留学でどのくらい日本語力が伸びたかという質問、奨学金獲得のコツ、日本でどのようなバイトがあり、自分たちの力でいくら稼げるかというものであった。後輩学生たちの関心はもっぱら、「日本語の習得」と「日本での生活費」であったと言える。

　そのような質問の流れを変えたのは、あいさつしか日本語が話せない工学部の学生の報告だった。この学生は英語で発表した。この学生の発表には、言語学部の学生の発表とは異なった視点が見られた。たとえば、工学部の学生は、言語学部の3年生の目には、当たり前となっている日本のサービスの特徴について語った。得意顔でその工学部の学生が見せた1枚のスライドに、聞いていた言語学部の学生たちは一瞬沈黙した。そのスライドには、レストランのレジにある小さなトレーが映っていたのである。これは、客が代金を置き、店員が釣銭を渡すものであるが、言語学部の先輩学生は、そのトレーを取り上げるべき日本のサービスとして着目していなかったので、目を丸くした。言語学部の後輩学生たちはその用途が想像できなかった。学生たちはそのトレーから想像できることを話し合うことになった。

　やがて、工学部の学生の説明を聞いて、後輩学生の1人が、マレーシア人の手を添えてお釣りを渡すしぐさを指摘した。学生たちは、このしぐさとトレーの使用との共通点に着目し、今度はマレーシアと日本のサービスを比較して話しはじめた。お釣りのトレーを映し出したスライドがマレーシアの文化・社会についても考えるきっかけとなったのだ。

4.3.3　考察

　説明会の場の空気の変化から、「日本で学ぶことは日本語」としかイメージできていなかった後輩学生たちが反省

し、話し合いを通じて、日本で何が学べるのか、そして、自分は日本で何ができるのかを考えたことがわかった。また、言語学部の先輩学生は、後輩学生そして他学部の学生と対話をすることにより、日本の留学経験だけでなく、マレーシアの文化に対する自分の考えをも内省する機会が持てたようであった。

　ここに一つの、留学経験学生と未経験学生をつなぐ循環的・協働的な学びの場が作り出せたと確信した。

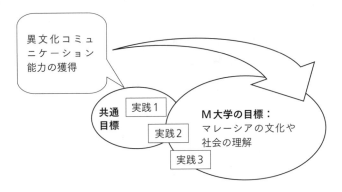

図6　目標をM大生に焦点化して場【実践3】を作る

4.4　【実践4】ASEAN内日本語留学

　実践2、実践3では、「異文化コミュニケーション能力の獲得」という学習目標を具体化および焦点化し、「自国（マレーシア）の文化や社会の理解」とすることで、M大生が学びの主体となる場を作り出していった。

　さらに、これまでの学習目標に重ねて、「ASEANリテラシーの獲得」という目標設定を思い立った。通常、「ASEANリテラシーの獲得」は、互いの文化、経済、環境問題を扱う学部領域の授業で実践される。だが、ASEAN日交流プログラムを受け入れ、実践を続けるうちに、リテラシー獲得まではいかないまでも、日本語教育に

おいて、ASEANリテラシーを考える機会を作ることができるのではないかという新たな着想を得たのである。

本節では、なぜマレーシア人学生が「ASEANリテラシーの獲得」を目指さなければならないのかを述べた上で、日本語教育において学生たちにASEANリテラシーを考えさせた【実践4】を報告する。

ASEANリテラシーとは、「ASEAN諸国内の人々が等しく互いに尊重し合い共生すること」（木村・スザナ2015）である。2015年、ASEAN経済共同体が発足した。周知のようにシンガポール、マレーシア、タイ、ミャンマー、カンボジアといったASEAN諸国10か国[2] は、各国独自の言語文化を発達させている。また、ASEANの6か国とCLMVの4か国間の経済格差は大きい。ASEAN諸国の中には、他国に対して優越的態度を取っていると批判されている国もある。その批判対象には、マレーシアも含まれる。このような現状から、経済共同体が生まれたものの、ASEAN諸国内の人々が等しく互いに尊重し合い共生することが実現しているとは言えない。そのため、ASEAN諸国内の人々が等しく互いに、尊重し合い共生することを考える活動が教育の現場には必要だとされている。

そこで考えたのが、「ASEAN諸国内の人々が等しく互いに尊重し合い共生することを考える活動」をそれぞれの国で行うのではなく、対等になれる場に集い、共通語となる日本語で共に考えることである。そのために実施した実践が「ASEAN内日本語留学」【実践4】である。

4.4.1 概要

表4 実践4の概要

時期	内省の場	内省の方法	参加者
実践4 2015年 12月	・マレーシア内に準備された日本語留学の場	・共に博物館や史跡を巡る ・マレーシアやタイでの自分たちの生活を中心にプレゼンし、議論する	・タイC大3年生4名 ・マレーシアM大1、2年生6〜8名

　ASEAN諸国の学生にとって、たとえ短期でも日本に留学する費用を捻出することはたやすくない。そこで、WSENDプログラムによってつながったタイのC大学の教員と、マレーシアとタイの互いの機関を直接訪問して、日本語で交流する機会を作り出すことを考えた。これは、学生たちに必要だと考えていたWSENDの協定校の「多方向の交流」の一つということになる。

　2015年は、M大学への訪問が決まった。参加は任意であるが、M大学では、留学経験のない日本語専攻の1、2年生を参加対象とした。訪問期間は3日間で、活動には、マレーシアの国立博物館や史跡を巡るなどの教室外での活動やM大構内見学と、互いの国や大学での生活、授業についてプレゼンし、議論をする教室内の活動がある。

4.4.2 観察考察

　初日、学生たちは、M大学の学生食堂で昼食を取り、構内見学をした。教室内活動では、C大生、M大生が互いの大学生活や授業に関して、日本語でプレゼンをした。M大生が騒いだのは、C大学の立地や学内のカフェの話を聞いた時であった。「一緒に行った学生食堂が恥ずかしい！」と叫んだ。

　逆の反応もあった。一時解散し、C大生は複数のショッピングモールを巡り、夕食時に再びM大生と合流した。

マレーシアの多くのショッピングモールや道路が、タイより立派で圧倒されたということであった。

　翌日の博物館や史跡を巡る教室外活動では、2年生がマレーシアの歴史をC大生に説明した。この時の説明は、日本語だけでなく、英語も使用することになったが、説明することで、M大生は、母国の歴史と現在を改めて見つめる時間が持てた。博物館から戻って、教師（筆者）に報告するM大生の興奮した表情から、今まで使ったことがなかった日本語の専門用語に挑戦し、達成感を感じているのが見て取れた。

　学生たちは、生活や授業に関するプレゼンで、隣（国）人の生活の自分の生活と異なっている点のみならず、変わらない点を見出すことができた。そして、互いの日本語学習環境や日本語力を知り、刺激を受けることができた。互いの母国のことを話すことから始めることによって、いつの間にか相手国のことをディスカッションしていた。そして、この活動は、翌年M大生がタイのC大学に行く活動へとつながっていった。

4.5　さらなる実践へ

　その後も、「ASEANリテラシー」を目標とし、「多方向の交流」を進めていった。2017年1月には、協定大学以外のタイのP大学とSkype（Web会議）システムを使った「日本語交流」活動を実施することにした。この活動は、P大学の2年生が2名、M大学の4年生1名にマレーシアの生活やその学生の日本語学習方法等を日本語でインタビューするというP大学の活動である。

　Skypeによる「日本語交流」という活動だけでは、オンライン授業が当たり前になった現在の授業には特別の示唆はない。だが、本活動では、インタビューを実施したP大生が、インタビューの考察を発表スライドにまとめ、M

大学に送ってくれ、Ｍ大学では、このスライド（考察）を
マレーシア人学生の学生生活を見るタイ人学生の視点の一
つとして、「ASEANリテラシー」を考える言語学部の３年
生の授業で提示したのである。「ASEANリテラシー」を
目標とし、「多方向の交流」を目指すことで、このような
４年生、Ｐ大生、３年生と、自分たちが得た学びを順にリ
レーしていく循環的・協働的な営みが起こったのである。

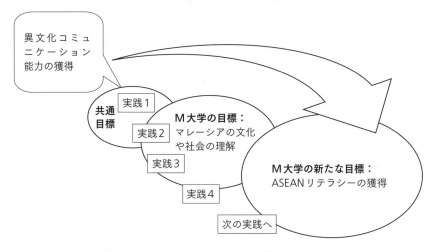

図7　実践４からさらに次の実践へと新たな「場」を作り出していく

5 ｜ おわりに

　　本章では、ASEAN日間の交流プログラムを契機とした
新たな活動の場をＭ大学の授業内外に創出し、そこで行
われていたＭ大生たちの活動を分析した。その結果、学
生たちが自身の過去の経験を、また他者の経験を、新しい
自分の経験に結びつけて学んでいることがわかった。そし
て、学生たちは得た学びを次の後輩学生へと循環させてい
たのであった。
　　ASEAN諸国の学生にとって日本留学は憧れである。し

第5章　ASEAN日交流プログラムを契機にマレーシアの学生に循環的・協働的な学びを創出する

かし、その機会が得られるのは、まだまだ一部の学生に限られている。それでも、教師が国内外の人やリソースと学生を結び、場をデザインすることで、一部の学生の経験を他の学生の学びの機会と結びつけることができる。その機会を使い学生たちは、自身の経験を振り返り、仲間と内省を深め、協働的に学んでいくのである。

　実践1の失敗からわかるように、国際交流の機会を得ても、その機会から生まれる活動が、学ぶための活動ではなく、その場限りの活動で終わる可能性も孕んでいる。その場限りの活動に終わらせないために、教師には、学生が学びに対して主体的に取り組める場をデザインする態度が必要である。今後も、授業内外で学生たちが循環的・協働的に日本語学習ができる場、そして、学生たちが学びに対して主体的に取り組める場を作っていきたい。

注　　　[1] これは、本説明会の正式名称ではない。本説明会は、現在もM大学の教員によって継続されており、説明会実施方法には変更点がある。
　　　　　[2] ASEAN6：ブルネイ・フィリピン・インドネシア・マレーシア・シンガポール・タイの6か国
　　　　　　　CLMV：カンボジア・ラオス・ミャンマー・ベトナムの4か国

参考文献　木村かおり・イスマイル，スザナ（2015）「ASEANリテラシーにつながる学びを目指して」『早稲田日本語教育学』18, pp.33–38.
　　　　　木村かおり・ウー，ワイシェン（2019）「マレーシア　留学送り出し大国から受け入れ国への転換を目指す」宮崎里司・春口淳一（編著）『持続可能な大学の留学生政策—アジア各地と連携した日本語教育に向けて』pp.157–169.　明石書店
　　　　　金孝卿（2008）『第二言語としての日本語教室における「ピア内省」活動の研究』ひつじ書房
　　　　　宮崎里司・川上郁雄（2015）「SENDプログラムを通して求められる能力とは—日本語教育とグローバル化」『早稲田日本語教育学』18, pp.1–8.
　　　　　Dewey, J. (1933) *How we think*. NY: DC. Heathnad Company.

^第6^章
学校間の非対面ピア・レスポンスの試み
台湾の大学2校における実践

荒井智子・張瑜珊

この実践の概要

教室の場所	台湾の私立大学　2校
クラスの位置づけ	正規クラス　週1回（100分）/18週
日本語レベル	初中級
クラスサイズ	D大学A班30名、B班31名、M大学34名計95名
学習内容	日本語作文
特徴	大学間の非対面ピア・レスポンス

1 はじめに

　　本章で報告する実践は「学校間の非対面ピア・レスポンス」（以下、学校間の非対面PR）である。学校間の非対面PRとは、本来教室内で行う作文のPR活動を、学校と学校の間でそれぞれの担当教師の仲介により、学生が他大学の学生と作文を交換し、知らない者同士で行う書き言葉によるPRのことである。

　　本実践は筆者らが台湾協働実践研究会という組織に所属していることから始まった。台湾協働実践研究会は、日本の協働実践研究会本部の立ち上げ後に台湾で成立した自主勉強会のような組織で、1、2か月に一度、研究会のメンバーが集まり輪読会や実践を語り合う会として続けられている。筆者のひとりである荒井は2009年ごろから勤務校の大学で作文の授業にPRを取り入れて台湾の大学生にはどのよ

うなやり方のPRが合うか試行錯誤をしていた。そして学生の成長を間近で見てPRの効果を実感するようになっていたが、同時にいくつかの課題も感じていた。台湾の大学では、学生たちは1年次に所属クラスが決められると卒業するまで4年間同じクラスメートと同じ教室で授業を受けて過ごすことが多く[1]、特に必修科目の授業では同じ顔触れで授業を受ける。そのため、2年生の下学期（後期）にもなるとクラス内の人間関係もおおよそ固定され、お互いのことを理解し合っており、日本語の授業では安心感をもって学べる。しかし一方で、互いの作文を読み合うときには新鮮味や緊張感が弱まるためか、自分の考えを相手にわかりやすく伝えよう、作文に現れる他者の考え方をじっくり読み取ろうという姿勢にはどこか物足りなさが出てくる。そのようなことから、言葉を伝えることに対してもっと真剣に向き合わせることができないだろうかと考えていた。一方、もうひとりの筆者である張は日本で協働学習を体験したことも自分で実践したこともあったが、台湾の教育現場ではまだ取り入れていなかった。日頃から取り入れたいという思いはあったものの、同じ作文授業を担当する教師の中に協働学習の概念を共有できる仲間がいなかったため、実践の試みを実現する環境や要件が見いだせずにいた。筆者らは台湾の別々の大学で教壇に立っているが、協働実践研究会の勉強会の際にそれぞれが相談を持ち掛けたことをきっかけに、2年生の作文の授業を担当しているという共通点を活かして学校間の非対面PRを試みることにしたのである。

　以下では、まず、2節で非対面PRに関する研究を概観し、3節で本研究の具体的な課題を提示する。そして、4節で本実践の授業デザインについてまとめ、5節では両校の学習者に行ったアンケート調査を量的・質的研究の立場から学校間の非対面PRに対する学習者の意識について分析結果を報告する。最後に6節では、学校間の非対面PR

の知見から協働学習としての作文の学びの可能性について述べ、実施していく際の留意点などを提示する。

2 | 先行研究

　日本語教育における非対面PRは、石塚・上田・西島（2009）が行った留学生と日本語教員養成課程履修の学生のものや、浅津・田中・中尾（2012）、田中（2015）、及び、原田（2015, 2016）が行った授業時間外にコンピュータを使った同クラスの学生間のものなどがある。これらは授業中に教室で行うPRの時間的制約を解決する方法として非対面PRが取り入れられている。田中（2015）は授業中に教室で行う対面PRと比較して、対面PRのほうが作文評価が向上すること、問題点を指摘するフィードバックが多いこと、学習者が好む傾向があることを示すが、非対面PRはピアのコメントに肯定的評価が多く、問題点の指摘も少なくなる。その理由として人間関係を維持しようとする意識が働くことを挙げて、両活動の性質には違いがあるため、非対面PRでは学生の「自律性」と「動機づけ」に配慮した活動の方法を考える必要があると述べている。また、浅津・田中・中尾（2012）は、対面PR、非対面PRともに学生に受け入れられていること、対面PRでは満足感を得られなかったことを非対面PRによって捉えること、非対面PRは独自の効果があり自律学習を促す可能性があることを述べ、非対面PRの利点も挙げている。

　以上のように、非対面PRは2010年前後からその教育場面に合わせたPRの形の一つとして実践され、効果などが報告されている。これまでの非対面PRの実践はクラス内や同じ学校内の学生同士が行ったものがほとんどで、学校間という形で実施されたものはまだ見当たらない。本稿では、筆者らが試みた台湾の二つの大学間での実践を報告する。

3 | 研究目的

　本研究は、協働学習としての作文授業で新たな試みの可能性を探っていくために、学校間の非対面PRが直面する問題を把握することを目的とする。具体的な課題として以下の点を取り上げ明らかにする。

1. 学習者のコメントは、作文のどこに言及する傾向があるか。
2. 推敲時、他校の学生からのコメントをどの程度参考にするか。
3. 学習者は非対面PRをどう感じていたか。

4 | 研究方法

4.1　実践の概要

　本研究は、2016年5月から6月の4～5週間で実施した、台湾の中部にあるD大学と北部にあるM大学の日本語を主専攻とする2年生の作文授業における学校間のPRを対象とする。作文授業の実践は筆者2名が各所属大学で担当をした。

　D大学は二つのクラス（A班とB班）で行った。A班はB班よりも日本語能力が高めのクラスに位置づけられている[2]。A班は30名、B班は31名で構成されている。一方、M大学は対象となるのは1クラスのみで34名である。以下の表1は、各クラスの構成人数と日本語能力試験のN1～N5の資格認定者数である。

表1　各大学の作文クラスの人数と日本語能力試験の資格認定者数

	クラス構成人数	日本語能力試験資格認定者　（　）内は人数
D大学（A班）	30名	N1（0）・N2（2）・N3（11）・N4（7）・N5（1）
D大学（B班）	31名	N1（0）・N2（2）・N3（4）・N4（7）・N5（3）
M大学	34名	N1（2）・N2（6）・N3（8）・N4（0）・N5（0）

作文授業は、両校とも1週間に2コマ（1コマ50分）で18週である。学習目標は「身近なことや社会的なことについて考え、自分の意見や主張を例を挙げながら理由をわかりやすく説明して書くこと。さまざまな視点を取り上げながら自分の考えや主張を論理的に書くこと」とした。

次の表2は、両校の作文授業の流れを整理したものである。第1週から第9週までは、D大学とM大学の授業シラバスは異なっている。D大学は今回はじめてPRを取り入

表2　2015年度の下学期（後期）（2016年2月〜6月、18週間）の授業シラバス

週	D大学（A班、B班）	M大学
第1週〜9週目	[PRの手順について、説明と練習] [要約文の練習] ・社説などの論述的な文章を使い、段落のわけ方や見出しのつけ方について協働的な討論を通して学ぶ。また、ルーブリックを使ってクラスで検討をする。	[意見文の練習] ・「である体」で文章を書く練習をする。 ・意見を述べるときの表現の練習をする。 ・接続詞の使い方、論理的な文構成の学習。 ・賛成か反対かを表明する意見文や身近な話題について意見文を書く練習をする。
	学校間の非対面PR開始	
第10週〜14週目	[意見文を書く] ・意見文の構成を学ぶ。 ・賛成か反対かを表明する意見文を練習する。「ワーキングホリデー」の賛否 ・動画を見て、意見文のテーマを考える。 ・テーマごとにクラス内のグループでPRを行う。 ・各自タスクシートに意見を書き入れた後、グループでPRを行い、第一稿を書く。	・動画を見て、意見文のテーマを考える。 ・テーマごとにクラス内のグループでPRを行う。 ・決定したテーマで意見文の第一稿を書く。 ・クラス内でPRを行った後、第二稿を書く。
第15・16週目	（作文を相手校に郵送する）（作成した自己紹介の動画を相手に送る） ・相手校の自己紹介のビデオを視聴する。 ・相手校の作文を配布する。 　（D大学の各学生にはM大学の学生1名の作文、M大学の各学生にはD大学の学生2名分の作文を渡す） ・作文には色分けした附箋を貼ったり、コメントを記入したりする。 　またルーブリックに評価とコメントを記入する。	
第17・18週目	（附箋が貼付され、コメントが記入されている作文とルーブリックを相手校に返送する） ・ピアのコメントを読みながら推敲して修正稿を提出する。 ・教師が未修正の箇所を指摘し、学生は再度修正を行って完成稿を作成する。 ・アンケート調査	

れるため、PRの手順について教師が説明を行い、PRの練習を兼ねて社説などの論述的な文章で要約文を書いたりルーブリックを使ったりする作業を行う。一方、M大学では上学期（前期）の授業ですでにPRを経験していたのでPRの手順について細かい説明は行わず、である体で文章を書く練習や意見を述べる表現の練習など、意見文を書くことに繋げる授業を行う。

　そして、第10週から両校による非対面のPRが始まる。授業の手順は、まず、動画[3] を視聴して同クラス内の小グループで意見文のテーマを何にするか検討した後、各自がテーマを決めて意見文を書く。そして執筆完成後に教師がクラス全員分の意見文を相手校に郵送する。その後、相手校から意見文が郵送されてきたら学生に意見文を配布する。学生は担当する意見文を読み、コメントを書き入れ、附箋を貼り（図1）、またルーブリック（図2）に評価を記入した後、それらを教師が相手校に返送する。それから学生は相手校の学生が記入したコメントとルーブリックの評価用紙を受け取って推敲した後、修正稿を書く。その後、教師はPRでは修正しきれていなかった文法や表現や表記などの誤用について指摘をし、学生は最終稿を書いて提出をする。このようにPRでは学生同士が直接会って意見を交わし合うことはなく、郵送した作文とルーブリックに書き入れたコメントを見るだけで推敲をするので、非対面の方法で行うことになる。ただし、両校とも自己紹介用の動画を作成してオンラインシステム上に載せ、どのような人が作文の書き手なのか相手校の学生が知ることができるようにする。

4.2　分析方法

　学校間の非対面PRに対する学習者の意識を調べるために、2015年度下学期（後期）の学期末に89名の学習者に

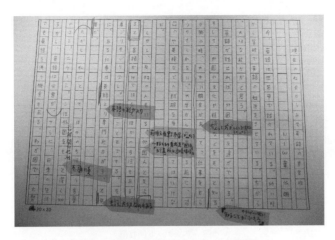

図1　学生の作文（ピアのコメントと附箋）

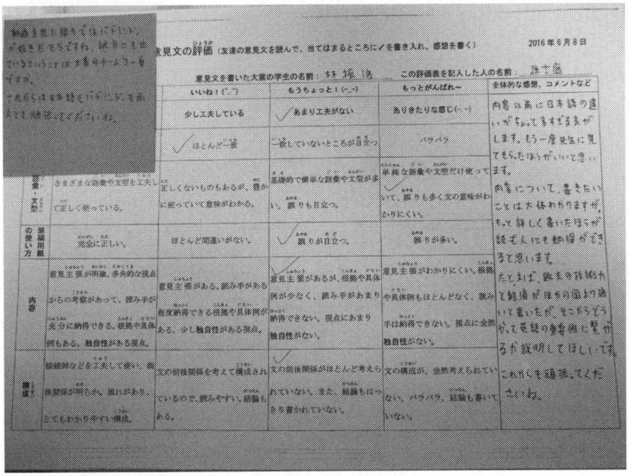

図2　ルーブリック
（ピアが書き入れたコメント）

アンケート調査[4] を実施した。分析は量的手法と質的手法で行う。

　アンケートでは、相手校のピアからのコメントについて、書き手の学生はその内容がどのようなものであったと感じているか、またそのコメントを推敲時に参考にしてい

たかを知るために、「文法や語彙の訂正」「作文の構成」「作文の内容」の三つに分け、その感じた程度、及び、推敲のときにコメントをどの程度参考にしたかについて、それぞれ「とても思う」「少し思う」「どちらとも言えない」「あまり思わない」「全然思わない」の中から一つを選択する5段階評定方式で回答を得る。さらに、ピアからのコメントを読んで感じたことと、自分がコメントを書くときに感じたことについて自由記述するよう求め、分析はKJ法の手法を用いて分析を行う。表3はアンケートの回収率である。

表3　アンケート回収率

	D大学（A班）	D大学（B班）	M大学
アンケート回収数	30名（100%）	31名（100%）	28名（82.4%）

5 | 結果と考察

5.1　コメント内容と推敲時の参考度

相手校のピアからもらったコメントの「文法と語彙」「作文の構成」「作文の内容」と「推敲時のコメントの参考」の程度について、3クラスで差が見られるかノンパラメトリック検定にかけた。その結果、D大学のA班、B班、M大学の中央値に5%水準で有意差がみられたのは「文法と語彙」と「推敲時のコメントの参考」だった（表4）。また、表5の記述統計量を見ると、どちらの項目も平均ランクの大きい順に、D大学のB班、A班、そしてM大学だった。つまり、相手校のピアからもらったコメントが「文法と語彙」であると感じているのは、D大学のB班が最も多く、次にA班、最も少ないのはM大学で、この順序は、推敲時にピアにもらったコメントが参考になったと答えた者が多いクラスの順と同様であった。図3と図4は、それぞれクラスの内訳をグラフで示したものである。

表4　ノンパラメトリック検定の結果

	文法と語彙	構成	内容	推敲時の コメントの参考
カイ2乗	12.800	4.285	5.205	6.894
漸近有意確率	**.002**	.117	.074	**.032**

表5　「文法と語彙」、「推敲時のコメントの参考」の中央ランク

	クラス	平均ランク		クラス	平均ランク
文法と語彙	D大学［B班］	57.52	推敲時の コメントの 参考	D大学［B班］	53.31
	D大学［A班］	39.38		D大学［A班］	43.82
	M大学	37.16		M大学	37.07

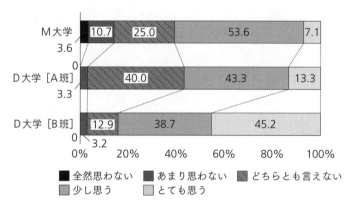

図3　ピアからのコメントは文法と語彙だった

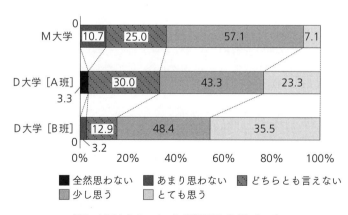

図4　ピアからのコメントが推敲時に参考になった

上記のように、3クラスに異なる傾向が見られた理由は何だろうか。まず日本語能力差が考えられる。前述（4.1節）のように、D大学では、作文のクラスを日本語能力別で分けることになっていて、A班のほうがB班よりも日本語のレベルが高いクラスである。次に、D大学とM大学ではどちらの学生の日本語能力が高いかについては、今回の調査では共通テストを行っていないため一概に述べることはできないが、学生が書いた意見文の平均文字数を比較すると、表6に示されたように、D大学のA班とB班は350字前後であり、M大学は600字以上であること、さらに、表1で示したように、日本語能力試験の資格認定者数でも、M大学はD大学よりもN1やN2の人数が多くいることがわかる。これらのことから、日本語能力が高いほうから順に、M大学、D大学のA班、そしてB班となる可能性がある。これだけでは日本語能力に差があることを決定付けることはできないが、何らかの関連性があることは窺える。

表6　意見文の平均文字数

D大学（A班）	D大学（B班）	M大学
329字	359字	635字

5.2　学校間の非対面PRに対する学習者の意識

　図5は、アンケートの問6.「相手校の学生が書いたコメントを読んで感じたこと」と、問7.「自分が相手校の作文を読んでコメントを書くときに感じたこと」の自由記述内容を、意味が類似したものごとに29個のカテゴリー[5]に分類して3クラス別に合計したものである。これを見ると、「1 PRに賛同」「3 成長と学び」「5 感謝」は3クラスともに多く、今回行った非対面のPRについて3クラスともに好意的に捉え、コメントを書いてくれた相手校の学生

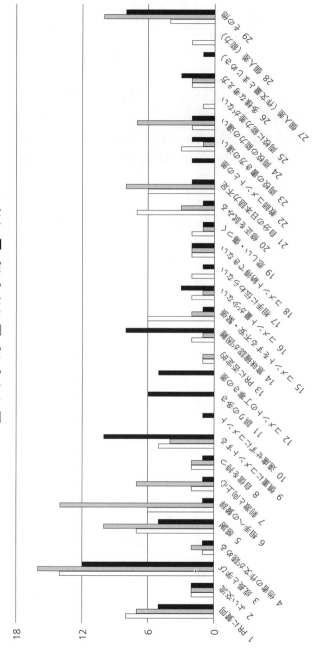

図5　学校間の非対面ピア・レスポンスに対する感想

第6章　学校間の非対面ピア・レスポンスの試み

に感謝していることがわかる。

次に、D大学のB班は、「5 感謝」「6 相手への賛辞」「7 刺激と向上心」「21 自分の日本語力不足」「24 両校の能力の違い」を感じている学習者が多くいる。また、D大学のA班を見ると、「5 感謝」「6 相手への賛辞」「21 自分の日本語力不足」はB班同様に多かったが、「7 刺激と向上心」「24 両校の能力の違い」はB班ほど多くなかった。一方、「15 コメントをする不安・緊張」は3クラスの中で最も多かった。

そして、M大学は、「9 慎重にコメントをする」が3クラスの中で最も多かった。これは、前述の意見文の文字数と関連があるのではないだろうか。作文を読むとき、文の前後から書き手の意図を推測することが求められるが、文字数が少ない作文の場合はそれが難しくなる。よって、M大学の学生はコメントをする際に文字数が少な目の意見文でも書き手の意図を探ろうとして作文の中の言葉や表現に対して吟味したり検討したりしながら慎重にコメントしていたのではないかと考えられる。

6 おわりに

本実践は、協働学習としての作文の学びで新たな試みの可能性を探ることを目的として、台湾にある二つの大学間、三つのクラスで非対面PRを行って学習者の意識をアンケートから分析をした。その結果、学校間の非対面PRを実施するときに直面する問題点として以下の3点が示された。

①読み手は、書き手の意図がわからないときに確認ができないのでコメントを書くのが困難になる。
②日本語力が低い学習者が参考になったと感じるコメン

トは「文法や語彙」に関するものである。
③日本語能力の高さによって、作文量や、学校間の非対
面PRの際の不安・緊張度が異なる。

　学校間の非対面PRでは、書き手の意図の確認ができる
ような方法や機会を設けることや、日本語能力に差がある
場合を想定して、教師は授業で指導するときに、十分な時
間をかけて学生が作文を書けるように工夫したり、正確さ
だけを問うコメントにならないような配慮が必要であると
言えよう。池田・舘岡（2007: 5-7）では、日本語教育にお
ける協働の概念の要素として、「対等」「対話」「創造」「プ
ロセス」「互恵性」の五つを挙げている。今回の学校間の
非対面PRではこの「対話」が十分に行えていたとは言え
なかった。このことは、対等な関係において創造的な協働
を展開していくための手段として対話が重要なものであっ
たことを改めて実感する結果となった。
　しかし、今回の非対面PRを通して、学習者は意味が明
確な文章を書くためには、読み手の視点を知ることが重要
であり、その場ですぐに相手に問うことができない環境で
あっても認識させる機会となることも明らかになった。今
後、日本語学習者が書く力を身につけていく過程で、学校
間の非対面PRを取り入れることも視野に置き、取り入れ
る際には対話の機会をどのように設けられるかを考慮しつ
つ、対話から生まれる創造的で互恵的な学びとしての作文
教育の実践を目指したい。
　今回の調査によって、よく知らない者同士のPRは、作
文の書き手と読み手としてのモチベーションを上げるだけ
ではなく、考え方の多様性に触れたり、自分の伝えたかっ
たことが思ったより読み手に伝わらなかったという場面に
遭遇したり、また読み手の立場では他者の作文を慎重に読
んでコメントをしようとする姿勢になったりすることが示

され、学校間PRの可能性を提示することができた。原田（2015: 166）が述べるように多角的なフィードバックの方法を組み合わせることを視野にいれた教室活動のデザインの可能性を追求しながら、教育現場に合った方法を考えていきたい。

　そして、最後に、教師が協働実践を試みようとするとき、必ずしも職場内や身近なところではなくても、教師研修のための持続的な研究の場づくりが可能であると示すことができたのは大きな収穫であった。

注

[1] 作文授業のクラス分けの方法は大学機関によって異なる。M校では日本語能力別ではなく、所属クラスごとに複数開講の作文授業の中から各学生が希望する時間帯の授業を履修する。そのためクラスのほとんどが自分の所属するクラスの顔見知りのクラスメートで形成されることになる。

[2] D大学では1年生のときの成績や日本語能力試験の資格の有無によって作文のクラス分けを行っている。作文クラスは全部で3クラスあり、本実践の対象としたA班とB班は日本語能力別に上から2番目と3番目のクラスに当たる。作文授業の内容や扱うテーマなどは両クラスで統一している。

[3] 動画のリンク先はhttps://grapee.jp/160083である。一般財団法人国際ビジネスコミュニケーション協会（IIBC）がフィギュア世界大会で国際ボランティアの学生に体験を語らせるという、7分間ほどの宣伝用のプロモーションビデオである。

[4] アンケートの内容は資料1を参照されたい。実際は中国語版を使用した。

[5] 29個のカテゴリーと回答例については資料2を参照されたい。

参考文献

浅津嘉之・田中信之・中尾桂子（2012）「学習者の意識分析から考える日本語作文授業における非対面ピア・レスポンスの可能性」『応用言語学研究論集』5, pp.59–70.　金沢大学人間社会環境研究科

荒井智子（2017）「学校間の非対面ピア・レスポンスの試み─銘伝大学側での実践」『銘傳大學國際學術研討會：應用日語學系研討會論文集』pp.69–76.　銘傳大學應用日語學系

池田玲子・舘岡洋子（2007）『ピア・ラーニング入門―創造的な学びのデザインのために』ひつじ書房

石塚京子・上田安希子・西島道（2009）「学習目的の異なる学習者間での協働学習の可能性―外国人留学生と日本語教員養成課程履修学生との作文交流の実践を通して」WEB版『日本語教育実践研究フォーラム報告』pp.1–9.　http://www.nkg.or.jp/pdf/jissenhokoku/RT-2ishiduka.pdf（2020年12月6日参照）

田中信之（2015）「コンピュータを媒介したピア・レスポンスの実践と評価―対面による活動との比較を通して」『小出記念日本語教育研究会論文集』23, pp.19–30.　小出記念日本語教育研究会

張瑜珊（2017）「学校間の非対面ピア・レスポンスの試み―大葉大学側での実践」『銘傳大學國際學術研討會：應用日語學系研討會論文集』pp.77–84.　銘傳大學應用日語學系

中尾桂子（2015）「学生の意識分析と人間関係への配慮の方法から見た非対面ピア・レスポンスの可能性」『大妻女子大学紀要―文系』47, pp.152–133.　大妻女子大学

原田三千代（2015）「第5章　協働フィードバックとしてのピア・レスポンス」大関浩美（編著）『フィードバック研究への招待―第二言語習得とフィードバック』pp.139–179.　くろしお出版

原田三千代（2016）「対話的推敲活動を通した文章テキストの変化―「日本語表現」クラスレポートをもとに」『三重大学教育学部研究紀要．自然科学・人文科学・社会科学・教育科学・教育実践』67, pp.411–423.　三重大学教育学部

資料1　アンケート用紙（日本語版）

2016年6月

　今年度の日本語作文の授業について皆さんの感想を聞かせてください。

　アンケートの結果は、今後の授業や研究のために役立てたいと考えています。成績には影響しません。できるだけたくさんのご意見、ご感想をお願いします。

1. 今までに（今回の動画を見て意見文を書く授業以外）、作文の授業で、友達同士でお互いの作文を読んでコメントをし合うやり方をしたことがありますか。
    - □ない
    - □ある（いつ頃ですか　_____）

2. ○○大学（相手校）の学生からのコメントは、日本語の文法や語彙の訂正についてだった。

とても思う	少し思う	どちらとも言えない	あまり思わない	全然思わない
□	□	□	□	□

3. ○○大学（相手校）の学生からのコメントは、作文の構成（文の流れ）についてだった。

とても思う	少し思う	どちらとも言えない	あまり思わない	全然思わない
□	□	□	□	□

4. ○○大学（相手校）の学生からのコメントは、作文の内容に関してだった。

とても思う	少し思う	どちらとも言えない	あまり思わない	全然思わない
□	□	□	□	□

5. ○○大学（相手校）の学生からのコメントは、第三稿を書くときに参考になった。

とても思う	少し思う	どちらとも言えない	あまり思わない	全然思わない
□	□	□	□	□

6. ○○大学の学生が書いたコメントを読んで、どんなことを感じましたか。できるだけ詳しく書いてください。

7. 自分が〇〇大学の学生の作文を読んでコメントを書くとき、どんなことを感じましたか。

8. クラスメートと作文を読み合うのと、他校の学生と読み合うのは、同じですか。違うと思いますか。

9. 他の人と作文を読み合ってコメントをし合うことは、日本語の作文の勉強に役立つと思いますか。或いは、役に立たないと思いますか。理由をできるだけ詳しく書いてください。

10. 作文の授業に対して、改善案や希望があったら書いてください。

11. 動画を見て意見文を書くという方法について、どう思いますか。

名前：_____　　　性別：(□男・□女)
専攻：(□日本語　・　□日本語以外 _____)
学年：大学_____年生
日本語学習歴：(約_____年間)
日本語能力試験：(□N1・□N2・□N3・□N4・□N5) 取得

以上です。

資料2　アンケート自由記述のカテゴリーと回答例

	カテゴリー	回答例
1	PRに賛同	こういう交流はいいと思う。人によって違う意見がもらえる。(B03)
2	よい交流	他校の学生と交流できて、お互いの学習について話し合えるのは特別な経験だ。(A02)
3	成長と学び	他人の作品を見て自分のどこが不足しているのか気づくし、新しい考え方も知る。(B15)
4	他者の作文が読める	他の人の文章を読むことができる点がいい。こんな勉強法があるなんて。(A02)
5	感謝	相手の学生が言ってくれたおかげで改めて考えることができた。(B14)
6	相手への賛辞	彼が使った言葉はとても多くて、また文法も私がまだ習ったことがないものが多い。(B05)
7	刺激と向上心	相手の学生に意味が通じていなかった。もっと表現能力をつけなければと思う。(B05)
8	自信を持つ	自分の能力と他人との違いを知ることができて自信に繋がる。(A02)
9	慎重にコメントする	知らない人にコメントをするときは慎重になる。(M30)
10	遠慮せずにコメント	知らない人だからストレスがなくコメントを書ける。(M26)
11	誤りの多さ	本気でチェックしたら間違いが多すぎてコメントをするのが面倒だ。(M12)
12	コメントの丁寧さの差	ひとりは詳しく書いてくれたが、ひとりは適当だった。(M03)
13	PRに否定的	時間の無駄だ。(A14)、効果がそれほど大きくないと思う。(B22)
14	意味確認が困難	意味がわからないときに、すぐに相手に面と向かって確認できないから困る。(B18)
15	コメントをする不安・緊張	知らない人の作文に手を加えるのは緊張する。(A16)
16	コメント量が少ない	コメントの内容が少なすぎる。(A09)
17	相手に伝わらない	書く側と読む側の考え方が違うのは当然だが、違いすぎると伝わらないようだ。(B14)
18	コメント納得できない	慣用句を使ったのに、相手に調べもしないで直接「？」マークをつけられた。(A04)
19	悲しい・傷つく	ちょっとショックだ。足りないところがこんなにあるなんて。(B28)

20	修正を試みる	もっと難しい文型で書けるはずだと言われたが、今の自分にはできない。（A03）
21	自分の日本語力不足	相手の作文を読んで自分が下手だと感じた。（B4）
22	教師コメントとの差	学生の意見と先生の意見は全然違う。（M18）
23	両校の書き方の違い	先生の教え方が違うので、できあがりも少し違うと思う。（A07）
24	両校の能力の違い	実力の差があると感じた。相手の大学の作文はわかりやすい。（B3）
25	両校に能力差がない	差があると思ったが、そうでもなかった。（A21）
26	多様な考え方	同じことでも考え方が違うと思う。（A10）
27	個人差（作文量とまじめさ）	ある人は作文を真面目に書いているが、ある人はいい加減に書いている。（M15）
28	個人差（能力）	北部の大学がいいというわけではなく、それぞれの努力によるものだと思う。（A02）
29	その他	意味がわからないのは、相手のミスのせいか、自分の能力不足のせいかわからない。（A29）

第7章

インドネシア人の日本語学習者における非対面ピア・レスポンス

二つの大学の学習者間の非対面ピア・レスポンスのメリットと問題点

アリアンティ ヴィシアティ・レア サンティアル

この実践の概要

教室の場所	アルアザールインドネシア大学とインドネシア大学
クラスの位置づけ	アルアザールインドネシア大学：日本語必修科目 インドネシア大学：特別開講クラス
日本語レベル	日本語能力試験N4–N2
クラスサイズ	二つの大学ともインドネシア人日本語学習者24名
学習内容	課題：「海外の人に向けてインドネシアの紹介をするブログ記事の作成」 活動：他大学の学生とのピア・レスポンス
特徴	二つの大学の学習者間の非対面ピア・レスポンス

1 はじめに

　　最近、インドネシアでは、ピア・レスポンスを実施する日本語作文クラスが増えてきた。従来のインドネシアの作文授業は、教師はまず、テーマや言葉、作文に利用する文型を説明し、それらを使用して学習者に作文を書かせ、その後に教師が作文を添削し、学習者に返却するという流れで実施されてきた。しかし、教師たちが作文添削に長い時間をかけるにもかかわらず、学習者は教師からのフィードバックをほとんど読むことはない。また、訂正してもらっても学習者は教師からの訂正提案を確認することもなくそのまま書きなおす。どうしてそこを間違えたのか、なぜ不足だったのかについて再度自分で考えてみることはしな

い。そのため、学習者の書く能力はなかなか上達しない。
このような問題に対し、日本をはじめ、中国、台湾、韓国
でも、日本語作文クラスにピア・レスポンスを採用する実
践研究が盛んになっている。こうした流れを受けて、イン
ドネシアの日本語教育でも、近年はピア・レスポンスを実
施する作文クラスが徐々に増えつつある。

　ピア・レスポンスとは作文の推敲過程で行う学習者同士
の話し合い活動　（池田1999）である。しかし、ピア・レ
スポンスを実施しようとする際に問題となってくることの
一つには、「時間の問題」がある。通常の作文のクラスで
は、書く活動だけでなく、その前に、教師からのテーマ、
表現に関する講義を行うため、授業の中でピア・レスポン
ス活動の時間がとりにくい。そこで本実践では、この問題
を解決するために、授業外の時間で「非対面ピア・レスポ
ンス」を実施する取り組みを行った。

　非対面ピア・レスポンスの場合、資料添付や書き込み機
能を使ってピアとは直接対面はしないで、授業時間外にピ
ア・レスポンスを行う（浅津・田中・中尾2012）。グローバ
ル時代の教育は、今後ますますSNS（Social Networking
Service）などの電信ツールを通じて学習者がクラスメート
だけでなく、クラス外の学習者とも交流しながら学習する
方法へと進むことが予想される。

　近年、インドネシアの日本語教育の現場ではICTを利用
する活動も盛んになってきており、特にSNSを利用する
学習活動が注目されている。その一つはフェイスブック
（FB）である。インドネシアのFB利用者数は世界で3番目
だという。インドとアメリカに次ぐ使用状況である。この
ような中で、日本語作文授業でも、教師たちは授業でSNS
を利用するようになってきている。たとえば、ブログを書
いたり、フェイスブック（FB）、ツイッター、インスタグ
ラムなどでステータスを書いたりすることを日本語学習の

課題とする方法である。

　本実践では、非対面ピア・レスポンスを二つの大学のクラス間で実施した。二つの大学の教師は協働学習の概念を共有してきた教師であった。本実践を行ったのは、教室内のピア・レスポンス活動をさらに発展させ、書き手や読み手としての学習者の視点を広げることを意図したからである。技術が進歩したグローバル時代の学びでは、クラス、大学、地域、国を超えて実施することも実現可能となっている。学習者がクラス以外の人ともつながりながら学習できれば、様々な意見や考え方をお互いに共有でき、自分の視野の拡大と理解を深めることができるであろう。非対面ピア・レスポンスはクラスメートだけでなく、クラス外の日本語学習者ともつながることにより、お互いの知識・情報を共有する中で、一緒に新たな考えを生み出す可能性がある。これにより、学習者の作文はより豊かなものとなることが期待される。

　本実践では、日本語作文授業において、FBを利用して二つの大学の学習者を対象とした非対面ピア・レスポンスを行った。本章では、この実践をもとに、非対面のピア・レスポンスを二つの大学間において実施することの効果と問題点を明らかにするとともに、今後の可能性を考察する。

2 実践のねらい

　本実践の目的は、面識のない大学生同士が日本語をネット上のコミュニケーション手段を通じて、協働して課題を遂行していくことの意義と可能性を探ることである。授業のねらいとしては、学生が仲間同士で学び合う学習活動をさせることで、自律的・主体的な書き手と読み手となるよう動機づけをはかることである。

3 参加学習者

本実践の対象者はジャカルタにある二つの大学、インドネシア大学（Indonesia University）とアルアザールインドネシア大学（Al Azhar Indonesia University）の日本語学習者24名である。しかし、最終的にアンケートを記入した学生は22名だったので、本稿では、22名の学習者のデータをもとに述べる。22名の学習者の日本語能力にはばらつきがあったが、全員がN4以上ではあった。両大学の学習者の日本語レベルについては表1に示す。

表1　学習者の各日本語能力レベルの人数と性別

大学名	日本語能力試験			性別	
	N4	N3	N2	男性	女性
アルアザールインドネシア大学	8	4	2	4	10
インドネシア大学	4	6	-	5	5
合計	12	10	2	9	15

4 授業デザイン

アルアザールインドネシア大学の場合、本実践は「作文5」という日本語授業として実施したが、インドネシア大学の場合は本実践のために特別に作られたクラスで行った。この授業の担当教師はアルアザールインドネシア大学から1名、インドネシア大学から1名である。

本実践の非対面ピア・レスポンスにはフェイスブック（FB）に設けられたコミュニティやグループでコミュニケーションができるSNSツールも使用した。授業の前にFBグループを六つ編成した。各グループは4人で、二つの大学の学習者との混合グループ編成にした。教師はどのグループにも入る。

池田（1999）では、中級学習者のインターアクションでは学習者は語彙、文型などの言語知識に集中してしまうた

め、高い言語レベルが要求される内容の検討については母語を使用することを提案している。さらに、広瀬（2000）は母語によるピア・レスポンスを行い、結果として語彙、文型などの言語知識の推敲だけでなく、内容の推敲が見られたことを報告している。そこで、本実践では、学習者が言語面だけでなく、より内容に注目できるよう「非対面ピア・レスポンス」の媒介言語として学習者の母語であるインドネシア語を用いた。

　最初の授業では、教師がこの授業全体の活動方法について説明し、テーマの提示やブログ記事の構成について説明した。作文のテーマは「インドネシアの文化紹介」とした。そして、ブログの読み手を日本人か、日本語ができる外国人とし、インドネシア文化に興味が惹かれるような紹介文を書くように指示した。その後、学習者にインターネットで情報を収集させ、その収集した情報に基づいて各学習者がインドネシア紹介のための具体的なテーマを決定した。紹介文を書く部分については宿題にし、1週間後（1週間目）にFBグループにアップロードするように指示した。

　各FBグループに教師が記事に対する推敲のポイント（表2）をアップロードし、それに対し、1週間で学習者各自がグループメンバーの記事にコメントを書く。コメントは教師が示した推敲のポイントに基づいてコメント欄に書いてもらった。

　コメントし合う期間、教師が定期的に各グループの非対面ピア・レスポンスの様子を観察し、やりとりがなかなか進まないグループがある場合には、そのグループメンバーに連絡し、教師からヒントになるようなコメントをしたり、仲間へのコメントの返事を促したりした。また、相手の大学の学習者が、まだコメントをしていない場合には相手の大学の日本語教師に連絡した。

　非対面ピア・レスポンスを実施した後、学習者は1週間（3

表2 推敲のポイント

No		推敲のポイント
1	文型に対するコメント	助詞、表現、活用語、などが正しく使えるか。
2	単語に対するコメント	使用されている言葉、または漢字は適切か。習った漢字を使っているか、など
3	内容に対するコメント	内容が分かりやすいかどうか、もっと具体的、または詳細に書いた方がよい部分があるか。もっと面白くなるように加えた方がいい言葉や文章や段落があるか、など
4	構成に対するコメント	文と文、または段落と段落のつながりが良いかどうか、など
5	デザインに対するコメント	使用されている写真は適切か、または面白いか。参考資料はどこからとったか。フォントはどうか、など

週間目）で自分のブログ記事原稿を推敲し、再びFBグループにアップロードした。その後、修正原稿に対し教師がフィードバックを行った（1週間（4週間目））。教師のフィードバックも推敲のポイントに従って行われた。学習者が教師のフィードバックをもとに記事原稿を推敲した後にも、修正原稿をブログにアップロードした。本実践の流れを次の表3に示す。

表3 実践の流れ

実施週目	活動
授業の初日	・全体活動の説明 ・テーマの導入 ・ブログ記事の構成の説明 ・テーマに関する情報の検索
1週間目	ブログ記事原稿の作成
2週間目	・非対面ピア・レスポンス（FBグループで記事原稿にコメントする） ・記事原稿の修正1
3週間目	教師フィードバック
4週間目	記事原稿を推敲し、修正2原稿をブログにアップロードをする

　　本章においては、二つの大学の学習者間の非対面ピア・レスポンスを実施するメリットと問題点を探るために、学習者にアンケートを行った。

アンケートの質問は3問で、以下の内容である。

1. 二つの大学の学習者の間で非対面ピア・レスポンス
   を行うことは、自分の勉強にメリットがあると感じ
   たか。どうしてそう感じたか。
2. FB使用の問題（FBのコメント欄、開き方、アプリなどの
   問題）はあったか。あった場合、どのような問題だっ
   たのか。
3. 非対面ピア・レスポンスの相手はよく知っている人
   の方がやりやすいと思うか。なぜそう思うか。

5 | アンケートの結果

　　アンケートの回答を分析した結果から、次のことが分か
った。

【質問1】
　「二つの大学の学習者の間で非対面ピア・レスポンスを
行うことは、自分の勉強にメリットがあると感じたか」と
いう質問に対しては、ほとんどの学生がメリットがあると
感じたと答えていた（82%）。

　自分の勉強にメリットがあると思う理由は、「単語の知識が増えた」、「文型の勉強ができる」、「読む練習ができる」、「日本語の書く練習になった」、「面白い記事を書く動機になった」、「文化の知識が増えた」、「自分の短所が分かる」、「自分の能力が測れる」である。

自分の勉強にメリットがあると感じるか

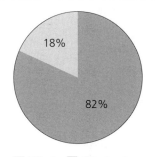

18%

82%

■ 感じる　□ 感じていない

図1　実践のメリットについての質問の回答　N=22名

これらからは、他大学の相手とのピア・レスポンス体験が、学生にとって単に言語の学習機会が増えたということだけでなく、ブログ作文を書く動機づけになっていたことが分かる。つまり、この活動が学習者に読み手意識をもたせることにつながったと考えられる。

　一方、メリットを感じていない学習者は4名（18%）で、その理由としては「効果がなかった」、「FBを見る時間がなかった」、「FBがない」、「あまりFBを利用しない」、「相手のレスポンスが遅かった」という回答であった。ピア・レスポンス活動そのものよりも、FBによるレスポンスの方法に問題を感じているものであった。

【質問2】

　FBの使用に対する質問に対しては、問題があると回答した学習者は16名（73%）もいた。問題がないと答えた人は6人（27%）である。

　問題があると回答した理由には「SNSを使うのが好きじゃない」、「今、FBを利用していない、他のSNSを使っている」、「ウェブバージョンのFBを使っているから、通知のお知らせが携帯電話では見られなかった」、「FBのアプリが重い」、「携帯電話にはFBアプリがない」、「FBのアプリが重いのでお金がかかる」、「やり方が分かりません」などが見られた。インドネシアのFBユーザー数は世界第3位ではあるものの、問題なく利用できる者は決して多くないことが分かった。最近のインドネシアの若者の間では、FBではなく他のSNSを利用するようになってきたことも、その原因の一つかもしれない。

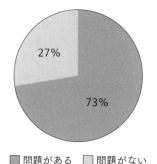

FBの使用に問題があるか

27%

73%

■ 問題がある　■ 問題がない

図2　FB使用についての質問の回答　N=22名

【質問3】

　質問3については、ピア・レスポンスの相手はよく知らない人よりも知っている人の方がやりやすいと回答した学習者が14名（64%）いた。

　理由としては、よく知っている人の場合は、「遠慮しない」、「自由にコメントできる」、「硬くない」、「相手をよく知っているから、言いたいことがなんとか分かる」、「聞きやすい」、「レスポンスが早い」、「知人の記事に興味がもっとある」、よく知らない人の場合は「相手の気分を害するのが心配だった」、「言い間違えるのが怖かった」であった。

　これらの回答から言えることは、学習者はよく知らない人の作文に対してコメントすることに躊躇しやすい傾向があるという事実である。これには、学習者の背景文化（インドネシア文化）が影響していることも考えられる。

相手はよく知っている人の方がやりやすいか

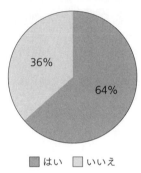

36%

64%

■ はい　■ いいえ

図3　ピア・レスポンスの相手についての質問の回答　N=22名

6 ｜ まとめと今後の課題

　本実践の目的は、二つの大学間の非対面ピア・レスポンスのメリットと問題点を明らかにし、その可能性を探ることであった。このアンケート結果から言えることは、第一に、ほとんどの学習者はこの実践を通じて、非対面ピア・レスポンスのメリットを感じていたということである。しかし、学習者が感じたメリットは、ピア・レスポンスその

ものに対するメリットであり、特に非対面ピア・レスポンスであったことに対するものではなかった。

第二に、FBの利用に対する質問の回答からは、ほとんどの学習者はFBを非対面ピア・レスポンスのツールとしたことに抵抗を感じていたことがわかった。その一因として、今のインドネシアの若者はFBをあまり利用しなくなっており、LINEやインスタグラム（IG）の方をよく使っていることが考えられる。FBグループはファイルや動画、写真などをアップロードしたり、ダウンロードしたり、アップしたファイルにコメントしたりすることができ、ディスカッションに便利なツールであると教師側は考えたのだが、学習者にとっては必ずしも使い勝手のよいものではなかったようだ。今後は学習者が利用しやすいSNSツールやLMS（Learning Management System：学習管理システム）を用いる必要がある。もしSNSを使うのならば、学習者がよく利用しているかどうか、学習者にとって便利なSNSかどうかの事前調査も必要であろう。

第三に、非対面ピア・レスポンスの相手に対する質問の回答では、学習者は面識のある人とのピア・レスポンスの方がやりやすいと感じていたことが分かった。これには文化的背景が影響していると考えられる。つまり、インドネシア人は相手に指摘する際に、他人の心を害することを心配して指摘を控える場合が多い。しかし、親しい人とのコミュニケーションは非常に密に行う。対面のレスポンス活動でも非対面の活動であっても、相手との関係づくりの段階をある程度は用意した上で、あるいはすでに面識のある仲間同士でレスポンス活動をした方がやりやすいことが推測される。例えば、他大学の学習者間で実施するのであれば、学習者の距離を縮めるための対面セッションを設定することで、学生の不安や抵抗を除き効果的なレスポンス活動が進められると考えられる。

本章では、二つの大学の学習者間での「非対面ピア・レスポンス」についてのメリットは明確にはできなかった。しかし、本実践の問題点については浮き彫りにすることができた。今後はより豊かな書き手・読み手の育成を目指した二つの大学間での非対面ピア・レスポンスの有効性を探るために、大学内の学習者間の非対面ピア・レスポンスを実施したものとの比較を検討する予定である。

参考文献

浅津嘉之・田中信之・中尾桂子（2012）「学習者の意識分析から考える日本語作文授業における非対面ピア・レスポンスの可能性」『応用言語学研究論集』5, pp.59–70.

池田玲子・舘岡洋子（2007）『ピア・ラーニング入門―創造的学習のデザインのために』ひつじ書房

池田玲子（1999）「ピア・レスポンスが可能にすること―中級学習者の場合」『世界の日本語教育』9, pp.29–43.

舘岡洋子（2001）『ひとりで読むことからピア・リーディングへ―日本語学習者の読解過程と対話的協働学習』東海大学出版会

広瀬和佳子（2000）「母語によるピア・レスポンス（Peer Response）が推敲作文におよぼす効果―韓国中級学習者を対象とした3か月間の授業活動をとおして」『言語文化と日本語教育』19, pp.24–37.
https://www.statista.com/statistics/268136/top-15-countries-based-on-number-of-facebook-users/

資料1　作文の例

AG
2017年10月29日

スリジャン・ルリック
インドネシアからの特殊な一つのことは伝統的な服が様々だということです。それぞれの地方が自慢な服を持っています。その一つはスルジャン・ルリックです。

スルジャン・ルリックはしま模様で、濃い色、主に茶色を使った伝統的な服です。バティックよりは広く知られていませんが、中央ジャワには、特にジョグジャカルタ、とても人気があります。500年ぐらい前に、ジャワ島でイスラム教を広めたスナンカリジャガはあるコーランの一節に基づいて、人々が神様を忘れないようにきっかけとして、この服を作ることにしたそうです。なので、この服は「Baju Takwa」とも言います。

どうしてスルジャン・ルリックは大切になるでしょうか。この服は哲学的に深い意味を持っているのです。スルジャンはアラブ語からできて、「シロジャン」、光という意味で、ルリックはジャワ語で地味という意味を持っています。五つのボタンは五つのイスラム教の主義、「Rukun Islam」と表します。そして首の方にも、三対のボタンがあって、イスラム人が信じる六つのこと、「Rukun Iman」と表します。スルジャン・ルリックを着る時には、頭に被り物、「ブランコン」を被ったり、下着として、布のような「サルン」をはいたりするのも常識です。
この服は宗教的なお祝い日、それとも大切な日に、大勢の人が着用しています。

資料2　コメントの例

YT
AGさん、お疲れ様でした。とてもいい作文です。
Mungkin saya memberikan feedback dalam beberapa hal
1. Setelah 濃い色 mungkin dapat disisipkan partikel で agar dapat menjadi penyambung klausa
2. Kemudian mungkin peletakkan partikel には pada kalimat 中央ジャワには、特にジョグジャカルタ、とても人気があります。dapat diletakkan setelah ジョグジャカルタ

Apabila ada kesalahan interpretasi mohon dimaafkan terima kasih banyak, mohon maaf lagi sangat terlambat memberikan komentar

いいね！　返信する　2年前

AG
Telemakasih, YT sam. Untuk koreksi yang no.1 saya piki tidak perlu dikasih　で、itu saya sengaja hehe. Soalnya fasa selanjutnya adalah contoh dari 濃い色 tersebut. Untuk koreksi no.2 saya perbaiki. terimakasiiiiih.

いいね！　返信する　2年前

資料2のインドネシア語の訳

YT
AGさん、「お疲れ様でした。とてもいい作文です。」いくつかの点に対してフィードバックさせていただきます。
1. 「濃い色」の後、文章と文章がつなげられるようにたぶん助詞「で」を書き入れられるでしょう。
2. それから、「中央ジャワには、特にジョグジャカルタ、とても人気があります」という文章の中の助詞「に」は「ジョグジャカルタ」の後に置くことができるでしょう。
誤解が生じたら、申し訳ございません。ありがとうございました。コメントが遅くなって、再びお詫び申し上げます。

AG
YTさん、ありがとうございました。1番のフェードバックに対しては助詞「で」は要らないと思います。わざと書かなかったんです。どうしてかというと、次の文には「濃い色」の例を書きたかったからです。2番のフェードナック、直します。ありがとうございました。

第3部

日本語クラスの実践

第8章

基礎日本語リーディングの
授業改善のためのピア・リーディング

スニーラット ニャンジャローンスック

この実践の概要

教室の場所	タイの国立大学
クラスの位置づけ	正規クラス
日本語レベル	初級を終了するレベル（N4程度）
クラスサイズ	タイ人学生32名
学習内容	読解ストラテジー
特徴	日本語主専攻の学生と非専攻の学生から成る共修クラス

1 はじめに

　　タイの社会で働こうとする場合、学業成績の中でも特に大学の成績は重要なものとなってくる。在学中のみならず卒業後も就職や転職等で大学時代の成績が重視される傾向にあるため、タイの大学生は常に成績を気にしている。そのため、大学側はより信頼度の高い成績を算出するために相対評価をする必要がある。成績に直結する日頃の小テストや定期テストが評価の対象とされるため、タイ人の学生は他の学生と競争し、良い成績を取らなければならないというプレッシャーの中で勉学に励んでいる。日本語のクラスでも、成績が良い学生は自信を持って学習に臨むが、反対に競争の中では学力が向上しない学生は、どんなに頑張っても他の学生に勝つことができないと考えてしまい、ま

すます消極的な学習態度になってしまう。

　タイでは、大学の日本語学科に進学するのは、高校で日本語を学んできた学生が一般的である。しかし、外国語としての日本語はタイ国内の半分以上の高校では開講されていない。そのため、大学によっては高校で日本語を学ぶ機会に恵まれなかった学生を受け入れる大学も若干ある。筆者の勤務する大学の日本語学科でも二つの枠を設け、高校で3年間日本語を学んできた学生（既習者）と高校で日本語を勉強する機会を持たなかった学生（未習者）を両方受け入れている。この制度の場合、当然のことながら入学時点で日本語の能力に差が出てしまうため、文法と会話に関する科目については既習者の方が一つか二つ上のレベルの授業を先に受け、読解やライティングの科目は既習者と未習者が同時に履修するというカリキュラムとなっている。学年の人数は50人程度で、これを二つのクラスに分けるのだが、クラスの分け方は担当教師に委ねられている。実際、クラスの分け方は様々で、それまで担当した教師や前年度履修した学生の意見などを参考に、既習者・未習者にかかわらず前の学期の成績順にすることもあれば、既習者と未習者を混合するクラス、別々にするクラスもある。このようにクラスの分け方は多様でも、同じ科目を履修している以上、学生たちは同様の指標で評価されてしまうことになる。そのため、未習の学生は常に大きな不安を抱えているのが実情である。もちろん、未習者であっても自分で努力して勉学に励んでいる者もいるが、日本語の勉強に対する不安から消極的な態度をとっている者も少なくない。彼らはJohnson et al.（1984: 8）が指摘しているように、どんなに頑張っても既習者より高い点数が取れるはずがないと考え、消極的な態度で勉強している。

　このような現状の中、筆者は、「基礎日本語リーディング」という授業を受け持った際、学生の数があまりに多い

ため、クラス分けについて同じ授業を担当する同僚教師と検討する機会を持った。同じテキストを読むのに、未習者は既習者より時間が必要なので、既習者が時間を持て余したり、未習者を置き去りにしてしまったりしないように、既習者と未習者を別々のクラスに分けた。そして、筆者が未習者のクラスの担当となった。このクラスには初級後半の文法を学習している日本語専攻の学生が22人、初級文法の学習を終えた副専攻の学生10人が参加した。

　実際に、授業中の学生を観察すると、予習もせずに授業に参加し、授業中は必死に教師の説明を聞きながらメモを取ることだけに集中する姿を多く目にした。読解授業はつまらないというイメージを持つ学生も少なくなかった。このような状態を続けるのは、読解力の育成につながらないばかりか時間の無駄であるとさえ筆者には思えた。そこで、学生に授業について聞いてみると、読解の予習は負担だという声が上げられた。その理由は、まず各回のテキストの分量が多いことであった。しかも一文が長く、知らない言葉や漢字もたくさんあり、読むのに大きな負担を感じさせるものだった。さらに、読解の予習をすることは、成績に関係する点数のつく他の科目の課題と比べると、重要度が低いという声もあった。

　そこで筆者は、授業観察や学生の意見から、本授業を改善する必要性があることを感じた。改善のポイントを次の二つとした。第一に、学生にとって成績の点数を取るためだけの即物的な学びでなく、継続的な自律学習へつなげること、第二に、学生にとって周りの学生は単なる競争相手としてではなく、互いに学び合う相手となり、学生が共に学び合う楽しさを経験することである。この二つをねらいとする授業デザインを検討し、「ピア・リーディング」を授業に取り入れることにした。

　本章では、筆者の担当クラス「基礎日本語リーディン

第8章　基礎日本語リーディングの授業改善のためのピア・リーディング

グ」の授業実践を通して、学生の学習態度にどのような変化があったかについて探る。

2 ピア・リーディング

　ピア・リーディングについて説明する前に、まずピア・ラーニングまたは協働学習の概念について述べる。池田・舘岡（2007: 7）が提示したように日本語教育における「協働」は五つの要素から成っている（図1参照）。第一の要素である「対等」では、参加者が互いの存在を尊重する必要があり、参加者は互いに自分が持っていない知識や能力を持ち合わせているとする。第二の要素の「対話」は、理解し合い協働を展開する手段となる。第三の要素「創造」とは、参加者が協働に参加する前に持っていなかった新たな成果を創り出すということである。第四の要素は「プロセス」である。「プロセス」とは、協働における対話の過程のことである。協働することによって、ひとりで考えてい

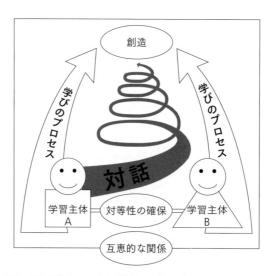

図1　日本語教育における「協働」の概念（池田・舘岡 2007: 7）

たことに、他の人の視点が加わり、そのプロセスが発展し、最終的に共有の創造を生み出すことにつながる。最後の要素「互恵性」とは協働する対話のプロセスやその成果がお互いにとって意義のあるものとなることである（Neancharoensuk 2010）。

　ピア・リーディングは仲間と読みの過程を共有する活動で、二つの特徴的な活動がある。①ジグソー・リーディングは、一つの読解教材をいくつかに分け、分けられたものを学習者がそれぞれに読むものである。個々の学習者が読むのは一つの教材の異なる断片で、それぞれに読んだ箇所の情報交換を口頭で行いながら、断片から全体像を作り上げ、情報を共有することで読みの力を強化していく。②プロセス・リーディングは、メンバーが同じテキストを読み、そこから各自の読みの違いを検討するものである（舘岡 2005: 132–140, Neancharoensuk 2010）。ピア・リーディングでは、活動に参加する前に、予習が必要であり、活動時の積極的な参加が重視される学習となっている。ジグソー・リーディングでは、ひとりで予習するには負担の重いテキストをいくつかの部分に分けることで、学習者の負担を軽減できる。また、プロセス・リーディングでは、自分の理解は正しいかどうか、仲間との対話を通して確かめることができるという利点がある。筆者は両方の利点をうまく活用したいと考え、本授業ではジグソー・リーディングとプロセス・リーディングを組み合わせて使用することとした。

3 ｜ 「基礎日本語リーディング」という授業

　本授業は、日本語専攻・副専攻の学生のための必修科目である。筆者のクラスに登録した学生は32人であった。その中には日本語を専攻している2年生（22人）、商学部、

社会学部などの他学科の学生、3年生（5人）及び4年生（5人）もいた。授業の目的は、読解ストラテジーを学習し、そのストラテジーを使用し重要な情報を読み取ることである。主に日本の社会や文化に関するもので、一部は中級前半対象レベルのものを扱ったので当クラスの学生にとってやや難易度の高い内容であった。授業では読解技術のスキャニング（拾い読みと呼ばれる、キーワード等を探しながら読む読み方）を学習する時以外は、授業の前にテキストの予習が欠かせない旨を伝えた。しかし、実際に予習をしてきた学生は半分にも及ばなかった。理由を聞くと、予習する内容が多い上に、日本語が難しく、負担を大きく感じてしまうという声が上がった。初級日本語を終了する時点の学生にとっては、この読解テキストは内容的にも日本語としても読むのに多くの壁があると感じさせるものだった。こうした問題に対し、学生の読みの負担の軽減が教師の授業デザインの課題となった。

4 ｜ 授業実践

4.1 ピア・リーディングの授業の実践

本授業では、ジグソー・リーディングとプロセス・リーディングの組み合わせを採用することにした。まず、実践の前の授業でグループ分けをした上で、テキスト読解の責任分担を与えておく。例えば、4–5段落からなる長いテキストを四つの部分に分け、グループメンバーの1人に一つの断片の読解課題を与えた。さらに、語彙リストも提供した。こうすることで一人ひとりが読むのはテキストの一部分なので、予習の量が減り学生の負担を軽減することができると考えた。

グループ分けはランダムに行い、32人の学生を4人ずつ八つのグループとした。教材は、中級前半レベルからを

対象とする凡人社の『留学生のための読解トレーニング』（石黒圭編著、2011年）の第3課から第7課の中の長文を使用した。活動の時間は約90分で、流れは表1に示した通りである。まず、教師が活動のやり方を説明して、学生の理解を確認する。そして、各グループに与えられたテキストをグループの仲間と一緒に読む。これは同じテキストの読みの理解を仲間と共有することができる「プロセス・リ

表1　活動の流れ

時間（分）	活動
10	筆者が方法を説明して、学生の理解を確認する*
20	プロセス・リーディング
30	ジグソー・リーディング
20	教師が内容をまとめ、質問に答える
10	学生の自己評価

* 2–4回目は前回自己評価した結果をクラスで話し合い、次回のためどうすればいいか提案し合った。

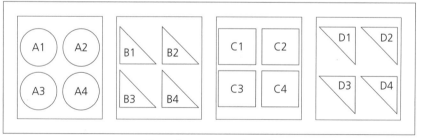

図2　プロセス・リーディング

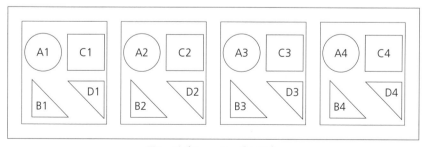

図3　ジグソー・リーディング

第8章　基礎日本語リーディングの授業改善のためのピア・リーディング

```
1. 今日の学習への参加度
   参加不足   ←   1   2   3   4   5   →   よく参加
   理由 ........................................................................................................
      ........................................................................................................
2. この活動の良い点
3. この活動の欠点
4. 自分にとっての今後の課題
```

図4　自己評価シート

ーディング」（図2）である。互いに内容や疑問に思った箇
所について話し合う。次に、図3のように、A、B、C、D
の各グループから1名ずつの4人グループを作る。この新
しいグループの中で各自が前のグループで読んだ内容を新
しいグループのメンバーに説明する。その後、教師（筆者）
が内容をまとめたものを板書し、学生全体に対して教師から
の質問に答えさせる。最後に各自自己評価をさせた。以
上の活動を全6回行い、最初の2回は練習とした。後の4
回はデータを分析対象とした。自己評価シートは図4の通
りである。参加度は5段評価で、数字を選んだ後、その理
由も記入してもらった。他にこの活動についての良い点・
欠点及び自分にとっての今後の課題も書いてもらった。

4.2　授業内省シートの分析結果

4.2.1　学習への参加度

学生の自己評価の各回の平均値は表2の通りである。

表2　自己評価の平均値

授業	平均値	授業	平均値
1	4.24	3	4.00
2	4.28	4	3.96

表2で示したように、5点満点で、1回目から4回目の

平均は3.96–4.28となり、多くの学生の参加度に対する自己評価の高さが見られる。自由記述の理由を見てみると、参加度の高かった理由としては、「仲間と相談できて自分の理解を確かめることができた」（5人）、「仲間と話すことを通してよくわからなかったところがわかるようになった」（6人）、「読んだところをどう解釈していいか意見を言い合いながら決めた」（10人）などであった。つまり、仲間と意見交換ができ、読んだ内容への理解が深まったため、参加できたと感じたようである。話し合うことを通して相互作用から新たな学びが生じたと言えるだろう。

　一方、参加度の低かった時の理由としては、「他の科目の課題が多くて予習する時間がなかったので、仲間の説明を聞いただけだった」（1人）、「前もって準備せず活動直前の限られた時間を利用したが、なかなか読めずに結局仲間に教えてもらった」（1人）、「内容が難しかったので理解できなかった」（2人）、「予習せずに授業に参加したので、その場で読んでもわからなかった」（2人）、「よくわからなかったので、意見を言えなかった」（2人）などであった。つまり、仲間と十分話し合うことができなかったため、あまり参加できなかったと感じたようである。予習せずに活動直前の限られた時間内だけで読むことは、初級学習者にとっては負担の大きい作業である。特に、焦って混乱に陥った際、与えられたテキストは余計に難しく感じてしまうだろう。林（2019: 68）が指摘したように、ピアとの活動を成功させるためには「事前準備」が重要であることが再確認された。本実践に参加した学生S8やS11[1]からも「予習してこなかった人は何もできなかった」というコメントがあり、学生自身も活動を成功させるためには予習が重要であるという気づきを得たようである。

　これらの結果から、教師は予習しない学生の予習への意欲をいかに上げるかを工夫する必要性があることがわかっ

た。そこで、筆者は困難な読解テキストをひとりではなく、予習段階でも他者とともに読むように指示した。しかし、実際には他の科目の課題に追われる者が多く、この授業についての予習を習慣化することができず、毎回不十分な準備のままグループでの対話に参加してしまう学生が若干名見られた。授業をデザインする上で、教師にはそのような学生をフォローし、予習を強く促すことが今後の課題となる。

4.2.2 自分自身の学習への気づき

全4回を通して、学生全員に少なくとも一度は参加度が高く、対話する経験を持たせることができた。その後、グループ内で満足に対話できる時と、対話できない時の自分自身について振り返る時間も作った。以下のS11、S21、S29の回答ではピア・リーディング活動を通して学生自身が対話に参加できる時と、できない時の違いを経験し、それぞれでの自分の学習に気づき、予習の必要性を認識した様子がうかがえる。

No.	活動	参加度	理由
S11	1回目	4	話し合いによって、テキストに対する理解が深まった
	2回目	4	解釈が異なっている部分について、話し合いによって正しく理解できた
	3回目	2	予習しなかったので、話せなかった
	4回目	5	予習してきたので、意見交換ができ、よく理解できた

No.	活動	参加度	理由
S21	1回目	3	わからない部分があったので、意見を言えなかった
	2回目	3	わからない文型があったし、筆者の言いたいことをうまく表現できなかった
	3回目	4	予習したので、よりスムーズに発言できた
	4回目	4	予習したし、話し合いによって理解が深まった

No.	活動	参加度	理由
S29	1回目	3	予習しなかったし、習っていたはずの言葉の意味も思い出せなくて読めなかった
	2回目	5	読んだところをどう解釈したらいいか深く考えた。話し合いによって、自分が誤解していたこともわかったのでとてもよかった
	3回目	5	次の内容はどうなるかわくわくしながら意見交換した
	4回目	5	考えたことを仲間と楽しく話し合えた

　S11の場合、3回目のピア活動の際、予習してこなかったため何も話すことができず、参加度は2であったが、1、2、4回目では予習してきたことで仲間と話し合うことができ、内容理解が進んだという。予習することで仲間との対話が可能になり、参加度が高くなったことがわかる。また、S21、S29の場合も同じ傾向が見られた。予習することによって仲間との対話が可能になり、結果的に学習が楽しくなり、内容への理解も深まったという。S18は予習することと予習しないことへの学習への影響について、以下のように自分自身の気づきを記している。

No.	意見
S18	予習してきた時と予習してこなかった時の学習は全然違う。 予習してこなかった場合、仲間か先生の助けを待っているだけだが、予習してきた場合は、仲間と意見交換を通して自分が理解したことを確かめることができて、なぜ誤解したかそれについてもわかり、とても勉強になった。

　S18の場合、予習してきた時と予習してこなかった時の理解度は全く異なったと答えた。予習してこなかった場合は仲間や教師の助けを待つだけだったが、予習してきた場合は仲間と意見交換をし、自分の理解を確認すると同時になぜ誤解していたかについても気づきがあった。ただ自身の学びになっただけでなく、勉強そのものが楽しくなったという。それに対し、対話ができなかった学生は、グループの中で自分の意見を言えず、ただ黙って仲間の言うこと

をメモするだけの時間となってしまった。

　以上のようにピア・リーディング活動を通して、静かな個別学習の状態が改善され、インターアクションが活発な教室で、仲間同士の話し合いを通じてお互いの考えを深め合い、創造的な学習が進む様子が観察された。そして、S2、S10、S18、S31の記述にも、予習することによって学習内容の理解が深まることの実感があったことが書かれていた。常に事前準備することへの認識ができたと推測される。ピア・リーディングを取り入れる前には予習の負担が大きかったレベルの読解テキストでも、学生の負担を減らすことができた。本実践でのピア・リーディング活動は学生の消極的な学習態度を積極的なものに変化させる一助となり、さらには自ら予習を行う自律的な学びへのつながりも期待されるものとなった。

5 ｜ まとめと今後の課題

　本実践を通して、学生自身が読解授業というのは予習をせずに授業に出席し、教師が言ったことを書き取るだけでは自分にとって学びとはならないと気づき、予習の必要性を認識した様子が観察された。また、ピア・リーディング活動によって消極的だった姿勢の学生に積極的な学びを促すことができたと思われる。一方で、ピア・リーディングを採用しても、予習することの認識ができない学生が一割程度いた。ピア・リーディングの教師は、予習をすることが自分の学習の助けになり、新たな学びにつながることを実感させる必要がある。自分の学びを効果的にするために自分から進んで予習するようになってもらいたい。学生自身が学びの好循環を生む努力をするようになるまで、教師は粘り強く支援していく必要があるだろう。そのための注意点としては、読解課題そのものがレベルに適しているか

どうか、読解課題に対し適切な読みの支援が教師側に準備されているかどうかである。今後は、読解教材の選定の検討、あるいは予習を促す何らかの支援方法を検討していくことが課題となる。

謝辞
本章の執筆にあたり、終始適切な助言を賜り、また丁寧に指導して下さった鳥取大学の池田玲子先生と元タマサート大学の山口優希子先生に感謝する。

注　　　　　　　[1] 参加学生をS＋数字として示す。

参考文献　　　池田玲子・舘岡洋子（2007）『ピア・ラーニング入門─創造的な学びのデザインのために』ひつじ書房
舘岡洋子（2005）『ひとりで読むことからピア・リーディングへ─日本語学習者の読解過程と対話的協働学習』東海大学出版会
舘岡洋子（2006）「読解授業における教師主導と協働的学習─2つのアプローチから協働の教室デザインを考える」『東海大学紀要　留学生教育センター』26, pp.33–48.
林奈緒子（2019）「ピアで学ぶピア・ラーニング─実践を通じて「ピア・ラーニング」を学ぶ試み」『和光大学表現学部紀要』19, pp.61–74.
Johnson, D., Johnson, R., & Johnson, E. (1984) *Circles of Learning: Cooperation in the Classroom*. New York: Interaction Book Company.
Neancharoensuk, S. (2010) Peer Learning and Japanese Language Education. *Japanese Studies Journal*, 27(1), pp.81–96.

第9章
ピア活動が文法知識の獲得に及ぼす影響
諺を教材にした授業を例に

ツルバートル　オノン

この実践の概要

教室の場所	モンゴルの国立大学
クラスの位置づけ	外国語科目としての日本語授業
日本語レベル	初中級（N4 ～ N3）
クラスサイズ	モンゴル人35名
学習内容	文法項目「ば」の使い分け
特徴	諺を教材とし、ピア活動を取り入れた授業の試み

1 はじめに

　　モンゴル人日本語学習者の場合、日本語の条件表現については、大学4年生になってもその使い分けが困難なため、誤用がよく見られる。学生は「文法」、「作文」、「読解」など複数の授業を通して条件表現に関する知識を学んできているものの、日本語の運用場面では適切な表現が選べない。その原因として考えられるのは、1）日本語の条件表現「と・ば・たら」に当たる表現はモンゴル語にも複数あり、日本語との照応が難しい、2）日本語の条件表現に関して学生が持っている知識が不十分、3）現在の授業方法が学生の認知の実態に適していないの3点である。このような問題を解決し、学生が日本語作文やモンゴル語への翻訳に条件表現を適切に使えるようになるためには、従来の授業を改善する必要があると筆者は考えた。そこでま

ず、日本語とモンゴル語の条件表現を比較してみたところ、モンゴル語の方が日本語より当該表現の種類が多いことが分かった。また、筆者が日本語文法の参考書数冊をもとに、日本語条件表現の整理を行ったところ、条件表現の種類が大きく異なっていることも分かった（ツルバートル2011）。例えば、翻訳の授業用に日本語で書かれた短い物語には、発見の「と」や「たら」が出てきやすく、新聞記事を題材にすると、一般条件の「ば」や「と」が出てきやすいのである。そこで、初級後半の学生にとって誤用の頻度が高い条件表現「ば」の正確な定着を目指して、諺を学習内容とする授業にピア活動を取り入れることにした。また、学習者同士が他者と協働して学びに取り組むことで、諺を翻訳するという課題を通して自身の持つ文化性と日本文化・価値観をも意識しながら言語学習ができると考えた。

最近の日本語教育では、授業改善の一環として、学習者主体の考え方が重視され、これまでに、互いの作文を読みあって推敲作業を行う「ピア・レスポンス」や読解の過程を仲間と共有する「ピア・リーディング」（いずれも池田・舘岡2007）、学習者同士がお互いに批評しながら、よりよい翻訳をしていくという「ピア・フィードバック」（河原2009）などの活動事例が報告されている。モンゴルでもこれらをもとに学習者同士のディスカッションによって翻訳を進めていく「ピア推敲」活動を取り入れた授業（ルオン2010）等が紹介されている。前述のツルバートル（2011）では、中級レベルの文法の整理ができる翻訳授業の可能性を探ることを目指し、条件表現「と」「ば」「たら」を材料に、翻訳の授業に協働の要素を取り入れた実験授業を実施した。ここでの学習者の訳出における「と」「ば」「たら」の使い分けは、授業で扱った用法に関する限り、かなり正確になったという変化が見られたことから、筆者はここ

で、初級レベルの学習者を対象にした今回の文法授業にも協働学習による学習活動を取り入れることにした。

本実践で教材に諺を扱った理由は次の3点である。

- 「と」や「たら」に比べ、「ば」の文型が諺の中に圧倒的に多い
- 他の教材に比べ、諺は著しく短いという特徴があるので、教師が授業時間の長さに応じてとりあげることができる。また多くの諺の中から自由に選択できる
- 日本人のものの見方や考え方、自然観などが多分に反映されていて、学生にも興味深い

2 | 本実践授業の概要

2.1 事前調査

本実験授業の前（10日前）に、学生が現行のカリキュラムで、ここ1年半に得た知識をもとにモンゴル語の諺を訳した場合に、どのような翻訳をするのか、「ば」の文型を正しく使うのかどうかを調べるために、所属機関（モンゴル国立大学モンゴル言語文化学部）の初級後半レベルの学生35人を対象とした翻訳テストを行った。なお、実験授業後の事後テストも、事前テストと同じ内容のものを使用した（資料1参照）。

事前テストの結果を見ると、予想通り「ば」の使用が少なく、「ば」を使った学生がいても、動詞の活用が正しくないケースが多かった。そこで、本授業では、数多くある条件表現の意味用法のうち、「一般条件」と「仮定条件」の「ば」に着目することとした。実際に扱うことにした条件表現「ば」の意味・用法を『初級日本語文法と教え方のポイント』（市川2009）と『日本語文型辞典』（グループジャマシイ2003）を参考に整理し、表1に記す。

表1　条件表現「ば」の意味・用法

用法		条件表現	用例
一般条件 （Xが起こると、必ずYが起こる）	法則	ば	春が来れば、花が咲く。
仮定条件 （もしXが起こると、Yが起こる）	働きかけ	ば	もし、いい雑誌があれば、買ってきてください。

2.2　実践授業

　　本授業は、モンゴル国立大学で日本語を主専攻とする大学2年生35名を対象に行った。学習者のレベルは日本語能力試験N4 ～ N3程度である。2年生を対象にしたのは、2クラスの日本語のレベルが総合的に見てほぼ同程度であると判断できたからである。この2つのクラスに同一の諺を教材とし、従来型の教師中心の指導を行う2aクラス（統制群）と、学習者主体のピア活動を行う2bクラス（実験群）を比較し、ピア活動が学生に及ぼす影響を明らかにしようと考えた。授業は毎週2回行われる文法の授業のうち、2コマ（90分×2回）を諺授業に当てた。授業の構成を表2に示す。

　　実験授業では、図1にあるような提示された複数の例文（諺）の分析を通して学習者が仮説を立て、それを自ら検証するという問題解決的な方法で「ば」の用法を考えさせるような活動をさせた。グループやペアで話し合いをする際には、学習者のレベルによってはモンゴル語で仲間と相談することを許可した。また、授業中、なかなか適切な解釈が見いだせないグループもあったが、教師からは正しい解釈を提示するような言動は控えた。これにより、学生には誤りを恐れない発言の自由が保障され、積極的に発言する場が提供された。

2.3　事後調査

　　実験授業の効果を測るために、授業後のテスト、学習者へのアンケート調査を行った。

160

表2　実践授業の構成

活動	内容	
	統制群　2aクラス	実験群　2bクラス
1. 学習目標の提示（10分）	授業の学習目標を紹介する。（テーマ：諺、文法項目：条件表現の「ば」）	
2. 原文理解（20分）	教師が諺を数回大きな声で読み上げてから、板書し、学生に音読させた後、訳させる。	教師が対象項目の意味・用法に気づいてもらうための文法学習用のプリントを用意する。学生がグループになって、そこに提示された諺を読み、まず、その意味を考える。
3. 確認（20分）		意見がまとまったグループから順に口頭で諺の解釈をモンゴル語で発表する。
4. 文法学習（20分）	教師が黒板を使って、文型を説明する。	学生をペアにして、提示された諺から対象項目の意味を理解し、その働きを発見させる。
5. 確認（10分）		意見がまとまったペアから、順に口頭で諺の解釈と文法項目の意味をモンゴル語で発表する。
6. まとめ（10分）	教師が学生からの文法や語彙に関する質問に答える形でまとめをする。	授業の最後に、学生に質問する形で当日の授業のまとめをする。

A．下記の諺を読んで、意味を考えてください。

B．どうして2つに分けたと思いますか。どんな違いがあるか、話してみてください。

犬も歩けば棒に当たる

風が吹けば桶屋が儲かる

来年のことを言えば鬼が笑う

朱に交われば赤くなる

住めば都

ちりも積もれば山となる

・・・・・・・・・・・・・・・・・・・・・・・・・

急がば回れ

毒を食えば皿まで（食らわば）

寄れば大樹の陰　（寄らば）

（省略）　　　　　　　　　（解答：上の方が「一般」の用法で、下は「仮定の」の用法）

図1　授業用プリント

事後テスト（授業6週間後）は事前テスト（授業10日前）と同じ内容である。なお、いずれも授業中には答え合わせをしていない。また、実験授業後に条件表現「ば」の2つの用法を区別できるかを測るために、事後テストの問題文の後ろに、それが「一般」の用法なのか「仮定」の用法なのかを書いてもらった。

学習者対象のアンケート調査では、実験授業への意見・感想を自由に記述させた（資料2参照）。

3 結果

3.1 事前と事後テストの結果比較

実験授業前後で学習者の訳出における条件表現の使用がどのように変化するかを調べるために、実験授業の前後において学習者各自にテストを行った。テスト問題には条件表現が使われることが予想される文が6つあるが、その文は諺であるため「ば」を一番適切な例と見なし、事前と事後両テストを受けた学習者35名の使用状況を調べた。その結果を表3と図2にまとめた。

図2を見ると、実験群と統制群とも実験授業後に「ば」を正しく使用し、点数が上がっている。しかし、事後テスト時に行った「ば」の2つの用法の区別に関する問題の結果は異なった。実験群の場合、全17名のうち13名が区別できたのに対し、統制群では全18人のうち、区別できたのが4名しかなかった。

3.2 学習者同士のやり取り

事後テストで両群のスコアが上昇していたのは、授業で教材として諺を使用したことの効果だと思われるが、区別問題で実験群と統制群の差が出たのは、ピア活動であったかどうかに関係があると仮定し、学習者のやり取り（授業

表3　事前テストと事後テストの平均値

問題	用法	正答率（実験群17名）		正答率（統制群18名）	
		事前	事後	事前	事後
1	仮定条件	15%	79%	18%	38%
2	一般条件	58%	68%	65%	90%
3	一般条件	13%	81%	30%	88%
4	仮定条件	39%	78%	48%	89%
5	仮定条件	15%	83%	23%	50%
6	一般条件	43%	90%	60%	83%
平均値		31%	80%	41%	73%

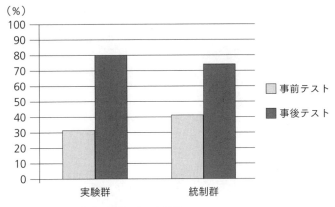

図2　両群のテスト結果

録音の文字化資料）やアンケート調査の回答から分析した。
ここでは、具体的に学生同士のやり取りの例を見てみるこ
とにする（記号：Sは学習者を示す）。

【やり取り①】「急がば回れ」の解釈
S3：これ、モンゴルの Ярвал даарах。
S4：そうです、同じです。
S3：どうして、回れ？
S4：mmm。
S3：回る、回れ

S4：回れ。教えています。

S3：そう。Зааж байна.　これも。...

【やり取り②】「毒を食えば皿まで」の解釈
S14：食えば？　なんですか。
S15：わからない。
S14：食べる、正しくない。
S15：……
S14：食えば皿まで。
S15：わからない。...

【やり取り③】「急がば回れ」の解釈
S8：これは、この「ば」で大丈夫ですか。
S9：そうですね、大丈夫じゃない？
S8：mmm...
S9：「もし」という意味の時はこの「ば」よく使いましたね。

　上のやり取り①と③は、学生が話し合いによって例文の文型形式、一緒に使われる言葉を通して、その意味や用法を自分たちで把握できたことの例だと言える。また、やり取り②に見られるように、諺で使われる語が難しくて意味が理解できないという問題とともに、教科書ではあまり見られない省略に慣れていないことが、理解を妨げる原因になっていたことが分かる。しかし、ペアによる話し合いで条件表現の用法に気づくことができなかったものの、確認時には他のグループの発表を聞いて、「ば」の用法や諺の意味を理解するに至ったことを、アンケート調査の回答から確認することができた。
　また、授業後のアンケートの回答では、実験授業（ピア活動）に対する肯定的な意見や次のような面白い感想が多

かった。

- 諺を使ったのがよかった。日本の諺は短いです。
- 「鬼が笑う」、「桶屋が儲かる」など、面白く言っている諺があります。
- 友達と一緒に話したり、辞書を引いたり、意味を考えたりしていたので、とても印象深い授業になりました。
- 先生からも、学生からもたくさん学びました。

---

4 まとめ

　　筆者は、諺を教材に学習者の条件表現「ば」の理解が運用（アウトプット）につながるレベルを目指し、ピア活動を取り入れた授業を試みた。その結果、以下のように学習者の作文や訳文にほとんど見られなかった条件表現「ば」の使用が増えていた。

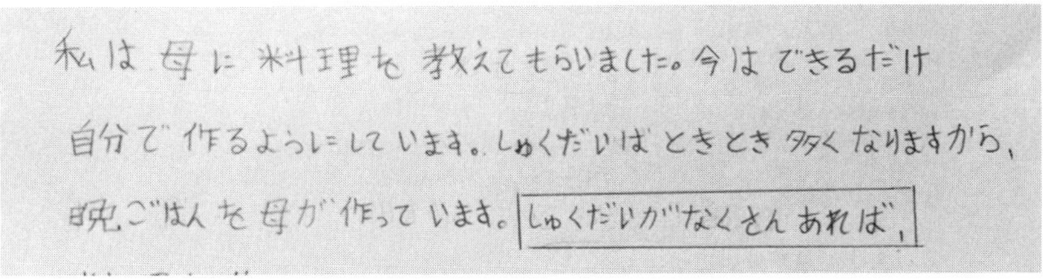

写真1　学生の作文例①

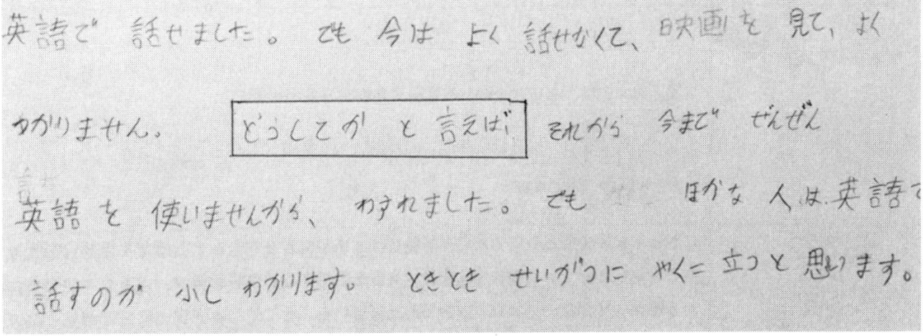

写真2　学生の作文例②

学生同士のやり取りでは、提示された諺を通して微妙に異なっている「ば」の2つの用法（一般条件と仮定条件の用法）に多くの学生が気づくことができ、自分から積極的に諺の解釈を行っていた。また、学習者たちは、モンゴル語と日本語における諺の相違点も自分たちで発見し、その具体例を挙げてみるなど、活動の場では誤りを恐れず自由に発言しようとしている様子が観察された。

　今後の課題として、次のことに取り組みたい。

　第一に、今回は、条件表現「ば」の用法の理解のみを対象項目として実験授業を行ったが、これを訳出する場合においてはどのような誤用頻度となるのか。また頻度の高い他の文法項目についても探りたい。

　第二に、本実験授業は通常のカリキュラムとは別のところで実施し、調査した。今後はコース内で従来型の指導とピア活動を取り入れた授業を計画し、1学期間という長期にわたる調査をすることで、学習者の訳出にどのような変化が、どの程度生じるのかを調査したい。

　第三に、ピア活動による日本語授業をカリキュラムにそって、通常の授業でどのようにデザインできるかについても検討していきたい。

参考文献　　池田玲子・舘岡洋子（2007）『ピア・ラーニング入門─創造的な学びのデザインのために』ひつじ書房

市川保子（2009）『初級日本語文法と教え方のポイント』スリーエーネットワーク

河原清志（2009）「翻訳指導による訳出の質的変化」『文化女子大学紀要 人文・社会科学研究』17, pp.91–105.　文化女子大学

グループジャマシイ（2004）『日本語文型辞典』くろしお出版

ツルバートル, オノン（2011）「発見と協働を取り入れた翻訳授業の試み─「と」「ば」「たら」の使い分けをめぐって」『日本言語文化研究会論集』7, pp.59–84.　国際交流基金日本語国際センター・政策研究大学院大学

ルオン，ハイ イエン（2010）「自律的学習者の育成を目指した翻訳授業　—「ピア推敲」を取り入れた越日翻訳授業の試み」『日本言語文化研究会論集』6, pp.237–264.　国際交流基金日本語国際センター・政策研究大学院大学

資料1　テスト例

学生用

Дараах хэлц хэллэгийг орчуулна уу.

（次の意味に訳せる諺を書きなさい。）

1. Биеэ мэд<u>вэл</u> хүн

   Бэлчээрээ мэд<u>вэл</u> мал

2. Ажил хий<u>вэл</u> дуустал

   Давс хий<u>вэл</u> уустал

3. Дуулсныг хураа<u>вал</u> эрдэм

   Дуслыг хураа<u>вал</u> далай

教師用

Дараах хэлц хэллэгийг орчуулна уу.

（次の意味に訳せる諺を書きなさい。）

1. Биеэ мэд<u>вэл</u> хүн （おのれを知れば人）

   Бэлчээрээ мэд<u>вэл</u> мал （放牧地を知れば家畜）

2. Ажил хий<u>вэл</u> дуустал （仕事をすれば最後まで）

   Давс хий<u>вэл</u> уустал （塩を入れれば溶けるまで）

4. Дуулсныг хураа<u>вал</u> эрдэм （聞いたことも蓄えられれば知恵となる）

   Дуслыг хураа<u>вал</u> далай （雫も溜まれば海となる）

名前

月　　　日

1. はじめに一人で読んだとき、どれくらい理解できましたか。

ぜんぜん
理解できなかった　　　少し理解できた　　　だいたい理解できた　　とてもよく理解できた

2. グループで話しあった後、どれくらい理解できましたか。

ぜんぜん
理解できなかった　　　少し理解できた　　　だいたい理解できた　　とてもよく理解できた

3. 話し合いに積極的に参加して、自分の意見を言ったり、他の人の意見を聞いたりできましたか。

ぜんぜん
理解できなかった　　　少し理解できた　　　だいたい理解できた　　とてもよく理解できた

4. 他の人の意見から、気づいたことや新しく学んだことがありましたか。

なかった　　　あった →　　　[　　　　　　　　　　　　　　　　　　　]

5. 今日、新しく知った言葉、表現、文法がありましたか。

なかった　　　あった →　　　[　　　　　　　　　　　　　　　　　　　]

6. 今日の授業の感想を自由に書いてください。

「第二外国語」クラスにおける
ピア・ラーニングの実践
活動具「フリップ」を活かした教室活動

菅田陽平・駒澤千鶴

この実践の概要

教室の場所	中国・北京市内の国立大学
クラスの位置づけ	全学部対象の日本語クラス（第二外国語・選択科目）、週2回（2時間×2）の授業が設定されている。
日本語レベル	ゼロ初級
クラスサイズ	60名〜80名
学習内容	総合的な教科書（趙2015a, 2015b）2冊（約120種類の初級文型）で、5技能（読む・聞く・書く・話す・訳す）をバランスよく伸ばす。
特徴	授業単位取得を目的とする40名と聴講生（単位不要）数十名のクラス（約100名定員の大教室で実施）

1 ｜ はじめに

　　本章は、筆者2人[1]が活動具[2]「フリップ」という「小型の掲示板」を活用し、「協働」の概念に照らしてデザインした3つの授業実践の紹介と、その可能性を検討したものである。「フリップ」とは、もともとテレビのクイズ番組などで、回答を一斉に出す際に使用される道具を指す。筆者らは、これを日本語教育用に考案し、授業で活用する実践を続けてきた。

　　国際交流基金（2020）が実施した「2018年度 海外日本語教育機関調査」によると、中国大陸における日本語学習者の総数は、1,004,625名で、依然として世界第1位[3]であった。その特徴としては、初等・中等教育段階と比べ、高等

図1　活動具「フリップ」を活用した際の授業風景（許可を得て掲載）

教育段階の学習者数が約57％の割合（575,455名[4]）を占めており、世界的に見ても高い数値である。

　本稿で扱う高等教育機関における「第二外国語」としての日本語クラス（以下、「第二外国語」クラス）が大部分を占める「日本語非専攻」の学習者数は、294,686名であった。この数字からは、高等教育機関における日本語学習者の約半数、さらに、「日本語専攻」の204,619名を上回る数の学習者が存在していることが明らかになった。国家機関が発行する最新の教育要領（教育部高等学校大学外語教学指導委員会日語組2008: 1）においても、「日本語非専攻」の学習者への教育は、高等教育の外国語課程における重要な構成要素の1つだと位置づけられており、今後もより一層の発展が見込まれる分野である。

　筆者自身が「第二外国語」クラスにおける日本語教育実践に携わる中で、課題として認識してきたのは、主に以下の2点である。まず、1クラスあたりの人数が60名〜80名にもなり、場合によっては、大教室で授業が実施されることがある点である。そのため、工夫を凝らさない場合、「一方向的な授業形式」になりやすく、学習者が学んだ内

容をアウトプットする機会や学び合いの機会が乏しくなるおそれがあった。もう1つは、学習者が授業に求めるものは、日本語そのものの知識や日本文化に関する知識にはとどまってはおらず、学習動機を高めるための支援がこれまで以上に求められていた点である。

　このような課題は、近年、中国の日本語教育分野においても、徐々に共通の認識がもたれるようになり、外国語教育の転換期にあり、教育目標、教授法、教員養成の方法論をはじめ、多方面からの見直しが行われている。その流れの中で、2010年代以降、ピア・ラーニング（中国名：協作学習）は、中国の日本語教育界においても、注目を集める存在となってきた。特に、ピア・ラーニングに関する初めての専門書『日語協作学習理論与教学実践』（朱・林・池田・舘岡2014）の出版や「第7回協働実践研究会（北京大会）」の開催（2014年4月）などがその契機となっていた。今後の日本語教育の転換において期待されている領域だと言える。

　筆者らは、上記の「第7回協働実践研究会」への参加を契機として、2人が共通した教育概念としていた「自分のことや気持ちが日本語で言える楽しさ」、そして、「その楽しさをその場にいる者みんなと共有することで生まれる楽しさ」、さらに、「仲間との対話・協力関係」といったいずれの要素も「協働学習」による社会的関係の構築の考え方と合致することに気づいた。

　本章の実践の場は、中国・北京市内の国立大学において、筆者の1人である菅田が担当した「第二外国語」クラスの教室である。「フリップ」の考案者であり、実践のアイディアの提供者でもある駒澤との対話を通して、菅田は、活動具「フリップ」を具体的な授業実践に反映させようと試みてきた。その実践は、「仲間と学ぶという活動を通して、教室を社会として位置づけ直す試み」（池田・舘岡2007: 51）と定義されるピア・ラーニングを促すものだと

位置づけられる。

　以下、2節では活道具「フリップ」の背景とその詳細を述べ、3節では、実際に「第二外国語」クラスで行った3つの実践事例について、その具体的な方法と学習者の様子を紹介する。

2 | 「フリップ」に関する詳細

2.1　駒澤の「フリップ」着想の契機とその作成方法

　菅田の具体的な実践例の紹介の前に、「フリップ」の考案者である駒澤の着想の契機について、簡単に述べておきたい。駒澤が「フリップ」の着想を得たのは、1997年に中国・天津市の高校に勤務していた時のことであった。当時、駒澤は学習者に楽しくカタカナを覚えてもらいたいと考え、「習字」を教室活動に取り入れていた。これは、各学習者が希望するカタカナ語を筆と墨汁を使い、A4サイズに切った新聞紙などに大きく書き出すという試みである（菅田・駒澤 2016: 20）。

　この活動では、紙に大きく文字を書いたことにより、自然に学習者同士が互いの文字を見せ合い、間違いを指摘し合う光景が見られた。それはその高校の教室で、初めて見る「学習者同士が協力し合い、学び合う」光景であり、その際の学習者は、非常に学びを楽しんでいる様子であった。また、それまでの授業では、「教師と学習者（教師⇄学習者）」という展開にとどまっていたものが、「学習者同士（学習者⇄学習者）」という方向に学び合う展開も見られる形式への変化を実感した。

　さらに、準備が比較的大がかりになる習字よりも、経済的、かつ、簡便に同様の効果が得られる方法を探り始めた。そこで、クイズ番組のアイディアをヒントに、活動具「フリップ」を考案した。図2にあるように、活動具「フ

リップ」は、色の異なる二色の用紙を片面ずつクリアファイルに挟み込むことにより制作する。

　例えば、文字の導入、および、その正確な形の定着を図ることを目的に、「フリップ」を活用する場合、「フリップ」の白い面のマスの中に、学習者に仮名を大きく書いてもらう。その後、教師がパワーポイントか板書により、そ

材料（1枚分）と制作方法　クリアファイル（A4）×2　白色のコピー用紙・カラー紙を各1枚ずつ

図1

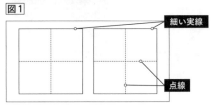

白色のコピー用紙には
上記のような罫線を印刷しておく

図2

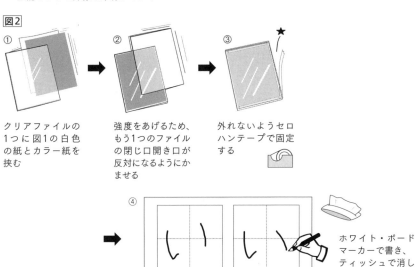

①クリアファイルの1つに図1の白色の紙とカラー紙を挟む

②強度をあげるため、もう1つのファイルの閉じ口開き口が反対になるようにかませる

③外れないようセロハンテープで固定する

④ホワイト・ボードマーカーで書き、ティッシュで消して使う

図2　活動具「フリップ」の材料と制作方法（駒澤2018: 225）

第10章　「第二外国語」クラスにおけるピア・ラーニングの実践

の仮名の正確な字形と書き順を示し、学習者が書いたもの
と比較した上で、学習者自身に訂正をしてもらい、必要な
ら、教師が赤色のマーカーにより、さらに訂正できる。実
際の授業では、教師による訂正に先行して、学習者同士が
文字を見せ合いながら自分たちで訂正する光景が確認でき
る。この光景が見られた理由の1つとしては、「フリップ」
上に大きく文字が書き出されたことによる「可視化」が挙
げられる。

2.2 菅田が「フリップ」の活用を通して目指した授業像と問題意識

　冒頭でも述べたように、「第二外国語」クラスの学習者
の学習動機は、多種多様であり、「担当教師や他学部・他
学年の学習者と語り合いたい、つながりたい」というニー
ズを持っていることが多い。そうであるならば、教師は授
業を履修するまで出会うことがなかった他学部・他学年の
学習者との出会いや交流の機会を授業の中に創出する必要
があるのではないか。

　実際に、菅田が担当する「第二外国語」クラスでも「日
頃、顔を合わせる機会がなかった他学部・他学年の学習者
と友達になる機会を得たい」という学習者からのフィード
バックが寄せられていた。学習者の学習動機の傾向を把握
した菅田は、学習者自身が自分のことを日本語で伝えた
り、初めて顔を合わせる他者と日本語を介したやり取りを
行ったりすることから「達成感」を持ってもらえるような
授業を行いたいと考えた。言い換えれば、授業の目的は、
学習者同士が日本語を媒介に結ばれ、学習者それぞれが
「相手のことがわかった」という実感を持つことにある。
従って、言語知識や文化的知識に加え、学習者が「自分の
ことを語りたい」、「相手のことを知りたい」と思え、他者
と「つながる」契機となる教室活動を設定・実施すること

を目指してきた。

　しかしながら、菅田が担当する「第二外国語」クラスの授業には、約60〜80名の学習者が参加しており、学習者と教師が向き合う配置の教室（縦30m×横10mほど）において授業が実施されていた。そのため、机を向き合わせにするグループ活動が簡単にできる環境とは言えなかった。授業の仕組みに工夫を凝らさない限り、以下の図3Aのような一方向的な働きかけに偏りがちになってしまう。

　そこで、今回取り上げる活動具「フリップ」の使用を通して、「教師⇄学習者」（図3B）や「学習者⇄学習者」（図3C）のようなインターアクションを生み出せれば、学び合いの教室（ピア・ラーニング）で仲間づくりの授業が実現できると考えた。

　「フリップ」の特長は、「書く・見せる・消す」が瞬時にできる活動具であるという点である。また、「フリップ」

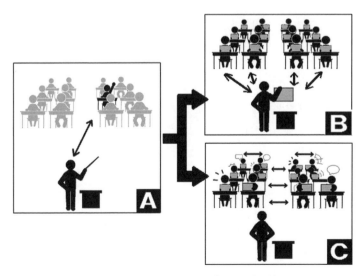

図3　インターアクションを図る「フリップ」の試み

第10章　「第二外国語」クラスにおけるピア・ラーニングの実践

の両面の色の違いや学習者に書（描）いてもらう文字・イラストを通して、表現したい内容の「可視化」に役立つ。

　菅田は、この「可視化」というものが非常に重要であると考えている。これまでにも、学習者の回答をほぼ同時に把握する方法としては、CALL教室における実践やスマートフォンのアプリケーションを介した実践が提案されてきた。一方、このような実践においては、「インターアクションが教師と学習者とに限られてしまう」、「実践を可能にする物理的環境が整備されている必要がある」といった課題が指摘されてきた。これに対し、「フリップ」を用いた方法の場合、特別な設備や環境は不要、かつ、教師の準備のみで実践が可能である。

　菅田の「第二外国語」クラスは、全ての学部の学習者を対象とした授業であり、「学年・専攻・性別・出身地・家庭環境・将来の進路や目標」などの面で、多様な背景を持った学習者が集う場所となっていた。そこで、学習者一人ひとりの特徴から生まれる考えや思いを活かした上で、「フリップ」を基にした「第二外国語」クラスの学習者の「つながり」に注目した教室活動の実施を試みてきた。

3 ｜ 「第二外国語」クラスにおける実践事例

3.1 【実践事例1】プレゼンテーション活動

　本項では、授業におけるプレゼンテーション活動に「フリップ」を活用した実践例、「あいうえお作文」を用いた「他者紹介」を紹介する。

　菅田の授業では、1学期と2学期の間に、80名中30名程度の学習者の入れ替えがある。そこで、2学期の序盤に、「フリップ」を使い、「あいうえお作文」（ある単語の各文字の発音を文の最初の音にした上で、文を作る活動）を取り入れ、学習者が他のクラスメートを紹介する「他者紹介」の

活動を実施している。その目的は、既に1学期間、授業を履修した学習者と新たに授業を履修した学習者の関係を円滑にする点にある。

A: こちらは、「立派で、優秀で、いつも笑顔の」劉軼さんです。
　みなさん、劉軼さんをどうぞ、よろしくお願いします。
B: ただいまご紹介に預かりました、劉軼です。
　みなさん、どうぞ、よろしくお願いします。

図4　「あいうえお作文」で「他者紹介」を行う際の例

　この実践においては、学習者同士が2人組になり、クラスメートの名前の文字を最初の音とし、相手を紹介する文を作ってもらった。その場ですぐに文を考えることは、初級後半レベルの学習者には難易度が高かったため、授業外の課題として考える時間を取った。また、相手の紹介文を作る際のルールは柔軟[5]に設定した。加えて、この活動は、互いに肯定的な印象を与え合う「他者尊重」と創造力を鍛えることを目的としていたため、作例には肯定的な内容を盛り込むよう、事前に伝えた。

　このプレゼンテーション活動に「フリップ」を用いた理由としては、「第二外国語」クラスの「学習者同士のプレゼンテーションに関する情報の可視化」、「発話が十分に聞き取れず、理解が滞るという状況の防止」、「フリップに書

かれたキーワードを見ながら発表ができるという安心感の付与」の３つが挙げられる。

　２学期開始当初は、学習者同士の人間関係が希薄であった。そのため、実際の授業において、２人組の活動の際に、緊張した表情を見せる学習者も少なくなかった。それでも、２人組になった相手との対話の時間を設定することですぐにリラックスした表情になっていく様子だった。そこでは、情報を交換する過程を経た上で、「他者紹介」の文を考えてもらった。その後、教師の添削と課外での口頭練習を経て、その次の回の授業では「フリップ」を見せながら、クラス全体に向け、「他者紹介」をしてもらった。この実践により、教室内の学習者間には、同じクラスで共に学んでいこうとする雰囲気が作り出せ、ピア・ラーニングの学習環境が創出できたと感じられた。

3.2　【実践事例2】描いたイラストを見せながら話す文型練習

　ここでは、「フリップ」にイラストを描いてもらった上で、授業で導入した文型を使いながら、学習者間のインターアクションを図ろうとした事例を紹介する。以下に「使役形」の定着を目指した実践例を示す。

　実際の授業では、まず、学習者が日常の生活で、「大変なので、誰かに代わりにやってほしい」と思っていることを日本語か中国語で自由に挙げてもらった。次に、学習者一人ひとりに「大変だと思うことを代わりにやってくれるロボット」のイラストを「フリップ」に描いてもらった。そして、ペアを組んだ学習者とそのイラストを見せ合いながら、会話例（図5）を基に、「ロボットに何を「させたい」のか」を話してもらった。

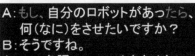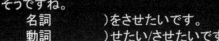

Ａ:もし、自分のロボットがあったら、
　　何(なに)をさせたいですか？
Ｂ:そうですね。
（　　　名詞　　　）をさせたいです。
（　　　動詞　　　）せたい/させたいです。

図5　ロボットのイラストを描き、「使役形」の定着を目指した例（許可を得て掲載）

　　この試みを行った理由としては、大学生・大学院生である学習者にとっては、「使役形」を単独で用いる場面が乏しいと考えられるためである。そこで、より必然的な文脈に近づけた形での文型練習を目指すとともに、学習者一人ひとりが「フリップ」にそれぞれイラストを描くことにより、そこから他の学習者の回答の多様性を知り、楽しむ中で、想像力を鍛えることも狙った上で、「フリップ」を媒介にした教室活動を実践した。

　　活動時の学習者の産出の様子は、「フリップ」を活用する前の従来の会話練習時と比べ、全体の会話量が増加することに気付いた。まず、従来の会話練習では、ペアワークを行うのみだったのが、互いのイラストについての感想や意見も交換していた。また、ペアである相手以外の学習者ともイラストを見せ合い、感想や意見を交換し合う光景が確認できた。加えて、学習者により描かれたロボットのイラストは、予想以上に多種多様であり、会話の内容もより個性的なものとなった。特に、「夜食の麺料理を作らせたい」、「宿題のプログラミングをさせたい」、「住んでいる学生寮の部屋を掃除させたい」など、学習者個人の生活や思いが表現された会話が聞かれた。菅田自身も、学習者の日

常生活の一端を垣間見ることができ、個々の学習者に対する理解を深められた。

　なお、希望者には、「フリップ」に書（描）いたイラストや文字をその場でスマートフォンのカメラで撮影し、メッセンジャーアプリの授業用のグループ上にアップしてもらった。このような学習成果物の共有には、費用をかけることなく簡便に、「クラス全体でのポートフォリオ」とも言えるものが残せる可能性を感じている。

　「第二外国語」クラスの授業には、日本のアニメ、マンガ、ゲームに対する興味から、「イラストを描くこと」を得意とする学習者が多く存在している。それらの学習者にとっては、「フリップ」の使用が自らの長所を活かす機会ともなり、その相乗効果が、学習動機の向上につながることが想定される。また、イラストを描くことがさほど得意ではない学習者にとっても、文字とイラストの組み合わせにより、各学習者の個性が活きる内容の産出（図6参照）がより容易となるため、日本語学習をさらに楽しむ契機になることが考えられる。

図6　学習者が「故郷自慢」のイラストを描き、編集アプリを使い、
　　　文字を挿入した上で、メッセンジャーアプリのグループ上に投稿した例

3.3 【実践事例3】「回答」の一斉確認と背景知識の共有

　前述のように、「フリップ」は、マスが印刷された白色の紙とカラー紙をクリアファイルに挟み込んで制作される。片面が白色であり、もう片面がカラーになることから、色の違いを利用し、二択[6] の質問に答えてもらうことができる。例えば、図7左のように、スライドに質問を映して答えてもらうか、図7右のように、口頭で指示し、答えを示してもらうかにより、学習者全員の回答の一斉確認が可能となる。この試みでは、単に語彙や文法に関する確認問題を出すだけでなく、既習文型の復習の形を採りながら、学習者が持っている背景知識の把握としても使用できる。

　この活動において、最も重要なポイントは、「フリップ」による確認の過程を通して学習者同士での意見共有や議論を促すことである。そのため、教師が質問を投げかけ、その回答を確認した後には、学習者同士で「どうしてその答えを選んだのか」、「その項目を学んだ時に、他にどのようなことを学んだのか」といった内容について、他者との関わりを通して考える時間を持つことができる。その過程により、知識の整理と定着の促進が予想された。

図7　二択の質問の回答を確認する際の使用方法

第10章　「第二外国語」クラスにおけるピア・ラーニングの実践

この試みは、「ピアインストラクション（peer instruction）」[7] からヒントを得た実践である。これは、回答の確認に学習者同士の議論を組み込んだ授業形式の1つである。教師は学習者に対し、「Concept test（概念問題）」と呼ばれる概念理解に関する問題を出し、学習者は、一人ひとりが「クリッカー」という小型の機器を使い、その課題に回答する。特に、Mazur（1997）には、教師が正解を発表する前に、学習者同士が議論を行うことにより、学習内容の概念理解が向上したという点が報告されている。

　なお、「ピアインストラクション」において、学習者の回答は、コンピューターで全て記録され、瞬時に統計的な処理がなされることにより、正答率のグラフなどがプロジェクターに明示される。また、学習者ごとの正答率などの数値も全て記録されるため、教師は、個々の学習者の理解度を把握することができる。

　菅田の授業においては、「フリップ」を用いることにより、より経済的、かつ、より簡便な形式で「ピアインストラクション」に準じる実践が実現できた。「クリッカー」などの電子機器の準備が難しい環境下でも、数値の自動的な記録が残せないものの、「フリップ」を通して、最大80名程度の大規模クラスでも回答を一斉に確認し、その後、学習者同士が背景知識の共有を行うための「橋渡し」をすることが可能になった。また、菅田自身も、学習者間の議論の内容に耳を傾けることにより、学習者の理解度や疑問点を確認することもできた。

4 ｜ 活動具「フリップ」の実践から得られた「学び」

　前節では、「フリップ」を取り入れた3つの実践例を紹介した。本節においては、その実践から得た「学び」をまとめたい。まず、「フリップ」の活用が、言語知識を導入

し、学習項目の定着を図る際の手助けになったことを挙げ
たい。それに加えて、「フリップ」という媒介物を活用す
ることにより、学習者同士が意見を交わし合うインターア
クションを起こし、学習者各自の個性が反映された多種多
様なアウトプットが生まれ、学習を通じての関係性の構築
につなげることができた。それは、音声だけでなく、文字
やイラストを媒介とすることで、それが学習者の「得意」
と結びつく契機となり、結果として、学習者が日本語学習
を楽しみ、その学習動機の向上へとつながる可能性がある
ことがうかがえた。

　つまり、「フリップ」を用いることは、知識習得に効果
的であると同時に、共に日本語を学ぶ仲間に向けて、「こ
の思いを伝えたい」という気持ちが起き、意欲が向上した
と考えられるのである。

　例えば、学期の開始当初は、見る側を意識せず、字を小
さく書く学習者が少なくなかった。しかし、「フリップ」の
使用経験が増え、「フリップ」を用いた発表を繰り返してい
くにつれ、文字が大きくなっていき、他者の理解を確かめ
ながら話そうとする様子が観察できた。また、「両面に書け
る」という機能に注目し、教師の指示がなくても、書きた
いことを両面に書き分け、発表を行う学習者も現れた。

　大人数の授業では、一人ひとりの自己表現を引き出すの
は簡単ではない。しかし、今回の実践のように、見る側の
理解しやすさに配慮する意識が高まっていったのは、「フ
リップ」が媒介となることにより、学習者個々の興味・関
心が反映された自己表現が交換されたからであり、さら
に、学習者がそのような経験を重ねる中で、その楽しさが
増幅されていったからだと考えられる。

　そこには、仲間との対話を続ける中で、学習者におい
て、「もっと相手に自分のことを伝えたい、知ってほし
い、相手のことも理解したい」という動機が生まれたから

だと思われる。それは、より主体的に授業に参加しようと
する学習者の様子からもうかがえた。

　加えて、このような学習者を増やすためには、自由な発
想が歓迎される教室づくりが非常に重要だと考えられる。
「フリップ」の使い方を自分なりに想像・創造できるの
は、「決められたこと以外の発言をしてもよい」、「新しい
発見の共有が前提となる」と学習者が感じられたからであ
ろう。こうした学習環境づくりは、学習者の発想を促すこ
とができるといえるだろう。

5 ｜ 今後の課題

　瀬尾（2013）は、Kumaravadivelu（2003, 2006）を引き、
現在、言語教育は、「ポストメソッド」の時代に入り、単一
化された教育指針や方法ではなく、さまざまな教授法が世
界の各地域、各教育現場、各学習者に適した方法で用いら
れることへの期待を述べている。

　「フリップ」の実践が目指したものは、従来の教育の中
で強調されてきた「知識・情報の理解」、「実際の言語運
用」といった能力の育成だけではない。筆者らがなにより
も大切にしたいと考え、注目していたのは、「他者とつな
がる」という関係性の構築であることを主張したい。

　第3節、第4節の日本語教育実践でも述べたように、本
章では、「フリップ」の活用により、「教師⇄学習者」のイ
ンターアクションに加えて、「学習者⇄学習者」というイ
ンターアクションが活性化していたことを紹介した。そし
て、「フリップ」が教室内で「仲間だからこそできること」
を実現するための活動具になり得る可能性を感じてきた。
特に、筆者らが学んだのは、学習者の「楽しい・好き」を
活かし、自己表現に結びつける大切さである。

　このようなインターアクションを通じた仲間づくりの動

機が、言語学習においては非常に重要な要素であることが示唆された。活動具「フリップ」は、教師がピア・ラーニングを授業に取りこむことの「入り口」になり得るのではないだろうか。

注

[1] 筆者2人のプロフィール：菅田は、2012年に初任日本語教師として、中国・河北省の大学の日本語学科に着任した。その後、上海市、北京市と職場を変えながら、現在まで日本語教師を続けている。駒澤は、1996年から、2年の中断期間をはさみ、計22年間にわたり、天津市、北京市において、日本語教師として日本語教育に携わってきた。菅田と駒澤は、2012年に北京市内の日本語教師コミュニティで出会い、実践に関する意見交換を行う間柄となった。

[2] 「フリップ」は、学習を具体化し、効果的にするために工夫された道具である。「教」えるための道具というよりは、むしろ、「活動」を活性化させるための道具であるという特徴から、本章においては、「教具」ではなく、敢えて「活動具」と称することにする。

[3] 中国の高等教育機関における外国語教育の中でも、日本語は英語に次ぐ第2位の位置を占めている（修剛・李運博2011: 46）。その背景としては、清朝末期に端を発する長い歴史的蓄積に加え、現在の日中両国間の緊密な経済関係、日本留学、日系企業への就職といった実利的なニーズを高い水準で維持している点、さらには、日本のアニメ、マンガ、ゲーム、ファッション、観光といった文化的側面が学習者の日本への興味・関心を喚起している点が指摘できる。中国における日本語教育は、世界の日本語教育を牽引する立場にあると言え、近年ではさまざまな角度から注目を集めている（田中2015: 5）。

[4] 国際交流基金の統計では、「日本語専攻」、「日本語非専攻」の学習者数以外にも、「機関内部対象の日本語研究会等」と記載されている数値も含んでいる。

[5] 「他者紹介」用の「あいうえお作文」をする際には、「濁音・半濁音は、清音に変えてもよい」といったルールも示した。また、中国語の名前の場合、「斌（ひん）」などの撥音の読みを持つ漢字は、一まとまりでもよいことにし、「ひん（品）が良い」といった文も許容した。発表時には、中国語による補足も同時に行ってもらうことにより、学習者間の内容理解を促してきた。

[6] あるいは、「そのままフリップをあげない」という選択肢も加えることにより、三択の質問にすることも可能である。また、この方法の応用としては、全員に問題の回答を「フリップ」の白い面に書いて

もらい、一斉にそれを前方に向け、立てて見せてもらうことが挙げられる。答えがわからなかった場合は、白い面に何も書かず、そのまま立てて見せてもらう。

[7] もともとは、1990年代に、エリック・マズール（Eric Mazur）ハーバード大学教授の初修物理学の講義で始まった。この授業法は、現在、世界中の高等教育機関で応用・実践されている。中国でも、"同伴教学法" という用語に翻訳され、各種実践がなされている（胡2017）。

参考文献　　池田玲子・舘岡洋子（2007）『ピア・ラーニング入門―創造的な学びのデザインのために』ひつじ書房

国際交流基金（2020）『海外の日本語教育の現状―2018年度 海外日本語教育機関調査より』国際交流基金

駒澤千鶴（2018）「活動具「フリップ」、その制作方法と活用の紹介―「楽しさ」と「働きかけの双方向化・多方向化」を目指して」福島青史・吉川一甲真由美エジナ（編）『南米日本語教育シンポジウム2017―南米における日本語教育の現在と未来 日系社会のポテンシャル』pp.224–233.　国際交流基金サンパウロ日本文化センター

胡楽楽（2017）「基于 "翻転課堂" 和 "同伴教学" 的 "混合式教学"」『学位与研究生教育』5, pp.54–57.　国務院学位委員会

修剛・李運博（2011）『中国日語教育概覧1』外語教学与研究出版社

朱桂栄・林洪・池田玲子・舘岡洋子、曹大峰・林洪（総主編）（2014）『日語協作学習理論与教学実践』高等教育出版社

菅田陽平（2019）『"大学日語" 研究―以日語学習者学習動機与日語教学法的実践研究為主』北京大学外国語学院博士学位論文（未刊）

菅田陽平・駒澤千鶴（2016）「中国の大学日本語教育における教具「フリップ」を活かした活動」『言語教育実践イマ×ココ』4, pp.20–25.　ココ出版

瀬尾匡輝（2013）「ポストメソッド時代における教師研修―香港の大学での「日本語教育」コースを事例として」『2013年度日本語教育実践研究フォーラム報告』pp.1–10.　日本語教育学会

田中祐輔（2015）『現代中国の日本語教育史―大学専攻教育と教科書をめぐって』国書刊行会

中国教育部高等学校大学外語教学指導委員会日語組（2008）『大学日語課程教学要求』高等教育出版社

趙華敏（総主編）（2015a）『初級日語1』北京大学出版社

趙華敏（総主編）（2015b）『初級日語2』北京大学出版社

Kumaravadivelu, B. (2003) Critical Language Pedagogy: A Postmethod Perspective on English Language Teaching. *World Englishes*, 22(4), pp.539–550.

Kumaravadivelu, B. (2006) *Understanding Language Teaching: From Method to Postmethod*. Mahwah, N.J.: Lawrence Erlbaum Associates.

Mazur, E. (1997) *Peer Instruction: A User's Manual*. Upper Saddle River, N.J.: Prentice Hall.

第10章 「第二外国語」クラスにおけるピア・ラーニングの実践

第4部
専門日本語

第11章
ダイバーシティの環境整備を
可能にする協働型研修
ケース学習を中心に

近藤彩

1 はじめに

　　日本社会では、外国人労働者を積極的に受け入れるべきであるという議論が近年急激に高まり、2020年の外国人材の受け入れ・共生に関する関係閣僚会議において、総合対応策が検討され、職場等における効果的なコミュニケーションのために受け入れ側の環境整備が重要であることが確認された。外国人に対する日本語教育の取り組みを大幅に拡充し、さらには、受け入れ側が外国人と円滑にコミュニケーションできる環境を整備する必要があるということも明記された。経済産業省（2021）の人材開発室のプロジェクト「職場における外国人材との効果的なコミュニケーション実現に向けた学びのあり方に係る調査」及び動画教材はそれが具体化されたものの一つといえる。これらの動きは、2019年に日本語教育推進法等が制定された流れを汲んでおり、今後ますます日本語教育の充実と、受け入れ側の環境整備が進むことが期待されている。

　外国人受け入れについての議論は以前にもあり、2000年や2010年に労働問題研究委員会報において外国人労働者の積極的活用が提言されている。当時の受け入れ理由としては、第1に国際的に日本を孤立させないため、第2に少子高齢化への対策のためであった（駒井2006）。一方、

近年においては人口構造の変化を受け、労働力不足を補うことが第1の理由である。新型コロナの発生以前において、外国人労働者の数は166万人（2019年度10月末現在：厚生労働省HP 外国人雇用状況）と過去最高を記録し、新たな在留資格「特定技能」が導入され、働きの担い手の確保に舵がきられていた。

　筆者はこれまで、日本人と外国人間のビジネスコミュニケーションをテーマに研究や実践を進め、多文化共生社会における受け入れ側の環境整備の必要性について述べてきた（近藤2007, 2018, 近藤・戸崎・池田・金子2019, 近藤2020）。本章では、職場のダイバーシティ環境の整備を目指して開発された「ケース学習」開発の経緯、ケース教材に書かれた状況下で必要となる能力、さらに、ケース学習を主軸として実施された「協働型研修」について述べていく。最後に、「協働型研修」を受けることで受け入れ側である日本人社員にどのような意識が芽生えるかについて示す。なお、本章でいうダイバーシティとは、国籍、文化背景、価値観等を異にするという意味での多様性を指す。「ケース学習」とは、事実に基づくケース（仕事上のコンフリクト）を題材に、設問に沿って参加者が協働でそれを整理し、時には疑似体験をしながら考え、解決方法を導き出し、最後に一連の過程について内省するまでの学習である（近藤・金2010, 近藤・金・池田2015）。

2 ｜ ケース学習開発の経緯

　筆者は日本語非母語話者が日本語を学ぶという教育現場に長年携わり、コミュニケーションに躓く学習者を数多く見てきた。その理由を調査すると、語彙力の不足という言語的なものから、異文化衝突、仕事の進め方の違い、キャリアパスに対する考え方など多岐にわたるものであった。

言語的なものの中には、学習者による努力で解決できるものもある。しかしながら、実際のコミュニケーション場面には、誤解や摩擦が多くあり、それらは学習者だけの努力では解決できるものではなかった。調査を繰り返していく中で、企業という文脈において、受け入れ側に工夫ができることに気づいた。次第に、母語話者側は非母語話者の心理や考え方が把握しづらいことがあるため、両者が互いの気持ちや立場を考慮し学び合うことができる学習を実現したいと考えるようになった。その着想が2008年から2009年にかけてであり、同時期に偶然にもケースメソッドの研修を受ける機会を得た。当該研修は、開発分野で国際支援がうまくいかなかったケース教材を使用し、結果の分析のみならず、それに関わった企業や個人の意図、開発支援の方法等を分析したり推察したりする内容であった。他の参加者と討論し、自ら解決策を考えていくことが目的とされた点は示唆に富むものであった。ここでの体験は、筆者自身が行ってきたインタビューの経験と結びつき、ケースメソッドを日本語教育に援用できないかと考えた。外国籍社員と日本人社員の「溝」を埋める策になる可能性を強く感じたのである。

　時を同じくして、ピア・ラーニングを専門とする池田玲子氏は、MBA（経営管理学）のケースメソッドを大学公開講座で受講していた（池田氏のMBAでのケースメソッドの受講経験は、近藤・金・池田2015に詳しく書かれている）。筆者と池田氏は、それぞれが異なる領域のケースメソッド体験について意見交換をし、ケースメソッドの理念に共感したことから、まずはこれまでのインタビューデータを内容分析し、ケース教材の試作に取り掛かった。そしてビジネス日本語教育への応用を検討していく中で、「ケース学習」が開発された。当時ビジネス日本語教育では、刊行された教科書を丁寧に教える指導法が定着しており、日本語を用い

て課題（業務）を遂行していくことや、問題が起こったらそれを日本語で解決していく必要があることについては、ほとんど議論されていなかった。異文化の衝突という面も一部を除いて深くは考慮されていなかった。「教室」と「職場」の乖離は深刻なものであり、「ケース学習」を通して職場で起こっていることを教室で討論し、解決できないかと考えるに至った。

3 ケース学習の実践例：ロールプレイを中心に

それでは、まず、ケース学習とは実際にどのようなものかを述べていく。次に、教材に登場した当事者に求められた基本行動の例を示していく。さらに、ケース学習で行うロールプレイの部分を取り上げ、協働に向けてどのような言語機能が使われているのか、解決に至るプロセスを示していく。

3.1 ケース教材の概要：教材編1　CASE01 まだ9時半です！

『ビジネスコミュニケーションのためのケース学習─職場のダイバーシティで学び合う【教材編】』（近藤・金・ヤルディ・福永・池田2013）のCASE01を取り上げ、その概要を説明する。

登場人物は2名、日本のIT企業に勤務するマハさんと直属の上司の田中さんである。ある日の夕方5時にマハさんは田中さんから明日までに発注データを処理するように言われる。マハさんは「わかりました」と返事をして、6時まで仕事をして自宅へ戻る。

翌朝、いつも通り9時15分に出勤し、すぐに仕事に取り掛かる。メールの返事を書いていると、9時半に田中さんがマハさんの机に近づき、パソコンを覗き込む。そして、「データ入力できた？」と聞かれたマハさんは、「まだ

です」と答える。他の急ぎの仕事もあり、田中さんより先に頼まれた仕事もあった。

　田中さんは、「できたところまででいいから、入力したのを見せてください」と言うが、マハさんはまだ終わっていないので、見せる理由がわからなかった。さらに、自分のパソコンを覗き込む田中さんの行動も気になりだし、作業が進まなくなってしまう。直属の上司である田中さんに不信感を持ち、この先どうすればいいのか悩んでしまう。

　なお、本教材を動画教材としたものを経済産業省のMETIチャンネル（YouTube）にて見ることができる（「日本人社員も外国籍社員も職場でのミスコミュニケーションを考える」動画教材https://www.youtube.com/playlist?list=PLcRmz7bR5W3kCaWuRjnba0HVNwg4BPqsk（6.2. ストーリー2参照））。

3.2　当該ケースにおける双方向から見た能力記述文

3.2.1　マハさんに関わる能力記述文

　このケースにおいてマハさんはどのような基本行動が求められたのだろうか。マハさんの行動を分析し能力記述文（以下、Cdsとする）で表すと次のようなものになる。①「指示を理解できる」、②「指示に対し返事ができる」、③「データを入力することができる」、④「自分の仕事の状況を言うことができる」、⑤「相談することができる」、⑥「進捗状況を報告することができる」、⑦「理由を尋ねることができる」、⑧「必要性を確認することができる」。このうち①「指示を理解できる」、②「指示に対し返事ができる」に関しては、その場で問題なくできていた（本章ではどの程度までできるかについては扱わない）。

3.2.2　田中さんに関わる能力記述文

　日本語学習では、外国人（日本語非母語話者、本節ではマハさん）に焦点が絞られているので、日本語学習者は上記の

マハさんのCdsの観点から、適切な日本語で遂行できるよう指導される。しかし、前述したとおり、筆者はコミュニケーションの相手である日本人（日本語母語話者）にも焦点が当てられる必要があり、日本人に対する研修も必要であると考えている。その前提に立ち、田中さんのCdsを考えていきたい。①「的確に指示をすることができる」、②「進捗状況を確認できる」、③「締め切りの時間を伝えることができる」、④「理由を伝えることができる」、⑤「他の仕事の状況を聞くことができる（相談を受ける）」、⑥「優先順位を指示することができる」、⑦「マハさんに対する期待を伝えることができる」、⑧「この仕事の位置づけを伝えることができる」などが考えられる。⑧の仕事の位置づけというのは、例えば、このデータが次にどのように利用されるのか、データ入力が遅れると、どの部署に影響が出るのかを簡単でいいので言うことができることを意味している。加えて、⑨「仕事の進め方の確認をする」ことも互いにしたほうが効率的である。

　注目すべきは、両者のCdsを比較すると、上司である田中さんのほうが、マハさんよりも、言語行動が多いことである。表1は、マハさんと田中さんがとることができた主

表1　データ入力に関わる主な言語行動

	マハ	田中
指示（理解する／返事ができる、指示をする）	○	○
進捗状況（報告する、確認する）	×	×
締め切り時間（確認する、伝える）	×	×
理由（聞く、伝える）	×	×
他の仕事（相談する、相談を受ける）	×	×
優先順位（聞く、指示する）	×	×
マハさんへの期待（伝える）	―	×
仕事の位置づけ（伝える）	―	×
仕事の進め方（確認する）		×

な言語行動を示したものである。当該教材において田中さんが行ったこと（できたこと）は、①指示をすることができる、のみであることは興味深い。

3.2.3　ロールプレイで確認する問題解決方法

　ケース学習では、ケースを一人で読み設問に答える個人作業に始まり、グループ討論、そして全体討論が行われる。全体討論の中で、あるいは全体討論後にロールプレイを行うことが多い。これは問題解決をする際に適切な言語行動を伴っているか、相手にきちんと意図が伝わっているかを確認するためのものである。

　ここに二つのロールプレイを紹介する。実際に行われたロールプレイをもとに一部筆者により加筆している。

(1) パターン1：依頼時にトラブルを防ぐ

	言語行動	機能
田中	マハさん、ちょっといいかな。	話があることを伝える
マハ	はい、何でしょうか。	承諾する、用件を聞く
田中	このデータ入力、明日までにできる？	指示する／依頼する
マハ	はい、わかりました。できます。	指示を受ける
田中	明日の10：00までに完成させてください。	締め切りを伝える
	10：00に確認したあと、このデータを営業にまわすから。	目的を話す
	頼んだよ。	期待を伝える
	あ、念のため、今日の17：30に一度見せて。	進捗を確認することを伝える
マハ	あの、今日は他の仕事があります。	優先すべき仕事があることを言う
田中	あ、そうなの。では、そのあとやってください。明日の10：00には必要なんだけど、大丈夫？	承諾する、締め切り時間を言う、できるかどうかを再確認する
マハ	わかりました。今やっている仕事が終わったら取り掛かります。	承諾する、取り掛かるタイミングを言う
田中	わからないことがあったら、聞きにくるか、メールでデータを送ってください。	照会方法を伝える
マハ	はい、そういたします。	承諾する

(2) パターン2：翌朝、トラブルが発生する

	言語行動	機能
田中	マハさん、おはよう。昨日頼んだ仕事、どうなった？	挨拶する、進捗状況を確認する
	できたところまででいいから見せて。	報告を求める
マハ	まだやっていません。ほかの仕事があります。	返事をする、状況を伝える
田中	他の仕事？ 何の仕事？	確認する
マハ	Ａ社の見積もり入力です。	説明する
田中	そうなのか。それは急がないから、昨日頼んだデータ入力を先にしてください。	優先順位を指示する
マハ	そうなんですか。わかりました。	承諾する
田中	このデータを営業の大川君に渡さないといけなくて。急いでやってください。	説明する 指示する
マハ	わかりました。	承諾する
田中	あと、30分後に一度進捗を確認するから、進めておいてください。修正の時間がとれないから、途中で見せてもらうよ。席に行くから。	進捗状況を確認することを言う、理由を言う
マハ	わかりました。わからないところがあったら聞いてもいいでしょうか。	承諾する、質問する
田中	それはいつでもいいですよ。聞いてください。	回答する

　上記の二つのロールプレイは、（1）はトラブル（問題）が起こることを防ぐことを目的とした、依頼時に状況を確認し合うものである。（2）のロールプレイは、翌朝の場面である。このロールプレイでは、田中さんから主に情報を伝えているが、マハさんから「この仕事は急ぎですか。今他の仕事をしています。」と進んで確認したり、状況を説明したりすることもできる。また、「修正が必要な場合があるから、一度完成する前に見せてもらうよ。時間がない場合はこのほうが結果的に時間を節約できるんだよ。30分後に席に行くから。」などと田中さんからの明示的な一言があれば、マハさんにとっては安心材料となる。

3.2.4　異なる仕事の進め方
　上記のコミュニケーションのプロセスに加え、外国人を

200

受け入れる際には仕事の進め方について十分説明する必要がある。田中さんとマハさんの間で仕事の進め方に大きな違いがあったことは、近藤・金・池田（2015）他でも述べた。田中さんの進め方はすり合わせ型である一方、マハさんはモジュール型で仕事を進めていた。すり合わせ型とは、自分の仕事の進捗状況について関係者と相談・報告等の形で意見交換をする形式を指す。日本人は小学校のグループ活動の時からこの形式に慣れてきた。一方マハさんは、モジュール型に慣れており、与えられた仕事を遂行していく上で、問題が発生しない限り、上司や周りに相談・報告しようとしないというものである。コミュニケーションをわかりやすくすることに加え、このような仕事の進め方の違いについて互いに知識を持つこと、そして、知識がない場合（違和感を持った場合）は、気軽に質問し合うといった環境づくりが肝要である。

　この仕事の進め方の違いに気づくべきなのは上司の田中さんのほうであり、「マハさんの国でのやり方とは違うかもしれないね。」「途中で見せてもらうのは、この会社のやり方でもあるんだよ。」「途中段階ではマハさんに対して評価はしないから安心してください。」などと説明すること

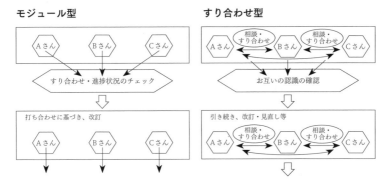

図1　モジュール型とすり合わせ型（近藤・金・池田2015）

第11章　ダイバーシティの環境整備を可能にする協働型研修

が重要である。モジュール型で作業をする場合は、未完成なものを上司に見せることでマイナスな評価をされる可能性があり、マハさんはそれを危惧していたからである。未完成なものを共有するならば、その目的と、この段階で評価はしないことをしっかりと伝えなければ上司への不信感が残り仕事へのモチベーションは下がっていくのである。

4 | ケース学習を主軸とした「協働型研修」の事例

4.1 企業研修に至るまで

　3節で取り上げたロールプレイを組み込んだケース学習を柱に、筆者は企業研修を行っている。本節では、人材派遣業を営み、製造業や情報通信産業向けに技術者の派遣を行っているA社で実施された研修について述べる。外国籍社員が派遣先で行う業務は、設計や研究開発、ITソリューションなどハイエンドの業務からテクニカルサポートとローエンドの業務までその業務領域は広い。主な派遣先企業は自動車、半導体、電子機器やIT企業である。派遣期間は短期なものから長期のものまであり、その長さは個々の契約による。日本人営業担当者の主な役割は、外国人エンジニアの派遣先を探し契約をすること（売上）と、派遣後何か問題が起こったときの対応をすることである。研修を行う前までは、外国籍社員をお荷物のように考え、日本人営業担当者が外国籍社員の担当になるとモチベーションが下がるという現象がよく見られたという。その後、外国人採用は中断され、2015年頃から外国籍社員の雇用を再開し維持していくために何をすべきかを考えていたところに、筆者が紹介された。1年目はリーダー研修（管理職研修）、2年目は若手リーダー研修、3年目と4年目は新人研修を依頼された。年間4回（各3時間）の実施で、参加者は日本人社員（営業担当者）15名、外国籍社員（エンジニア）5

名とした。日本人社員は固定とし、外国籍社員は仕事の都
合で入れ替わることがあった。毎回オブザーバーとして日
本人社員が数名加わっていた。研修参加者には、研修後に
毎回内省シートへの記入が課された。内省シートに書かれ
た内容を次回の研修で用いることで、自身の「わかりにく
い、伝わらなかったコミュニケーション事例」の紹介や議
論につながることもあった。最終回では、プレゼンテーシ
ョンの形式で、研修で得たことや今後の業務にいかすこと
などについて全員に発表してもらったところ、意外な参加
者の変化を発見することができた。

　下記に若手リーダー研修の概要（近藤・戸崎・池田・金子
2019）について示す。

4.2　若手リーダー研修の概要

　研修目的は、他者と協働できる若手リーダーの育成を行
うことであった。外国籍社員とどのように働けばいいの
か、自身の仕事や行動を振りかえりながら、7点を中心に
行った。①概論：グローバル社会における外国人労働者、
コミュニケーション摩擦他、②リーダーの役割を理解し行
動する、③問題発見解決力を身につける、④異文化理解力
を身につける、⑤課題達成力を身につける、⑥行動目標を
立てる、⑦外国人にわかりやすい日本語を身につける、で
あった。回数が4回と限りがあるため、年間を通じて日々
を振りかえり、気づいたことや新しく発見したことを記述
することも課した。主な教材は『ビジネスコミュニケーシ
ョンのためのケース学習—職場のダイバーシティで学び合
う【教材編】』、参考図書として『課題達成のプロセスで学
ぶビジネスコミュニケーション』（いずれもココ出版）が使
用された。

4.3　研修前の参加者の様子

　　研修が始まる会場では、営業担当者4名と外国籍社員1名を1グループとして座っていたが、日本人同士が話すことはたまに見られたものの、営業担当者と外国籍社員の間には、一部の研修を除いてほとんど会話がなかった。「なぜ外国人エンジニアを担当しなければならないのか。クレーム対応に追われるだけだ」、「外国籍社員は幼稚だ」ということをシートに書く者もいた。当時は、日本人研修参加者には外国籍社員の優秀さや必要性が理解されていないことが窺えた。

4.4　研修前と研修後の変化

　　研修最終回のプレゼンテーションはどれも外国籍社員と積極的にコミュニケーションをとろうとする姿勢が見られた。以下に研修参加者（2名）の発表資料を一部抜粋する。

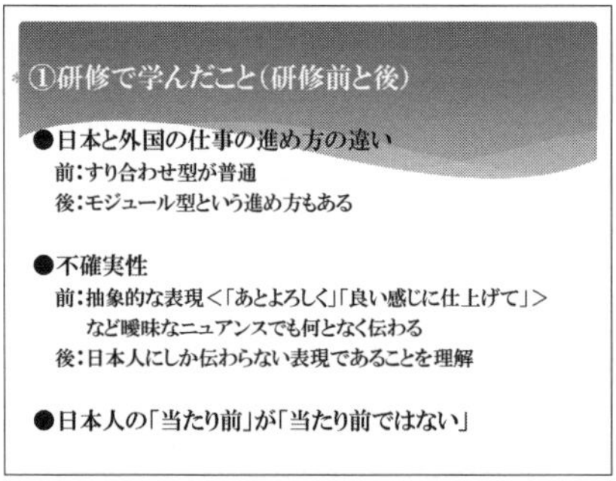

①研修で学んだこと（研修前と後）

● 日本と外国の仕事の進め方の違い
　前：すり合わせ型が普通
　後：モジュール型という進め方もある

● 不確実性
　前：抽象的な表現＜「あとよろしく」「良い感じに仕上げて」＞
　　　など曖昧なニュアンスでも何となく伝わる
　後：日本人にしか伝わらない表現であることを理解

● 日本人の「当たり前」が「当たり前ではない」

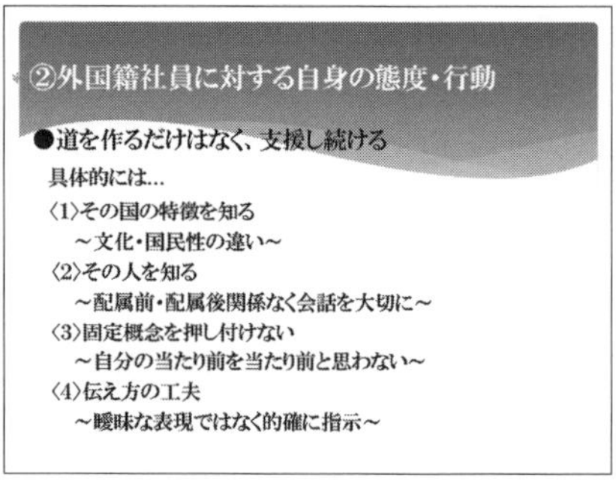

②外国籍社員に対する自身の態度・行動

● 道を作るだけはなく、支援し続ける
　具体的には…
　〈1〉その国の特徴を知る
　　　　～文化・国民性の違い～
　〈2〉その人を知る
　　　　～配属前・配属後関係なく会話を大切に～
　〈3〉固定概念を押し付けない
　　　　～自分の当たり前を当たり前と思わない～
　〈4〉伝え方の工夫
　　　　～曖昧な表現ではなく的確に指示～

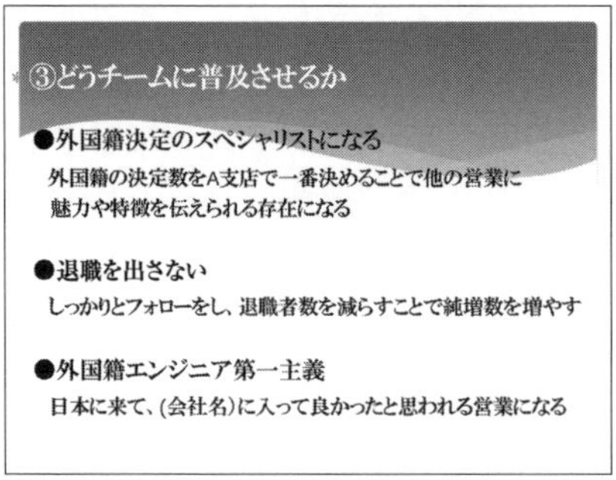

③どうチームに普及させるか

● 外国籍決定のスペシャリストになる
　外国籍の決定数をA支店で一番決めることで他の営業に
　魅力や特徴を伝えられる存在になる

● 退職を出さない
　しっかりとフォローをし、退職者数を減らすことで純増数を増やす

● 外国籍エンジニア第一主義
　日本に来て、（会社名）に入って良かったと思われる営業になる

図2　参加者Aの発表資料

発表は①研修で学んだこと（研修前と後）、②外国籍社員に対する自身の態度・行動、③どうチームに普及させるかについてである。発表時間は1人8分程度であった。

最終回に提出された内省シート（一部）は次のとおりである。

・研修前の印象として、外国籍社員は思ったことをすぐ口にする、自由だ、というもので、自分自身どう接していいかよくわからなかった。受講後は、外国籍社員が日本で働くことに戸惑いを感じていることがわかった。母国では普通だったことが日本では普通ではないからだと考えるようになった。

・話す時の意識が変わった。話すスピード、わかりやすいことばに言い換える、ジェスチャーを使うようになった。

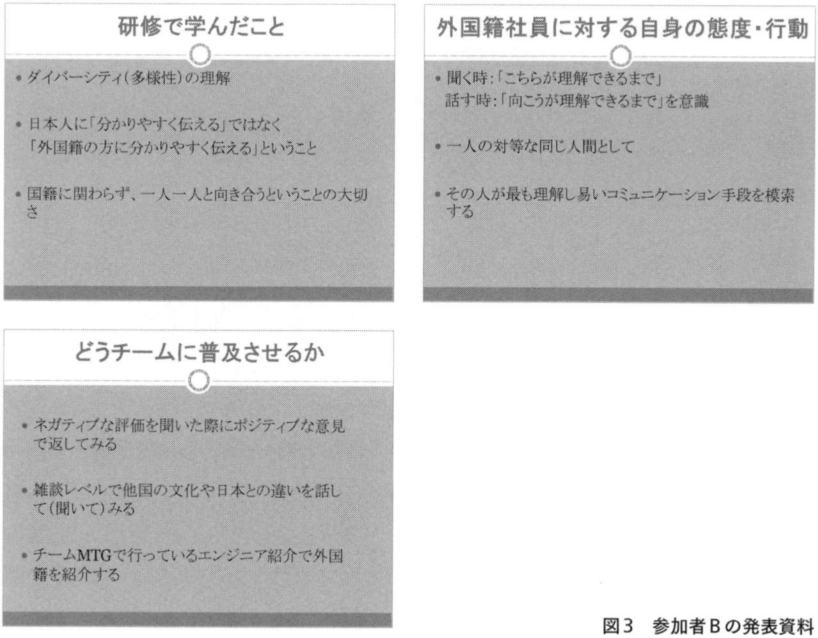

研修で学んだこと

・ダイバーシティ(多様性)の理解

・日本人に「分かりやすく伝える」ではなく「外国籍の方に分かりやすく伝える」ということ

・国籍に関わらず、一人一人と向き合うということの大切さ

外国籍社員に対する自身の態度・行動

・聞く時：「こちらが理解できるまで」
　話す時：「向こうが理解できるまで」を意識

・一人の対等な同じ人間として

・その人が最も理解し易いコミュニケーション手段を模索する

どうチームに普及させるか

・ネガティブな評価を聞いた際にポジティブな意見で返してみる

・雑談レベルで他国の文化や日本との違いを話して(聞いて)みる

・チームMTGで行っているエンジニア紹介で外国籍を紹介する

図3　参加者Bの発表資料

第11章　ダイバーシティの環境整備を可能にする協働型研修

- ことばが詰まっているとき、催促せず待つようになった。ゆっくりでいいので話してくださいと伝えるようになった。
- （自分が担当である外国籍社員と）電話ではなく対面式の面談をするようになった。不安な点をヒアリングし、理解を示せるようになった。そして不安を和らげるようなアドバイスをするようになった。

　ケース学習参加者には、態度やことば（言語調整）の変化のみならず、社内の雰囲気や活動にも変化が見られた。自主企画で外国籍社員を巻き込んだ交流型の催しがいくつも行われるようになった。また、サッカーをしたいという外国籍社員の意見が研修で出たことにより、日本人有志によって競技場を借りることが検討され、結果的に会社が資金援助をするに至ったことがあった。餅つき大会や「日本人・外国人エンジニアの女子会」もできた。

　また、予想外の変化の一つとして、研修当初は会話もなく、中には外国籍社員に対し関心を持たない日本人社員に大きな変化が見られたこともあげられる。そのプロセスは、「研修で同じテーブルにいる外国籍の人」から「〜の国から来た人」、「〜人の＊＊さん」、「〜が好きな＊＊さん」へと変わっていった。同じ会社でありながらも普段なかなか接する機会がない者同士が、ケース学習を軸とした協働型研修をきっかけに、対話をし、問題解決の方法を議論し、ロールプレイを行い、ことばにしていく中で、他者受容や異文化受容が進んでいくことが観察された。日本人社員は伝えやすさを考え、同じグループの外国籍社員に今の説明がわかったかどうかを確認したりもした。外国籍社員の要望や期待を知ると、上司に報告し、上層部が制度を作り、その制度を利用しながら個人や企業がさらに成長するという循環が生まれたのである。

5 ｜ おわりに

　日本人社員と外国籍社員が集うケース学習を軸とした協働型研修を、池田・舘岡（2007）の協働学習の五つの要素に照らしていきたい。ケース学習の討論の場では「対話」の場を保証し「対等性」が保持される。そして解が一つではなく、多様な受け止め方を知り、意見を述べたり聞いたりするという「プロセス」が、お互いにとって有用な考え方や具体的な解決策の選択肢が得られる「互恵性」を生んでいった。価値観の同異を体感し多様性を意識していくことで、次第に国籍による区別は小さくなる。外国籍社員は「社員」「仲間」として認識されるようになり、メンバーシップとしての「対等性」が保証され、中には自分が支援者でもあると感じるようになる。それらの学びが、研修後に戻った持ち場（チーム）で共有され、さらには企業全体で協働の場が「創造」されていく。

　前述した新たな異文化間コミュニティが立ち上がったことだけでなく、現在は毎週月曜日の朝礼で、毎回１組外国籍エンジニアとその（営業）担当者が前に出て、外国籍社員によるスピーチと営業担当者による紹介を行うようになった。社内、社外を問わず、外国籍という垣根をなくすよう協働のしくみがひろがっている。

　外国籍社員は、時間をかけて日本語を学習しても、働きやすい環境がないと、日本を去り他国で働くことを選択していく。今後、外国籍社員が一層の活躍をしていくには、協働型研修を通じて、実際に起こったことから学び、職場の状況に照らし合わせて問題を多角的に討論し、わかりやすい日本語で相互に伝え合い、研修で得た学びを企業全体でしくみに落とし込むことが肝要となる。十全的な環境整備を進めていけば、いずれは「外国籍」ということばを使わなくなる日が訪れると思われる。

第11章　ダイバーシティの環境整備を可能にする協働型研修

謝辞　本研究はJSPS科研費 JP17H02354、JP20H01274 の助成を受けたものです。

参考文献　池田玲子・舘岡洋子（2007）『ピア・ラーニング入門─創造的な学びのデザインのために』ひつじ書房

金孝卿・近藤彩（2017）「人材育成を目指すビジネスコミュニケーション教育」『日本語教育通信 日本語・日本語教育を研究する第44回』国際交流基金 <https://www.jpf.go.jp/j/project/japanese/teach/tsushin/reserch/201702.html> 2020年11月2日参照

経済産業省（2021）「日本人社員も外国籍社員も職場でのミスコミュニケーションを考える」動画教材及び学びの手引き <https://www.meti.go.jp/press/2021/04/20210426003/20210426003.html> 2021年6月2日参照

経済産業省（2021）「日本人社員も外国籍社員も職場でのミスコミュニケーションを考える」動画教材 <https://www.youtube.com/playlist?list=PLcRmz7bR5W3kCaWuRjnba0HVNwg4BPqsk> 2021年6月2日参照

厚生労働省（2019）「「外国人雇用状況」の届出状況まとめ（令和元年10月末現在）」<https://www.mhlw.go.jp/stf/newpage_09109.html> 2020年10月2日参照

駒井洋（2006）『グローバル時代の日本型多文化共生社会』明石書店

近藤彩（2007）『日本人と外国人のビジネス・コミュニケーションに関する実証研究』ひつじ書房

近藤彩（2016）「多様な価値観を理解する教育実践─職場での協働を目指して」宇佐美洋（編）『「評価」を持って街に出よう「教えたこと・学んだことの評価」という発想を超えて』第10章, pp.171–187. くろしお出版

近藤彩（2018）「日本語教育関係者と企業関係者における異業種の協働─企業研修を行う講師育成プログラムの開発」『BJジャーナル』ビジネス日本語研究会 <http://business-japanese.net/archive/BJ_Journal/BJ001/001_04_Kondo.pdf> 2020年9月30日参照

近藤彩（2020）「企業の求めるビジネスコミュニケーション能力─外国人と働く環境整備に向けて日本語教育ができること」『日本語学』pp.42–54. 明治書院

近藤彩・金孝卿（2010）「「ケース活動」における学びの実態─ビジネス上のコンフリクトの教材化に向けて」『日本言語文化研究会論集』6. 国際交流基金・政策研究大学大学院 <http://www3.grips.ac.jp/~jlc/files/ronshu2010/Kondoh%20Kim.pdf> 2020年11月1日参照

近藤彩・金孝卿・池田玲子（2015）『ビジネスコミュニケーションのためのケース習学習─職場のダイバーシティで学び合う【解説編】』ココ出版

近藤彩・金孝卿・ヤルディ，ムグダ・福永由佳・池田玲子（2013）『ビジネスコミュニケーションのためのケース学習―職場のダイバーシティで学び合う【教材編】』ココ出版

近藤彩・戸﨑典子・池田玲子・金子壮太郎（2019）「企業関係者と日本語教育関係者の協働による外国人エンジニアのための環境整備―企業研修を中心に」『2019年度春季大会予稿集』<https://m4.members-support.jp/NKG/Homes> 2020年6月25日参照

品田潤子・近藤彩・金孝卿・倉本文子（2020）「就労者に対する日本語教育（SJ）における人材育成の課題―指導者Can-do Statementの記述と活用を通じて」『2020年度春季大会予稿集』2020年11月1日参照

日本経済団体連合会（2018）「2018年度新卒採用に関するアンケート調査結果」<http://www.keidanren.or.jp/policy/2018/110.pdf> 2020年7月25日参照

法務省入国管理局（2018）「平成28年における留学生の日本企業等への就職状況について」<http://www.moj.go.jp/content/001239840.pdf> 2020年7月22日参照

^第**12**^章

初級学習者に対する
ケース学習の授業実践
企業研修の現場から

品田潤子

この実践の概要

教室の場所	企業内
クラスの位置づけ	企業の外国籍新入社員研修
日本語レベル	レベル混在クラスでの初級学習者
クラスサイズ	新入社員5名のクラス
学習内容	企業活動・会社生活の中の問題解決
特徴	初級学習者に対するオーセンティックなクラス活動

1 はじめに

　　ビジネス日本語教育用に出版されている「ケース学習」
の教材は、一般的な日本語学習レベルの標準からすると、
中級・上級レベルを対象としているものと判断されるであ
ろう。例えば、中級以上の語彙、表現（例：「発注データを処
理しておくように言われました」「双方が納得した上でプロジェ
クトを始めたにもかかわらず」）を用いた「ケース読解」、「ワー
クシート記入」、「ディスカッション」等の学習活動が設定
されているためである。しかし、筆者はビジネス日本語の
ような専門日本語教育では、必ずしも一般的な水準に照ら
し合わせることが適切とは考えていない。なぜなら、一般
的な初級の語彙・表現を網羅するよりも職場で高頻度で使
用する用語（例えば、店員なら「販売」「顧客」「在庫」など、技
術者なら「図面」「仕様」「工程」など）を先に学ぶ必要があ

211

り、運用場面にも「報連相（報告・連絡・相談）」に代表されるような特徴があるからである。初級日本語の基本的な知識を積み上げるよりも、職場のコミュニケーションに参加できるようになることが急務なのである。

「ケース学習」は協働学習の概念に基づく活動型の授業の一つである。本実践では、日本語学習を始めて数か月の初級学習者が中級学習者らと共に「ケース学習」に取り組んだ。初級学習者に合わせて内容を変更することはなく、「ケース学習」のテキスト（近藤・金・池田2015）が想定する一般的な手順で行った。その結果、中級学習者よりは多くの時間を要したものの、本実践での初級学習者は学習活動に主体的に取り組み、十分な成果を上げることができた。正直なところ、筆者も当初は「ついてこられるだろうか」という不安がなかったわけではない。しかし、初回から初級学習者の「ケース学習」に対する食いつきは非常によく、授業アンケートでも「こういうことがしたかった」という非常に満足度の高い評価を得た。

本稿では、筆者の実践を振り返り、タスクデザインの観点から「ケース学習」が言語形式の学習にも非常に有効なタスクであったこと、ビジネス日本語教育の初級学習者を対象として実施した場合でも、高度な読解、聴解、やりとりへの参加、自己表現の向上に有効だったことについて述べたい。

2 企業の新人研修における日本語研修

2.1 企業研修の特徴

企業は新入社員を採用する際、職務遂行能力を最も重視する。外国籍社員の場合、求められる日本語力は業種、職種によって異なるが、採用プロセスで必要な日本語力の判定は行われていないのが実情である。その結果、採用され

た社員の日本語力は期待以上であったり、不十分であったりすることがある。

　企業が日本語教育にかける時間、コストも一様ではない。しかし、共通していることは、日本人であれ、外国人であれ全研修生が研修終了時に同じゴール、すなわち、「当該企業での活動に必要な日本語コミュニケーション力」が求められることである。そのため初級学習者も中上級の学習者と同じ課題に取り組み、日本語力を含む多様な能力を最大限活用して課題を達成するためのコミュニケーション力をつけなければならない。

2.2　企業研修のニーズと初級学習

　日本語教育で開発された「ケース学習」は日本語をコミュニケーションの手段として用いる。ケースを読み、ワークシートに記入し、ディスカッションに参加し、振り返りを書く。初級学習者は未習語彙の多い読解に取り組み、限られた使用語彙でワークシートを記入し、ディスカッションに参加することになる。そのため、ケース学習は初級学習者には負荷がかかり過ぎ、学習意欲を失わせるのではないかと考える教師が少なくない。しかしながら、背景も個性も異なる多様な学習者個々人にとって、何が学習意欲を失わせるのか、逆に何が掻き立てるのかを教師の先入観のみで決めてしまうのは危険なのではないだろうか。

　企業研修では、日本語力にかかわらず学習者が強い関心を持つのは職務遂行に直結する日本語の学習である。したがって、言語形式の負荷が高くても、実務に関連していると感じさせる課題であれば学習意欲を強化すると考えられる。逆に、いつ役に立つのかわかりにくい基礎的な学習は学習意欲を衰退させることになるのではないか。企業研修では、教師は、従来の基礎的、一般的、準備主義的な初級学習を優先するビリーフを捨て、与えられた期間、環境で

ゴールに最も近づくことができる授業を組み立てる必要がある。「ケース学習」はこれを可能にすることが期待できると考えた。

3 授業の概要

　ここで報告する「ケース学習」は、外国籍新入社員に対する総合的な日本語研修プログラムの一部として実施した。

　クラスは日本語力にレベル差がある5名であった。表1はこの5名のおおよその日本語力を技能別にCEFRで判断して示したものである。3名（A～C）は中国系で入社前に日本語の学習を始めており、読む力は既にB2に達している者もいたが、聞き取り、会話に不慣れであったため、運用力を強化していた。Dは中国系で漢字力はあったが、日本語学習はゼロスタートであったため、日本語力は初級後半、各技能共CEFRのA2にようやく入ったレベルであった。Eは非漢字圏であるため語彙が少なく、全体としてA2レベルであったが、入社前の日本滞在期間が長いため、聞き取りにも会話にも慣れていた。

　本日本語研修プログラムは、この5名のクラスに対して初中級レベルの文法の学習と応用運用練習を組み合わせた編成とし、「ケース学習」は応用運用練習の一環として実施した。

表1　学習者の日本語力

	A	B	C	D	E
読む	B2	B2	B1	A2	A2
書く	B1	B1	A2	A2	A2
聞く	B1	B1	A2	A2	A2
話す	B1	B1	A2	A2	A2
やりとり	B1	B1	A2	A2	A2

授業は、おおむねテキストに示されている手順で行った。初級学習者に対する配慮から活動を変更した点は表2の通りである。この流れで、途中の休憩を含め3時間程度で実施した。表2中の7)の「振り返り」については、書く時間が足りない場合は宿題とした。

表2　授業の流れ

テキストに示された流れ	本授業での変更点	時間
1) アイスブレーキング グループ分け発表	・互いをよく知っているので省略 ・教師が参加して3名ずつのグループを2つ作った。	10分
2) ケース（本文）を各自で読む。 タスクシートに沿ってメモを作る。	・事実確認のQAを行った。 ・休憩を入れて進度を調整した。	15分
3) グループ討論	・進行は学習者に任せた。 ・自由討論ではなくグループ内で司会者を決めるグループが多かった。	30分
4) 全体討論	・教師がファシリテーター役となって行った。 ・論点やキーワードの板書は学習者が交代で担当した。	30分
5) ディスカッションリードへのフィードバック	・板書の内容を振り返りながら意見の多様さの確認を行った。	15分
6) ロールプレイ	・本授業では行わなかった。 ・別の授業で本ケース学習の題材を使って行った。	
7) 振り返り：内省シートへの記入	・表現方法について教師が相談を受けながら実施した。 ・提出されたものについては、教師が日本語の誤りを修正して返却した。	30分

＊時間は3時間の授業での時間配分の目安（説明や休憩時間を除く）

　「ケース学習」は、活動への参加、課題の達成が目的であり、日本語学習はその手段であることから、教師は次の点に留意した。

①全員の作業が終わるのを待たない。
　初級学習者は、中上級の学習者に比べて作業に倍以上の時間がかかるが、必要以上の時間は費やさない。学習者に求めることは「参加力の拡大」と考え、「確実な理解の積

み重ね」とは考えない。

②事実確認の機会を頻繁に設ける

　初級学習者の自発的な事実確認の要望は大切にし、確実に情報を共有する。ただし、言語形式や個別語彙の説明は避ける。

③媒介語も使用する

　初級学習者が複雑な内容を母語や媒介語で述べることも事実確認作業の一つとして重視する。学習者同士の助け合いや教師の支援で日本語でも確認する。

④時間管理に協力を得る

　与えられた時間内に可能な範囲で成果を出すことを意識させる。これは仕事をする上で重要な部分である。個人作業では、時間が足りなくても中途半端に終わらせるのではなく、何らかのまとまった形にさせる。話し合いでは、進行管理、それに対する協力的な態度を身につけさせる。

4 ｜ 初級学習者の学習プロセス：学習者Dの場合

　ここでは、近藤他（2013）「CASE 01 まだ9時半です！」を扱った授業で、教師が意図した授業の進め方と各作業で初級学習者D（中国系、日本語学習歴なし、漢字知識有）がどのような行動をとったかを詳細に述べる。
　「CASE 01 まだ9時半です！」は、日本のIT企業に勤めるマハが夕方5時に上司から「明日までに発注データを処理しておくように」と言われたことによる事例である。マハは、翌日の朝9時半にマハのパソコンをのぞき込み、入力状況を尋ねる上司の行動に困惑する。

4.1　グループ分け

　　グループ討論は学習者5名と教師1名を含んだ計6名を2つに分けて行った。授業によって違う観点からグループ分けを行った。

- ・分け方1：日本語力で分ける
　　初級学習者2名と教師、初中級以上の学習者3名とに分ける。
- ・分け方2：日本語力のバランスで分ける
　　初級学習者を1名ずつ2つのグループに入れる。

分け方1	D（A2）、E（A2）、教師	A（B1）、B（B1）、C（A2～B1）
分け方2	D（A2）、A（B1）、C（A2～B1）	E（A2）、B（B1）、教師

　　初回（本授業）は分け方1（レベル別）で行い、活動の方法に慣れてから分け方2（レベル混合）で行った。分け方1は、初級学習者を教師が支援することで日本語力の問題で活動が停滞しないようにすることを意図した。分け方2は、協働学習に取り組む上でグループ内が多様な学習者構成となることを意図した。

　　学習者Dは初回は戸惑いが見られた。ワークシート記入や話し合いなどの産出活動では、「Dさんはどう思いましたか」と問いかけるなど教師による「促し」が必要だった。しかし、2回目以降、活動の流れや目的を理解すると、徐々に「促し」は不要となっていった。

4.2　ケース読解

　　「ケース学習」はケース読解から始まる。筆者はこれまでの実践でも多くの初級学習者に「CASE 01　まだ9時半です！」をそのまま読ませた。そのままとは初級向けにリライトしていないという意味である。しかし、負担が大き

いと訴えた学習者はいなかった。このケース教材にもDとEには未習の文型、語彙が多く含まれていたが、同様の進め方をした。

初級学習者が一般的には中上級レベルと言える読解に取り組むことができる理由はケース教材の内容的な特徴にあると思われる。

まず、内容については次のような特徴がある。

【内容の特徴】
・職場で実際に生じたトラブルの経験が語られた文章である。
・語彙表の英訳を見ると、初級学習者にも自分が知りたい使用可能性の高い語彙が使われている。

学習者は、タイトルや語彙表の訳語から場面や内容を想像し、自分にとって身近であるために強い関心を持つ。「職場で実際に生じたトラブル」であることが学習動機を刺激する。内容を知りたいという強い気持ちが初級学習者に長い文章の読解に取り組む意欲を持たせる。

教材の内容が学習動機を刺激するだけでなく、次のような表記上の工夫をしていることも理由として挙げられる。

【表示上の工夫】
・総ルビである。
・ごく基本的な語彙を除き、訳語付きの語彙リストがある。
・1部の語彙は、単語単位ではなく、「なかなか大変」「〜を処理しておく」のように表現単位で取り上げられ、文脈にふさわしい訳語が書かれている。
・短い文で、時系列に事柄が述べられている。

これらの学習の支援により、初級文型の積み上げ学習が未終了で、長い文章を読むのが初めての学習者でも、最後まで読み通すことができた。

　一方で、以下のような初級学習者には難しい部分もある。

【難しい点1】
・複数の文の連なりで、書き手の心情が表されている部分。
　例：「（略）なんだろうと思っていると、（中略）私のパソコンのスクリーンをのぞき込むではありませんか。そして（中略）と聞くのです。私はもちろん「まだです」と答えました」

　書き手が上司の行動を不可解に感じ、それに驚き、自己の正当性を主張するなどの心情が日本語母語話者であれば生き生きと伝わるであろうし、レベルの高い学習者であれば言語知識をたよりに少しは推測できる部分があるのかもしれない。しかし、初級学習にとってはこのようなニュアンスを汲み取るのは困難だと思われる。

【難しい点2】
・相手との関係や心的態度を表す表現。
　例：「〜しておくようにと言われました」「まだ終わっているわけでもないのに」

　ケースはトラブルの経験が語られているので、対人関係、話し手の心情の描写が多い。単に読解の授業であれば、使われた語彙や文法、談話構成がどのような心情を表し得るかを授業で扱う。しかし、ケース読解の目的は、ディスカッションに参加するためのスタートラインに立つことである。学習者が心情的な部分を理解できず、何が起き

たかという事実を把握しただけであったとしても、次のワークシートの記入に移る。続く作業の中で理解を深めていくことができるからである。

「〜ていると」「聞くのです」「〜ておくように」「〜と言われました」「〜ないのに」など、どれも初級の教科書で取り上げられている文型である。しかし、文型学習の例文は厚みのある文脈を伴わない。

図1は、ケース学習において「議論」の深まりを通して、「読解」の理解も深まっていく流れを示したものである。①の段階で事実情報を把握すれば、議論に参加することができる。積極的に意見を述べるところまで行かずとも、不明点を明確にしたり、他者の意見を聞くことで、自分の理解を補ったりすることができる。参加しながら、つまり、厚い文脈を得ながらケースを読み返すことで、少しずつ②の段階へ入っていけるのである。

例えば、初見のケース読解の際に、Dには次のような行動が見られた。

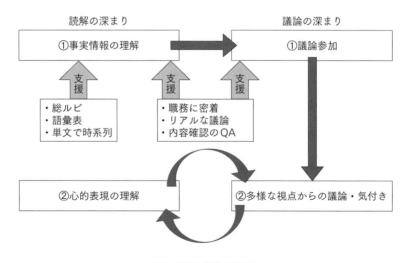

図1　読解と議論の深まり

・未習の語彙の意味を語彙表から拾ってメモをとりなが
ら読み進めた。
・意味がよく理解できない箇所があると、教師に説明を
求めた。

　説明を求められた場合、教師は意味だけを伝え、言語形
式や談話構成の説明はしなかった。

・媒介語を使ってクラスメートに説明を求めた。

　これは学習者同士に任せ、説明が正しいかどうかは確認
しなかった。もし誤認識があったとしても、後で行う活動
の中で訂正される機会が必ずあるからである。

4.3　内容確認のQA

　本実践ではケース読解の後に内容確認の質疑応答（以下
QAとする）を行った。これは初級学習者に配慮して加えた
プロセスである。教師が「マハさんの仕事は何ですか」「5
時に誰に呼ばれましたか」「何をするように言われました
か」のような事実情報に関する質問をし、学習者に答えさ
せた。「マハが仕事を依頼された時間」や「何を依頼された
のか」など、ケースを考えていくために絶対に必要な情報
を全員で共有できているかを確認した。学習者が答えられ
なかった場合のみ、「何をしてくださいと言いましたか」の
ようにやさしい言い方で聞き直し、意思疎通を図った。
　ここで留意したことは、教師と学習者のQAがあくまで
内容確認、情報共有であると考えることである。文法事項
を説明したり、その理解を確認したりすることはしなかっ
た。学習者に情報を確実につかむことに集中させた。学習
者同士での情報交換も推奨した。内容に誤りがある場合の
み事実が判明するように教師が介入した。

内容確認が終わると、ワークシートに記入する作業に入るが、ここでも読解の内容確認は続く。もし学習者に理解不十分な部分が残っていても、続く作業に委ねることができる。

　Dには次のような行動が見られた。

- 始めは内容確認の質問に対してケース本文を読み返しながら正しい答えを探そうとした。自分の読解力が問われていると感じたような反応だった。
- 次第に、QAの目的が情報共有であり、英語を使ってもよいのだとわかると、自分から積極的に質問もするようになった。

4.4　ワークシートの記入

　「ケース学習」の目的は、実際に起きたトラブル事例について、自分の意見を述べ、話し合いを通じて、多様な考え方を知ることである。初級学習者にとって、自分の考えを日本語で述べることは大きな課題である。ワークシートの記入は、この課題に取り組むための支援となる作業である。「当事者の気持ち」「何が問題なのか」「自分にも似た経験があるか」といったワークシートの問いは、学習者が自分の意見を考えるための情報を整理するのに役に立つ。

　Dは、ケース読解、内容確認のQAを経てもなお不明な部分を抱えていた可能性がある。ワークシート記入に際し、次のような行動が見られた。

- ワークシートの問いの答えをケースの文の中から探した。
- 適切に引用できずに、本文の一部分をそのまま抜き出して書いた。
- 自分の考えは、辞書やグーグル翻訳を使って文を書いた。

Dは問いに答えるために再び本文を読み返した。内容理解はかなり精度が高くなってきたようだが、問いの答えとしてふさわしい形で表現できずに困った様子も見られた。教師は、あくまで意思疎通のために明確化要求のやりとりをして、適切な表現をDに聞かせたが、Dが自分で修正しない場合はそのままにした。

4.5　グループ討論とクラス討論

　ワークシートへの記入が終わると、グループで話し合いを行う。まず、各自がワークシートに記入したメモをもとに自分の意見を述べる。ワークシート記入は自分の考えを整理して言語化する産出活動であったが、ここではほかの人に理解してもらうための産出活動でもある。

　話し合いは学習者同士に任せた。始めは、学習者同士で自由に話し合いを続けるのは難しいようで、ほとんどのグループがリーダーを決めて、指名して発言をする方法をとっていた。教師からは「自分の意見とは異なるほかの人の発言を別の色のペンでメモをする」というテキストによる指示を与えた。

　Dには次のような行動が見られた。

・自分からは積極的に発言せず、ほかの人の発言をメモしていた。
・指名されると、メモを見ながら、自分の意見を述べた。
・新たに言いたいことができると、辞書を引いたり、教師に質問をしたり、グーグル翻訳を使ったりして、文を作ってから発言した。

　クラス討論に移ると、それぞれの学習者からさまざまな観点からの意見が出た。それらの中には、既に同僚としてよく知っていると思っていたクラスの仲間から、想定した

ことを超える意外な意見も含まれていた。そのような場合は、だれもが夢中で相手への「確認」の質問や「自分の考えの表明」に取り組んだ。

　話し合いでは、学習者は、ケースを読み返したり、ワークシートに新たなメモを加えたりした。また、話題の流れの中で、先に出た話題を再び取り上げたり、いくつかの意見をまとめたり、新しい意見を述べたりした。このような複雑な活動の進行の中で、最初は話し始めることさえできなかった学習者が、次には自分から発言の機会を作り出そうとした。そこで挫折してもさらに次のチャンスで試みることができる。Ｄもそのようなプロセスの中で次第に発話を増やしていった。

4.6　クラス討論の振り返りと個別振り返り

　クラス討論は時間を区切って行った。終了後は、「田中さんは進捗状況が知りたい」のような要点として板書された項目を全員で読み合わせた。理解言語が使用言語に移行していくことを意図して音読させたり、内容確認のQAを行ったりした。Ｄにとっては新しい語彙が多く、使うはしから忘れてしまうという様子が見られたので、筆者は、ここで再び形と意味を確認する機会を設けた。

　最後に振り返りを書く時間を設けたが、時間内に書き上げられない学習者には宿題として後日提出させた。振り返りでは、初級学習者もかなり長い文章を書くことができていた。使った言語形式、語彙の用法に誤りや不自然さがあれば修正して返却した。意味が伝わらない文章もそれを指摘して、述べたかった内容を確認し、適切な表現方法を指導した。

　Ｄの振り返りでのアウトプットには、ワークシートの記入時と比較すると次のような変化が見られた。

　　これはDがワークシート記入の際に書いた文である。意味はわかるが、「検査」は語彙選択として適切ではない。また、「パフォーマンス」は、かなり抽象的で言いたいことが具体的に伝わってこない。初級学習者が辞書等の力を借りて、自分の考えを日本語で述べた場合によくあらわれる「不自然」な表現である。

　　これは、Dが活動の最終段階の振り返りで書いた文である。Dが書いた文は構造の面から見ると、初級の既習の範囲を超えたものである。しかし、どの表現もグループワークやクラス討論で、何度も使われ、板書された文や表現である。学習者は自分の振り返りを書くために、それらをリソースとして使用したと考えられる。

5 TBLTとしての「ケース学習」

5.1　タスクとしての有効性

　　生活や職場ですぐに役立つコミュニケーション力をつけるために有効な言語教育のアプローチとして1980年代以降Task-Based Language Teaching（以下TBLT）が提唱されてきた。TBLTでは、言語形式より意味の伝達が重視され、以下が重要とされている。

・学習者の現実のニーズに密着した内容であること
・言語形式の正確さよりもタスクの達成が重要であること

　これらの特徴はまさに、企業研修の日本語教育の目的と合致しており、「ケース学習」はこれらをすべて満たしている。
　しかしながら、初級学習者に対してTBLTを実践する場合、教師の関心は、2.2で述べたような従来型の日本語教育のビリーフから離れたとしても、やはり言語形式の学習をいかにサポートするかに向く。TBLTでは、サポートの方法として、プレタスクのような準備活動やリキャストなどの暗示的操作、成果物等に対する明示的なフィードバックを組み込むなどの方法が提案されている。TBLTの具体的な手法を示したWillis & Willis（2007）は、教師の役割として、「目標言語の用法を暗示的に助けるアドバイザー」、「伝統的な手法で言語形式を説明する言語教師」、「活動の進行や調整を行うファシリテーター」があるとしている。
　初級学習者であるDは、ほぼタスクの達成、意味に焦点を当てて「ケース学習」というタスクに取り組んだ。教師は、Dが活動中に言語面での困難に直面している場合でも、暗示的操作による支援を極力控えた。つまり、活動中は「アドバイザー」であることも「言語教師」であることも意識的に避けた。Dの意識が言語形式に向かないようにするためである。教師の支援行為は当初から設定した方針ではなく、活動中の学習者Dについての観察をもとにその場で調整しながら判断していったものであった。活動中、Dには以下が観察されたからである。

・学習の対象として形式に意識が向くと、活動への参加が消極的になった。

・活動の目的に意識が向いている場合は、言語上の困難
　があっても、それによって参加が消極的になることは
　なかった。

　そして、Dは活動に参加し続けることで4.6で示したような言語形式の使用範囲を広げている。この理由として、次の3点が有効であったのではないかと思われる。

1) テーマの親和性
　学習テーマが本人の学習ニーズに密着しているため、タスク達成への動機が保たれた。特に企業研修であるため、日本語力の高い同期生に遅れをとりたくないという気持ちが働いた。

2) 豊かな意味理解の環境の提供
　「ケース学習」は一つのテーマのもとで、具体的な事実から抽象的な概念まで多様な話題が表れる。そこでは抽象的な概念を具体的な事実で説明したり、逆に具体的な事実を抽象化、一般化したりといった言語使用が頻繁に現れる。その都度、一つの同じテーマを掘り下げていくため、学習者が意味理解の方向性に惑うことはほとんどない。意味理解のために非常に豊かな環境を提供していると言える。

3) リサイクル
　「ケース学習」はタスクシークエンスを構成し、使われた言葉や文のリサイクル（Willis & Willis 2007）が頻繁に生じ、言語形式の学習につながりやすい。

　これらによりDは、目標言語による多様なレベルの意味交渉に取り組み続ける機会を得ることができた。そして、

自分が処理可能な範囲で参加し続け、結果として、新規の語彙が理解語彙になり使用語彙になるといった言語習得につながっていったのではないだろうか。教師は、Dが求めた場合と提出されたワークシートや振り返りに対してのみ「アドバイザー」や「言語教師」として対応をした。

5.2　タスクの構造

表3　タスクの構造

上位の活動	活動の形態	下位の活動
①ケースを読む	個別	・探索的に読む ・語彙の意味を調べたり確認したりする
②内容確認をする	複数	・質問をする ・質問に答える ・意味を確認する
③ワークシートにメモを記入する	個別	・キーワードを探す ・語彙を探す／調べる ・文法を探す／調べる
④グループ・クラスで話し合う	複数	・聞いて理解する ・メモを見て話す ・伝えるために言い換える ・確認するために言い換える ・聞いてメモをする
⑤振り返りシートを書く	個別	・考えを整理する ・フィードバックを受ける

　このように「ケース学習」が言語形式を身につけていく上でも非常に有効なタスクを構成することを確認するため、タスク達成のプロセスで学習者が取り組んだ活動について、言語学習の面からその形態と行動を表3にまとめた。
　①ではインプットが多いが、個別作業なので、学習者は自分のペースで意味を確認し、読む速度を調整できる。初級学習者の場合、読み終える前に次の活動に進むこともある。これは不明部分を抱えたまま次の作業に移る経験を強いることになるが、使える時間と折り合いをつけながら活

動に参加し続ける力をつけるのに役立つ。

　②では①での不明点の明確化ができる。また、質問に答えたり、質問したりすることで、新規語彙を使ってみる機会を得る。ほかの学習者の質問や応答を聞きながら、本文を参照したり、語彙の意味を確認したりすることで、新たな気づきや理解を得ることもできる。これらはすべて学習者が自分の判断で行うことができるので、自分が処理可能な情報量を調整する機会を提供していると言える。

　③で学習者は再び個別作業をする。自分のペースで、ケースに関する問いに対する答えを考え、メモを作成する。次の即応力を求められる活動である話し合いの準備をすることができる。初級学習者は即時的に自分の考えを日本語で述べることが困難なため、ここでは文を作ろうとして、4.4で述べたようなさまざまな手段を使う。そして、それが④への参加を可能にする。

　④の話し合いでは「他者の話を聞く」「自分の意見を話す」「話すためにターンをとる」「メモを読む」「板書を読む」「他者の話をメモする」といった多くのスキルが求められる。ここではどの学習者も自分の日本語力に合わせて参加することになる。

　初級学習者は話し合いという状況で自分からターンをとることは難しいが、指名されれば、手元のメモを見ながら、発言することができる。話し合いが活性化すると、自分の意見を述べるために4.5で述べたようなさまざまな手段を使う。しかし、最終的には目標言語が使われるので、ここでも自分に処理できる範囲で目標言語を学ぶことができる。

　⑤で学習者は再び自分のペースで自分の考えを日本語で書く作業と向き合う。手元には、話し合いを経て補強された自分のメモ、書きとったほかの人の意見等のリソースがある。振り返りを書く作業は簡単ではないが、①で初めて

出会った語彙や表現が②と③の作業を経て理解語彙として
安定し、いくつかは使用語彙となっていることもある。

6 協働学習による効果

　5節で述べたように、「ケース学習」はTBLTとして言語
学習にも有効な活動であるが、この活動に初級学習者が参
加し続けることを容易にしたのは、協働学習に基づくクラ
ス運営である。

　多様な意見を理解することが活動の目的であり、そのこ
とが明確に示されているため、学習者は互いの意見をよく
知ろうとする。初級学習者が目標言語で意見交換をするた
め、意思疎通がうまく行かないことも頻繁に生じたが、そ
こでは教師は言語面での支援をすることを意識的に控え
た。学習者は意思疎通を成し遂げるためにお互いに助け合
わざるを得ず、自然にさまざまな工夫をした。筆者は、教
室でそのような状況が次々と生まれるのを間近で目にする
ことができた。そこには初級学習者でも活動に負担を感じ
ている様子はほとんど見られなかった。むしろ、課題達成
までのプロセスを楽しんでいるかに見えた。

　学習者の内面で生じている気づきや学びは外側から見な
いために教師は不安になることがある。しかし、テキスト
が示している「自分が気づかなかったほかの人の意見を色
を変えてメモする」といった協働学習の活動の工夫により
気づきの量が可視化され、学習者も教師も活動の質を確認
することができる。

　「ケース学習」のテキストは、活動を協働学習の理念に
基づいて進められるように作られているので、協働学習の
教室運営に不慣れな教師でもこれを学びながら授業をする
ことができる。

7 おわりに

　「ケース学習」は、言語学習を主たる目的として作られたタスクではないが、そのプロセスは非常に有効な言語学習のためのタスクとなっている。また、「ケース学習」のテキストが提案する協働学習が活動を円滑にする。教師が留意すべき点は、言語形式の学習にではなく、オーセンティックな活動のプロセスにより多くの注意を払うことであろう。そのためには語学教師として言語を分析したように、タスクが達成されるプロセスを分析する視点を持ち、活動のファシリテーターとしてそのプロセスを調整する力をつけることであると考える。本報告は、レベル混合のクラスにおける初級学習者の学びに注目したものであった。筆者はこうした実践の経験から初級者のみのクラスであってもファシリテーションの工夫によって「ケース学習」は可能であると感じている。

参考文献

近藤彩・金孝卿・ムグダヤルディー・福永由佳・池田玲子（2013）『ビジネスコミュニケーションのためのケース学習―職場のダイバーシティで学び合う【教材編】』ココ出版

近藤彩・金孝卿・池田玲子（2015）『ビジネスコミュニケーションのためのケース学習―職場のダイバーシティで学び合う【解説編】』ココ出版

近藤彩・金孝卿・池田玲子（2019）『ビジネスコミュニケーションのためのケース学習―職場のダイバーシティで学び合う【教材編2】』ココ出版

Willis, D. & Willis, J. (2007) *Doing Task-Based Teaching*. Oxford: Oxford University Press.

第13章

ピア・ラーニングによる
介護の専門日本語の授業
EPA候補者対象の公学連携事業での試み

神村初美

この実践の概要

研修のフィールド	日本の大学
クラスの位置づけ	EPA候補者を対象とした公学連携事業内での介護の「専門日本語コース」の授業
日本語レベル	N3後半〜N1前半
クラスサイズ	EPA介護福祉士候補者　21名
学習内容	介護の専門語彙や表現の習得、及び国家試験の準備となる読解力を培う
特徴	介護の専門日本語教育で内容重視の言語教育（CBI）の枠組みにピア・ラーニングを取り入れた独自の試み

1 | はじめに

　　2008年度にEPA（Economic Partnership Agreement：経済連携協定）による介護福祉士候補者（以下、EPA候補者）の受け入れが開始され、2022年度で14年目を迎える。このEPA候補者はおおむねN4後半〜N3程度の日本語能力で来日し、施設で就労しながら、来日3年目に日本語母語話者と同一の介護福祉士国家試験（以下、国家試験）の受験が課せられる。来日4年目までに合格しなければ原則、帰国となる。そのため来日2年目では、受け入れ施設側から日本語教育支援者に対し、施設での就労を円滑に行うための日本語能力と国家試験に合格するための日本語能力の両方を同時に育成する日本語教育（以下、介護の専門日本語教育）

が求められている（神村・三橋 2016）。

　本章は、来日2年目のEPA候補者を対象とした介護の専門日本語教育で、内容重視の言語教育（CBI: Content-Based Language Instruction、以下CBI）の枠組みにピア・ラーニングを取り入れ行った授業デザインについて報告するものである。

　以下、まず、EPA候補者の背景及び国家試験の日本語の面について概観する。次に、内容重視の言語教育（CBI）の先行研究と専門日本語教育をピア・ラーニングで行った先行研究を概観する。そして、本実践独自の「立体的な介護の専門日本語の授業」の授業デザインについて説明し、その実践の詳細について報告する。

2 | EPA候補者の受け入れと介護福祉士国家試験

　EPA候補者の受け入れは、現在まで、インドネシア、フィリピン、ベトナムを対象国として行われている。対インドネシアは、日本・インドネシア経済連携協定（2008年7月1日発効）に基づき2008年度から、対フィリピンは、日本・フィリピン経済連携協定（2008年12月11日発効）に基づき2009年度から、対ベトナムは、日本・ベトナム経済連携協定に基づく交換公文（2012年6月17日発効）により2014年度から始まった。これらの受け入れは、日本の看護・介護分野の労働力不足への対応ではなく、相手国からの強い要望に基づき、経済活動の連携強化の観点から実施するものであるとされている。

　国家試験については、まず、その合格率は、2021年度第34回国家試験でみると、日本人受験者を含めた全体で72.3％、EPA候補者全体で36.9％（初受験者で47.9％、EPA候補者の再受験者で16.8%）と、EPA候補者の合格率は低い。

　次に、国家試験の日本語の特徴[1]については、例えば遠

藤・三枝（2013）は国家試験の問題を構文と用語に分け分析し、読みにくさを指摘した。構文については長くて複雑な文章、動作の与え手が示されないタイプの受け身、主語が示されない文が、用語については難解な漢字語彙、日本社会や文化の背景知識がないと理解できない用語が多いことが、それぞれ読みにくさの要因であると指摘している。

　また、EPA候補者の国家試験の問題の読み誤りについては、神村・野田（2020）によって、その一端が明らかにされている。神村・野田（2020）は、国家試験が不合格だったために再受験する予定のインドネシア人EPA候補者を対象に、どのように試験の問題を読み誤るのかについて調査を行った。その結果、「語の意味理解」「文構造の捉え方」「文脈との関連づけ」「背景知識との関連づけ」の4種の読み誤りの原因と、誤った理解を別の観点から強化する「読み誤りの強化」が見られると示した。

　介護の専門日本語教育の授業を展開するにあたり、上述した先行研究の知見を踏まえた授業デザインを考えることとした。

3 ｜ 介護の専門日本語教育における授業デザイン

3.1　内容重視の言語教育（CBI）のモデル

　専門分野の日本語面の特徴を踏まえた言語教育の授業デザインとして、内容重視の言語教育（CBI）がある。CBIは、母語（以下L1）以外の学習言語（以下L2）で学習者が目指す専門領域での知識の理解を深めながら、L2の習得も同時に促すことを目指すもので、言語と内容とが学習のどの段階でどのように関連するのかにより様々な形がある。ここでは、近松（2009）がCBIの特徴をもとに五つのモデルに整理した一覧を表1で示す。

表1　北米におけるCBIモデル（近松2009: 143）

	モデル	主目的 （内容、言語）	主言語 （L1、L2）	学習言語の 役割	主講師 （専門、言語）	主対象 （母・非母語話者）
1	FLAC	内容	L1（+L2）	補助ツール	専門	母語話者
2	LSP	言語	L2	主目的	言語	非母語話者 （専門）
3	Theme-based	言語	L2	主目的	言語	非母語話者 （専門）
4	Sheltered	内容	L2	主要ツール	専門	母語・非母語話者
5	Adjunct	内容	L1・L2※	主要ツール	専門	非母語話者

（※この場合、対象言語が母語話者にとってL1、非母語話者にとってL2）

　表1の「1. FLAC（Foreign Languages Across the Curriculums)」とは、母語話者が対象で、専門家によるL1での授業で内容を深く理解するためにL2による資料を補助ツールとして使用するものである。「2. LSP（Language for Specific Purpose)」（以下、LSPモデル）とは、非母語話者が対象で、言語教師が専門の関連トピックスを通して専門用語等の言語運用能力の向上を図るものである。「3. Theme-based」とは、非母語話者が対象で、言語教師が専門のテーマを扱いながらも言語学習（文法項目等の説明を明示的に行う）を中心とするものである。「4. Sheltered」（以下、シェルターモデル）とは、非母語話者が対象で、専門家による内容に関する学習が中心で、言語学習は内容の理解をサポートする位置づけというものである。「5. Adjunct」とは、非母語話者が対象で、母語話者とともに専門内容の授業を履修し、加えて、直接関係するよう設定された言語コースを同時に履修するものである。

　上述したCBIモデルのうち、言語教師が専門の関連トピックスを通して専門用語等の言語運用能力の向上を図るLSPモデルと、専門家による内容に関する学習が中心で、言語学習は内容の理解をサポートする位置づけのシェルターモデルに注目し、本実践の授業デザインの大枠として用いた。

3.2 専門日本語教育にピア・ラーニングを用いる可能性

　ピア・ラーニングは、ピア（Peer: 仲間）と協力して学ぶ（Learn）方法であり、言語を媒介として学習者同士が協力して学習課題を遂行していくもので、教師の参画もここに含まれる。

　池田・舘岡（2007）は、ピア・ラーニングを日本語教育に用いることによって、協働という行為そのものが持つ、「対等」「対話」「プロセス」「創造」「互恵性」という概念に基づく活動から、1）学習の内容面における理解の深化、2）学習に付随する不安などのマイナスイメージを相手と共有できるところから学習者の負担感が軽減され更なる学習への動機付けへとつなげられる、としている。

　このような特徴を持つピア・ラーニングを神村（2014）は大学院の日本語教育学専攻の専門日本語教育に援用し、その可能性を検証した。

　神村（2014）は、専門日本語教育においては、「ソロ生成が困難」という学習者の問題があるが、ピア・ラーニングがこれらの問題の解決策の一つになるとした。「ソロ生成が困難」とは、専門日本語教育においては専門的な課題に対し、自力で既有知識を活性化させ適切に運用するのが困難な場合があり、この場合「整合性のある体系的な理解」につながりにくい。その結果、「専門的な文意が読み解けない」というものである。

　この解決に神村（2014）は、4技能を駆使した「自分がわからないところは何か」に気付かせるためのピア・ラーニングの授業デザインが有効であるとした。また、この授業デザインは、1）困難な課題に対するメタ認知の習得及びメタ認知制御の訓練というメタ認知育成の場として機能する、2）困難点から「あきらめてしまう状況」を回避する「自己モニタリングの獲得」という意義を創造するとした。さらに、専門的な課題への理解をより深く促すための

第13章　ピア・ラーニングによる介護の専門日本語の授業

教師の「介入」は有用で、その際、「量」よりも「質」に重点を置いた「介入」であることが望ましいとした。

　本実践では、上述したCBIとピア・ラーニングに着目し、授業デザインを行った。CBIをもとに介護の専門分野の内容と言語の授業を統合させ、ここにピア・ラーニングを取り入れることによって学習仲間からEPA候補者の読み誤りに気づかせ、難解な介護の専門的な内容への理解深化を促すことを狙いとした。

4 実践授業の背景

4.1　実践授業の枠組み

　本実践は、東京都と首都大学東京（現：東京都立大学）による「アジアと日本の将来を担う看護・介護人材の育成」（以下、事業）[2] に基づく。この事業内のEPA候補者を対象とした介護の専門日本語教育の授業（以下、EPA授業）から取り上げる。

　図1に示したようにEPA授業は原則、EPA候補者の来日年度ごとに来日1年目は「日本語コース」、来日2年目は

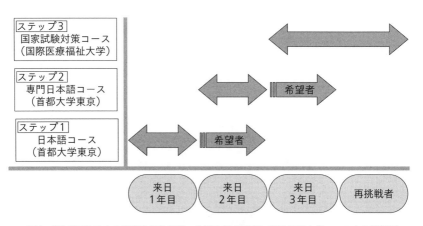

図1　「アジアと日本の将来を担う看護・介護人材の育成」来日年度と各コースとの関係図

「専門日本語コース」、来日3年目と再挑戦者は「国家試験対策コース」と、三つに分けられた。各コースは、いずれも年間19回の隔週実施で、1回5コマ（1コマ1時間：午前2コマ、午後3コマ）であった。

　本報告ではEPA授業内の「専門日本語コース」で、特に活発なやり取りが見られた2015年度から、9回目以降の午前の部の授業実践の事例を取り上げる。

4.2　実践授業の背景

　2015年度の「専門日本語コース」は、学習者合計21名、インドネシア人18名、フィリピン人1名、ベトナム人2名、男女比は、女性11名、男性10名であった。内訳は、来日2年目が16名、来日3年目が3名、来日1年目が2名[3]であった。開始時の日本語のレベルは、N3後半レベル〜N1前半レベルであった。平均出席率は84.6％と高く、欠席時の事由も一時帰国などやむを得ない場合のみであった。

　EPA候補者は国の受け入れの枠組みによって、国家試験受験年までの学習が受け入れ施設に義務付けられ、その学習のための支援金も国から支給される。そのため、EPA候補者のほとんどが配属施設長の直命のもとに、交通費支弁・勤務日扱いでEPA授業に参加していた。しかし、国の施策とはいえ日本人と同じ給与・福利厚生であるにもかかわらず、EPA候補者だけ交通費支弁の勤務日扱いで終日EPA授業に参加している状況を、「行き過ぎた優遇」と捉えられる場合もあった。そのような場合は対処法として、EPA候補者に対し、EPA授業の報告書を授業回ごとに課す施設も見られた。一方、EPA候補者にとっては、日常から離れ、久しぶりに同朋と会える貴重な時間となっていたようで、国籍、配属先を問わずとても楽しみにしているようであった。このような背景も功を奏しEPA候補

者はみな、極めて熱心な学習者であった。

　クラスの雰囲気は、前年度に受講した「日本語コース」
から一緒に進級したこともあり、全体的にオープンで明る
く、国の垣根を越えた活発な意見交換が授業中だけでなく
休み時間にも見られ、和やかであった。

5 ｜ CBIのLSPモデルに ピア・ラーニングを組み込む授業デザイン

　「専門日本語コース」における目標の大枠は、介護現場
での日々の実働や目指される国家試験の合格を見据え策定
した[4]。具体的には、コースの前半は「介護の専門的な文
章に見られる文法・語彙・表現の獲得」、コースの後半は
「国家試験・総合問題の解答力につなげられる読解力の強
化」と定めた。ここからシラバスの柱は、コース前半を学
習者にとって国家試験の困難さの理由となっている「文
法・語彙・表現の獲得のための授業」とし、コース後半
は、国家試験のための「介護の専門的な内容（介護保険、認
知症、糖尿病、脳血管疾患、難病）に関する読解の授業」とし
た。本実践における「専門日本語コース」のシラバスを表
2に示す。

　学習者の日本語能力にはかなりのばらつきが見られた。
しかし、全員が母国の看護系大学を卒業直後にEPAにエ
ントリーしていたため、医療に関する知識は極めて鮮明な
ままであった。また、実際に介護現場を構成する成員であ
ったため、日本の介護現場についてよく知り得ていた。

　EPA候補者は、日本語教師よりも格段に医療や福祉に
関する豊かな専門性や経験を有しているが、それを日本語
で表現したり介護の専門的な日本語につなげたりすること
ができない、という学習者群であった。このことから、授
業デザインは医療・福祉における学習者の既有知識や実経
験と介護の専門日本語教育とをつなげるようなデザインが

表2 「アジアと日本の将来を担う看護・介護の医療人材の育成プロジェクト」
2015年度 「専門日本語コース」シラバス

目標	回	授業日	学習項目	
介護の専門的な文章に見られる文法・語彙・表現の獲得	1	5月20日	開会式／プレテスト／学習の仕方	
	2	6月2日	候補者が苦手な国家試験のための文法1	
	3	6月16日	候補者が苦手な国家試験のための文法2	
	4	6月30日	候補者が苦手な国家試験のための文法3	
	5	7月14日	候補者が苦手な国家試験のための文法4	
	6	7月28日	外国人候補者が理解しにくい表現	
	7	8月11日	日本独特の文化背景を含む言葉や表現	
	8	8月26日	中間テスト	
	9	9月8日	午前：長い漢字表記語彙	午後：TT授業
国家試験・総合問題の解答につなげられる読解力の強化	10	9月22日	午前：認知症に関する読解	午後：TT授業
	11	10月6日	午前：糖尿病に関する読解	午後：TT授業
	12	10月20日	午前：介護保険に関する読解1	午後：TT授業
	13	11月10日	午前：介護保険に関する読解2	午後：TT授業
	14	11月24日	午前：脳血管疾患に関する読解1	午後：TT授業
	15	12月1日	午前：脳血管疾患に関する読解2	午後：TT授業
	16	12月15日	午前：難病の利用者に関する読解1	午後：TT授業
	17	1月12日	午前：難病の利用者に関する読解2	午後：TT授業
	18	1月20日	ポストテスト／閉会式	
	19	2月17日	学習成果報告会／交流会	

※午後：TT授業 日本語教師と介護の専門家によるチームティーチングの授業

最良と思われた。

　そこで、特に9回目以降は午前の部と午後の部に分け工夫した。午前の部はCBIのLSPモデルに基づき、言語教師による授業デザインで行い、内容は午後で行う国家試験の分野における専門的な読解を扱うこととした。また、午後の部は、介護の専門家が中心となるシェルターモデルでチームティーチング授業を行い、国家試験の過去問題での読解文章を扱った。このような授業デザインにすることで、午前の部の介護分野での専門用語や表現と、午後の部の国家試験における介護の専門的な内容の読解とを有機的につ

第13章　ピア・ラーニングによる介護の専門日本語の授業

なげられると考えた。午前の部と午後の部の授業デザイン
を整理し表3に示す。

表3　CBIモデルを援用した9回目以降の午前と午後の学習デザイン

	主講師	読解素材	授業構成	授業詳細
午前	言語教師	介護の専門的な内容の文章	CBI: LSPモデル ＋ ピア・ラーニング	立体的な介護の専門日本語の授業

	主講師	読解素材	授業構成		授業詳細
午後	専門教師	過去問題内の読解課題	CBI: シェルターモデル	専門解説 ＋ 演習 （ピア・ラーニング）	批判的に過去問題を捉える取り組み
	言語教師				

6 ｜ 午前の部「立体的な介護の専門日本語の授業」

　先述した先行研究での知見を午前の部の授業に活かすた
め、以下のような指標を午前の部の授業デザインのコンセ
プトとした。

① 音読を柔軟に取り入れることによって専門的な文章
　読解への負担軽減と専門語彙や表現の習得を促す
② ピア・ラーニングにより仲間同士が積極的に既有知
　識を引き出し、これを足場掛けとすることで理解の
　深化を図る
③ 4技能統合タスクから多角的に読解力の向上を目指
　す
④ ①～③を経て、午後で扱う専門的な内容につなげる

　この午前の部の試みは本実践独自のものであり、上述し
た①～④を多層的に取り入れ介護の専門日本語教育を図っ
たところから、これを「立体的な介護の専門日本語の授

業」と呼ぶこととする。各回は表4の（0）〜（7）のような流れで行った。

表4　立体的な介護の専門日本語の授業

	活動項目	具体的な活動内容
（0）	自己学習（宿題）	自己学習シートを使った語彙や表現の事前学習
（1）	導入部分	取り上げるトピクスに関する既有知識を引き出す活動
（2）	語彙や表現の学習	【ピア・ラーニング】 タスク1 語彙や表現の確認をピア活動[5]で行うことによって、読解のための語彙や表現の確かな習得につなげる活動
（3）	読解素材の音読	【ピア・ラーニング】 読解素材の音読をピア活動で行うことによって、音読への負担を軽減するとともに読解素材への理解の深化を図る活動
（4）	読解素材の全体イメージの確立	【ピア・ラーニング】 タスク2 読解素材の大まかな内容把握と外化[6]をピア活動とクラス全体で行うことによって、読解素材の全体像をイメージさせ、ソロ生成を確立させる活動
（5）	精読	【ピア・ラーニング】 精読タスク 精読タスクの遂行をピア活動（プロセス・リーディング）で行うことによって読解を精緻化させ、整合性のある体系的な理解につなげる活動
（6）	精読のまとめ	【ピア・ラーニング】 総合タスク・図2 精読のまとめをピア活動で行うことによって、整合性のある体系的な理解からさらに専門的な視点で整理する読解力につなげる活動
（7）	内省（振り返り）	授業から得た気づき、感想・意見の記入

　　以下、「第10回 認知症に関する読解」（以下、「認知症の読解」）から取り上げ、「立体的な介護の専門日本語の授業」の詳細について示す。

7 「立体的な介護の専門日本語の授業」の詳細 ——「認知症の読解」から

（0）自己学習——次回の授業に備えて（宿題）

　　「自己学習」で用いた自己学習シートは、EPA候補者にとっては難解と思われる語彙や表現を教師がその日の授業資料から抜出し、意味や使い方を一覧にまとめた語彙リス

トである。例えば、「認知症の読解」では読解文章から、「寝食分離」「昼夜逆転気味」「羞恥心」「自責の念」「情緒の安定を図る」などの語彙や表現を取り上げた。

EPA候補者は働きながら学習しているため、「自己学習」に充てられる時間を考え、分量は毎回A4サイズ2枚以内とし、漢字の読みのみ自分で書き込むような形式で、授業日に持参とした。また、自己学習シートは授業内で改めて丁寧に取り上げないこと、「自己学習」なく授業に臨む場合、授業そのものへの参加が難しいことを伝え、「自己学習」の重要性を強調した。

（1）導入部分

「導入部分」は、「○○について考えてみよう！」と題し、午後の授業で扱う介護の専門的な内容への意識化を促しつつ、既有知識を引き出す場とした。学習者は母国の看護大学での学びや、施設での日々の実働から認知症疾患者の実際は知り得ている。そこで「認知症の読解」では、認知症に対する大まかな理解から身近な具体例につなげるようなステップをもってその言語化を促した。具体的には、「認知症には、どんな症状が見られる？」などの五つの質問をクラス全体に投げかけた。質問に対して、学習者は、「かわいい」「自分の家に帰れなくてかわいそう」など、認知症疾患者への思いやりの言葉を表したり、「忘れちゃう……見当識障害」「徘徊しちゃう」「失禁……」など、日頃接している利用者の症状を的確に専門用語で表現したりし、現実と知識とを言葉で結び付けることによって理解を深める様子が見られた。

（2）語彙や表現の学習

「語彙や表現の学習」では、各読解素材に対するタスク1に沿ったピア・ラーニングを取り入れ次の⑤〜⑦のようなス

244

テップで行った。

⑤ 語彙や表現を全体で軽く確認（以下、「⑤全体確認」）
⑥ ピア活動：読解素材を読み合わせる／わからない語
　彙や表現を確認し合う／タスク1に取り組む（以下、
　「⑥ピア」）
⑦ 全体でタスク1の作例を共有する（以下、「⑦全体共有」）

　「認知症の読解」では、「認知症の概要」「血管性認知症」
「アルツハイマー型認知症」に関する中程度の長さの読解
素材を設けていた。これらのうちから「血管性認知症」の
読解素材を例として次に示す。

読解素材の例　「血管性認知症」

血管性認知症
（または、脳血管性認知症）

　血管性認知症は、脳血管疾患**によって**、脳組織（のうそしき）が<u>障害される**た**</u>**めに**起こる認知症である。脳機能の全体的な低下**ではなく**、部分的に<u>傷害され</u><u>た**結果**</u>、<u>正常な部分と認知症の部分が混在（こんざい）する状態</u>を「まだら認知症」と呼んでいる。　　　『合格する！介護福祉士必勝法　’13年度版』p.127. 成美堂出版

　上記の読解素材「血管性認知症」における「語彙や表現
の学習」の演習で使用したタスク1を以下に提示し、さら
に具体的に述べる。

タスク1：あなたの国の食べ物や飲み物について説明しよう！

●読解文章中の「血管性認知症 は 、脳血管疾患 によって 、脳組織が障害される ために起こる 認知症 である 。」の文法を理解しよう。

文法 ⇒ ___A2___ は [___によって___ ___ために起こる] ___A1___ である 。
【〜によって：理由・原因／〜ために：理由・原因】

基本の形 ⇒ ___A2___ は ［くわしい説明文］ ___A1___ である 。

●課題：あなたの国にある体にいい食べ物や飲み物を、

［Nは　　　によって　　　という効果がある　　　です。］

を使って説明してみよう！

　　　タスク1は、読解素材内の「(A2) は、____によって__
__ために起こる (A1) である」の構文の理解から、「血管
性認知症」の文章全体の理解へとつなぐために提示した演
習課題である。

　　　このタスク1の構文は、主語の（A2）は、（A1）の小分
類であり、大分類の（A1）に（A2）が含まれることを、
連体修飾の構造をもって示している。よって、タスク1の
例文の文意は、「血管性認知症は認知症の一つである。具
体的には、脳血管疾患によって脳が障害されるために起こ
る」と読み解ける。

　　　しかし、日本語学習者にとっては、文中の使用語彙が難
しく、かつ、理由・原因を示す「よって」「ために」が一
文内にあるため、文のつながりがわかりにくい。そのた
め、全体として整合性のある理解に達するのが難しい構造
である。

　　　そこで、まず「⑤全体確認」で、簡単な文法解説を添え

246

た後、次に三つの例文を示した。そして「⑥ピア」でタスク1を示し、作例を促すこととした。作例の課題は「あなたの国の食べ物や飲み物について説明してみよう！」である。タスク1の作例づくりの活動は母国語ごとの作業となるため、同国の出身者同士で母国語を使用させて行った。

　しかしタスク1の活動に際し、教師から活動の解説や促しを受けてもなお、難しいという表情の学習者も見られた。そのため、前年度の学習者の作例の成果物をPPTで提示し、改めてタスク1での作例づくりを促した。すると、クラスは一気に活気に満ち溢れた。

　学習者はもともと医療や福祉への造詣が深く、遠く離れた母国への郷愁があった。医療や福祉、母国への想いを自身の言葉で表現したいという向きもあった。そこに前年度に同じ授業を受けた先輩EPA候補者の作例が提示されたため、等しくEPA選抜を潜り抜けた者同士という気概を奮い立たせたようである。その結果、一気に「⑥ピア」のタスク1に集中していったのである。

　タスク1の活動内で、自国の果物について具体的に話す者、スマホを駆使し情報を集める者、メモを取る者が見られ、やがて活発な議論が教室のいたる所で展開されていった。「⑦全体共有」では、「⑥ピア」でのタスク1におけるグループごとの作例が、ホワイトボード上に板書され、ずらりと並んだ。そして、それらを口頭で誇らしげに発表する学習者の姿が見られた。

　以下に、「⑥ピア」内でタスク1に取り組む学習者の様子と、「⑦全体共有」の際に板書された実際の作例から抜粋し、写真で示す。また、「⑦全体共有」で示された全作例を学習者による原文のまま提示する。

第13章　ピア・ラーニングによる介護の専門日本語の授業

タスク1に取り組む学習者の様子と板書された実際の作例

バナナは 含まれる カリウム、Vitamin C、B₆
食物せいによって 高血圧を下げたり、
喘息、糖尿病、がん、胃潰瘍を 防いだり、
下痢を止めたり、集中力を 高くするという 効果が
果物です。

スイカは 含まれる成分によって、腎臓、心臓
目、免疫力の 働きを高める。シトゥルリンと
いう成分によって ダイエットにも 有効である。
いちごは含まれる成分によって ビタミン、アンチオクシダ
免疫気力がたかまる。貧血、舌炎、がんの予防
という効果がある 果物 です。

「⑦全体共有」で示された全作例

グループA：パイナップル**は**その成分**によって**、心疾患と
脳血管疾患の予防、怪我の改善胃腸感染症の
予防**という効果がある**果物。

グループB：いちご**は**含まれる成分**によって**、ビタミン、
アンチオクシタン免疫気力が高める。貧血、
舌炎、がんの予防**という交果**[7]**がある**果物で
す。

グループC：マルキサ**は**含まれる成分**によって**、めんえき
力を高め、がんの予防、パーキンソン予防、
血液流をよくし、ぜんそくを予防**という効果
がある**果物**である**。

グループD：バナナ**は**含まれるカリウム、VitaminC、

B6、食物せんい**によって**高血圧を下げたり、喘息、糖尿病、がん、胃潰瘍を防いだり、下痢を止めたり、集中力を高かくする**という効果が**果物**です**。

グループE：スイカ**は**含まれる成分**によって**、腎臓、心臓、目、免疫力の働きを高める。シトゥルリン**という**成分によってダイエットにも有効**である**。

（EPA候補者による原文のまま／文型は太字で下線を付した。）

　上記の生き生きとした作例は、タスク1という仕掛けを「⑥ピア」を通し行うことによって得られた成果である。

　作例内には、スマホで検索した解説文章をそのまま援用したと思われる難解な漢字語彙や表現も多く見られた。

　しかし、いくらスマホで検索できても、これら情報内の難解な言葉が持つ意味を自分なりに捉えられていなければ、自分の説明に使うことはできない。また、限られた時間のなかで仲間と協力しながら、他者にも伝わるような作例へとまとめあげることもできない。だが実際の作例から、限られた時間であってもスマホで検索した難解な漢字や表現を自分なりに捉え、他者にもわかるような作例にまとめあげていることがわかる。これらの作例を可能としたのは、ピア・ラーニングがもたらす、学習内容への不安や負担の軽減から学習への動機付けを促すという効果によるものと考えられた。つまり、タスク1という仕掛けを「⑥ピア」で行うことによって、学習者心理や既有知識を最大限に引き出させ、今までの知識や理解、そして新しい情報とをつなげながら、さらに理解を精緻化させた、その結果に至った、まさにピア・ラーニングによる共創という学習の成果であると言えよう。

(3) 読解素材の音読

　「読解素材の音読」は、読解素材の音読をクラス全体で行い、その後、さらにピア活動で音読を行うものである。EPA候補者は非漢字圏出身であるため、難解な漢字語彙が多く含まれる専門的な文章読解への負担感がある。しかし、音読を全体活動とピア活動とで重ねることによって、難解な文章を読むストレスへの耐性を、少しずつ育んでいくことができた。

(4) 読解素材の全体イメージの確立

　上述したステップを通し、学習者は何度も読解素材に向き合うようになる。そこで次に、読解素材へのトップダウン的なイメージの構築を行うタスク2を設けた。介護の専門的な内容の読解は、難解な漢字・語彙・表現が多いため候補者にとっての負担は大きなものがある。そこで、タスク2で読解を視覚的な情報に読み替えさせ、より深い内容の理解に導き、ここからソロ生成を確立させることを目指した。

　具体的には、タスク2シートにまず、個人での読解素材に対するトップダウン的なイメージをメモすることを課した。次に、ピア活動で各自のメモを外化させた。そして全体で数名の学習者の外化を共有する。その際、新しい意見や気づきを書き加えさせた。

(5) 精読

　精読では、特に曖昧な理解状態からより確実な理解力につなげた。また、読解の内容を精緻化させ、整合性のある体系的な理解につなげることも目指した。特に、学習者の日本語習熟度や内容理解度に柔軟に対応しながら、介護の文脈での言語教育に介護の専門性を絡められるように授業資料を工夫した。具体的には、全体の概要と専門用語に常

に注目させ、自身の理解と体系的な理解とを関連付けるような精読タスクを施した。

　精読タスクはまず、読解素材に対する質問に対し一人一人が個としての回答を考える。次にピア活動により、お互いの回答を照らし合わせる。このピア活動では、回答が違う場合は、その答えの理由を言語化し伝えることを、同じ場合は、協働して端的な回答のための解説文を考えることを促した。そして、クラス全体で回答を共有し、解説文を確認した。

　精読タスクは国家試験の文章には、主語がないものや回りくどい言い回し、硬い表現などが多く見られるため、特にこのような文章に対応できるように、前後の文脈から文意をくみ取った意訳を紡ぎだす作業として設定したものである。クラスでの全体共有の際は、学習者の理解度に寄り添うように、まず簡単な日本語で回答への解説文を示し、次に介護の専門日本語としての回答への解説文を示すという段階を設け行わせた。

(6) 精読のまとめ

　精読のまとめでは、総合タスクの遂行によって整合性のある体系的な理解をイメージさせ、ここから専門的な言葉や表現を使って自分なりに整理できることを目指した。その際、次のことを考慮した。

⑧ 音読の活用から専門語彙や表現の再確認
⑨ 4技能統合タスクから読解素材を専門的な視点で整理させる
⑩ 積極的にピア学習を活用する

　そして、4技能総合タスクへの回答を口頭発表することによって精読のまとめとした。これらの過程は、仲間と共

● 整理してみよう。

下の選択肢から適切な語彙を選んで入れてみよう。同じ言葉を何度も使う場合があります。

	アルツハイマー型認知症（1位）	血管性認知症（2位）	レビー小体型認知症（3位）	前頭側頭型認知症
原因疾患	[①　　　] する変性疾患	・[⑫　　　] を伴う	・[㉕　　　]	前頭葉から側頭葉の部位が萎縮する
性別	・[②　　　] 歳前後から増加 ・[③　　　] に多い	・[⑬　　　] 歳以降、加齢とともに増加 ・[⑭　　　] に多い	・[㉖　　　] 歳以降に増加 ・[㉗　　　] に多い	・初老期に多い ・70歳ぐらいまでに発症
症状	・[④　　　] が中心症状（初期から目立つ） ・だんだん[⑤　　　] ・[⑥　　　]	・[⑮　　　] などがみられる ・初期は [⑯　　] ・[⑰　　　]	・初期は、アルツハイマー型よりも [㉘　　] ・[㉙　　　]（すくみ足　振戦　体の動きが悪くなる） [㉚　　　] ・[㉛　　　]	・ルールや常識的なことがわからなくなる ・行動異常 ・怒りっぽくなる ・同じ行動を繰り返す
経過（病気の進み方）	・少しずつ[⑦　　　] する	・[⑱　　　] に発症する ・[⑲　　　] に悪化する	・[㉜　　　]	・緩徐進行性 ・平均約8年で寝たきりになる
人格（性格）	・早くから[⑧　　]	・ほとんどの場合、[⑳　　　]		・性格が変化する ・同じ行動を繰り返す
キーワード	・[⑨　　] 歳前後から増加 ・[⑩　　] に多い ・[⑪　　] がある	・[㉑　　] 歳以上から ・[㉒　　] に多い ・[㉓　　] が原因で発症 ・[㉔　　] がある	・[㉝　　] 歳以上 ・[㉞　　] ・[㉟　　] がある ・[㊱　　]	・[㊲　　] ・[㊳　　] ・[㊴　　]

a) 階段状　b) 突然　c) パーキンソン症状　d) 70　e) 75　f) 60　g) 50　h) 男性　i) 女性
j) 頭痛やめまい、しびれ　k) 人格の変化　l) 落ち着きがない　m) まだら認知症や片麻痺
n) 末期までよく保たれる　o) 日内変動　p) 脳血管障害　q) 原因不明／脳の萎縮
r) 情動（感情）失禁　s) 進行がはやい　t) 大脳皮質にレビー小体がたまって神経細胞を障害する
u) 初老期　v) 何もしなくなる、すごく機嫌がいい　w) 幻視体験　x) 軽度　y) 行動異常
z) 記憶障害（記銘力障害）　A) 進行する　B) 徘徊・多動　C) 保たれない

図2「認知症の理解」での4技能統合タスク

有する活動により学習空間そのものが和み、学習者が楽しんで積極的に授業に参加する学習空間づくりの試みでもある。「認知症の読解」における4技能統合タスクを図2に示す。

　図2の「4技能統合タスク」の内容は、「認知症の理解」で扱った認知症における4項目の読解素材を整理し一覧にまとめたものである。4項目の読解素材は、先に示した「表4　立体的な介護の専門日本語の授業」内の（1）～（5）で何度も学習している。しかし、国家試験の受験を考えた場合、確かな理解につなげておく必要がある。具体的には、4項目の読解素材を俯瞰的に捉え、その差異や重なり、特徴をしっかりと把握した上で、自分の言葉で読み替えられるようにしておくことである。

　そこで、4項目の読解素材につき、「原因・疾患」「性別」「症状」「経過」「人格」「キーワード」の分類をもって、その概念を俯瞰から具体へと立体的なイメージで整理させるマトリックス型の演習タスクとし、下欄の選択肢から正答を選ぶゲーム形式にした。この「4技能統合タスク」をピア活動で行うことによって、次のことを目指した。

⑪ 多くの難解な専門語彙を読んで理解するという負担感を減らす
⑫ 複雑な思考を整理させる
⑬ 4項目の読解素材の差異や重なり、その特徴を総合的に捉えた上で、自分の言葉で読み替えられるようになる

　「4技能統合タスク」の回答では、4項目の認知症を1項目ごとに文章で発表させた。そのうち「アルツハイマー型認知症」における回答文の発表事例を文字化データから示す。

> まず、アルツハイマー型認知症は、認知症の中で一番多いタイプです。原因は…原因はＱ）脳の萎縮の変性疾患です。年齢はｄ）70歳前後から増えて、ｌ）女性に多いです。症状はＺ）記憶障害が中心で、始めからその症状はあります。だんだんＬ）落ち着きがなくなってきて、そして、えー、少しずつ進行します。人格は早くからＫ）変わります。キーワードは、ｄ）70歳前後、ｌ）女性に多い、Ｚ）記憶障害がある、です。（IMJ2015）

　ピア活動を経た後に「4技能統合タスク」の回答を口頭発表する活動によって、まさにEPA候補者の「読む、聞く、話す、書く」の4技能を駆使させ、次の⑭⑮のような学習の成果につながることを目指した。

⑭「認知症の理解」をさらに幾度も音読させることによって、専門語彙や表現の再確認を重層的に促し精緻化を図る
⑮「認知症の理解」を立体的にイメージできるマトリックス型の4技能統合タスクに取り組むことによって、専門的な文脈で自分なりに読み解ける力を培う

（7）内省（振り返り）
　授業終了後の学習者評価では、「認知症の言葉がわかるようになった」「グループで勉強してよかったと思う」「認知症の症状（四大）は詳しく説明してくださって、学ぶようになった」などおおむね好評価であった。「認知症の理解」の授業評価を資料として巻末に示す。

8 おわりに

　本章では、EPA候補者を対象とした公学連携事業内における介護の専門日本語の授業で、介護の専門語彙や表現の習得、及びそれらを用いた運用能力と国家試験問題への読解力を培うために、CBIモデルの枠組みにピア活動を積

極的に取り入れた実践を報告した。これらの実践から、
CBIモデルにピア・ラーニングを組み込むことによって、
以下が期待された。

（ア）メタ認知機能の育成から難解な介護の専門語彙や
　　　内容を理解しようとする際に起こる「わからない」
　　　ことへの耐性を育む
（イ）介護分野における専門的な日本語や知識への理解
　　　をより深めながら、それらを駆使した介護の専門
　　　日本語運用能力の向上に寄与する
（ウ）（ア）（イ）から国家試験問題の読解力を培う

　一方、同実践の午後の部への考察は含めていない。詳細
な分析を今後の課題としたい。
　EPA候補者が国家試験を不合格で帰国となった場合、
介護施設など関連者の不利益は計り知れない。実働4年間
で培った介護力から介護現場の最前線で活躍し得る貴重な
人材だからである。このような背景を鑑みた場合、今後、
介護の専門日本語教育におけるより多くの実践研究が勧め
られる必要があろう。

付記
本章で扱った「アジアと日本の将来を担う看護・介護人材の育成」におけ
る授業の論文化、写真の掲載等に関しては、事業主管である首都大学東京
健康福祉学部（当時）による使用許諾を得ている。

注　　　[1] 遠藤・三枝（2013）、中川（2010）、大場（2017）等が詳しい。
　　　　[2] 事業は2012年度に開始され2017年度に終了したが、2019年度〜
　　　　　　2021年度現在まで、大学社会貢献講座の一つとして、「東京都立大学
　　　　　　オープンユニバーシティ」内で継続されている。

第13章　ピア・ラーニングによる介護の専門日本語の授業

［3］ 来日1年目のため、本来は「日本語コース」だがプレテストの結果、その高い日本語能力から繰り上げた飛び級者。

［4］ 詳細は、神村・三橋（2016）を参照されたい。

［5］ 仲間（PEER）同士だけで行う活動。教師の参画は含まれない。

［6］ 外化とは言葉を通し自分の頭の中にあることを外へ出すこと。

［7］ EPA候補者による原文のまま。

参考文献　池田玲子・舘岡洋子（2007）『ピア・ラーニング入門―創造的学習のデザインのために』ひつじ書房

遠藤織枝・三枝令子（2013）「介護福祉士国家試験の平易化のために―第23回、24回試験の分析」『人文・自然研究』7, pp.22–41.

大場美和子（2017）「介護福祉士国家試験の筆記試験における文法・語彙項目の分析―日本語能力試験の観点から」『小出記念日本語教育研究会論文集』25, pp.5–20.

神村初美（2014）『専門日本語教育にピア・ラーニングを用いる研究―大学院の日本語教育学専攻における四年間の実践研究を通して』pp.1–252.　首都大学東京大学院人文科学研究科人間科学専攻日本語教育学教室　首都大学東京南大沢キャンパス図書館所蔵、博士論文

神村初美・小平めぐみ（2015）「EPA介護福祉士候補者に対する介護専門家と日本語教師とのチームティーチング―CBIモデルに基づいた授業実践報告からの提案」『2015年度日本語教育学会春季大会予稿集』pp.141–146.　日本語教育学会

神村初美・三橋麻子（2016）「EPA介護福祉士候補者に対するシラバス作成―「どこから、なにを、どのように」の視点から捉えた成果と課題」『第17回専門日本語教育学会研究討論会誌』pp.14–15.　専門日本語教育学会

神村初美（2016）「EPA候補者に対する介護の専門日本語教育―CBIモデルに基づく授業実践の報告を通して」『言語教育実践 イマ×ココ』4, pp.76–87.　ココ出版

神村初美・野田尚史（2020）「介護福祉士国家試験で誤答を誘発する問題文とその読み誤り―インドネシア人EPA候補者に対する調査から」『2020年度日本語教育学会春季大会予稿集』pp.201–206.　日本語教育学会

佐藤慎司・高見智子・神吉宇一・熊谷由理（2016）『未来を創ることばの教育をめざして―内容重視の批判的言語教育』ココ出版

近松暢子（2009）「米国におけるコンテント・コミュニティーベース授業の試み―米国シカゴ日系人史」『世界の日本語教育』19, pp.141–156.

中川健司（2010）「介護福祉士候補者が国家試験を受験する上で必要な漢

字知識の検証」『日本語教育』14, pp.67–81.

Brinton, D. M., Snow, M. A., & Wesche, M. (2003) *Content-based second language instruction*. Ann Arbor, MI: The university of michigan press.

Stryker, S. B. & Leave, B. L. (1997) *Content-based instruction in foreign language education; Models and methods*. Washington D.C.: Georgetown university press.

第13章　ピア・ラーニングによる介護の専門日本語の授業

資料 「認知症の理解」での学習者による授業評価

◆第10回（10月6日）【学習者による授業評価】

設問1　わかったことはなんですか。
・認知症の言葉がわかるようになった
・言知症［認知症］に関する読解できました。
・認知症のしゅうるい　アルシハイマー型認知症　血管性認知症　レビー小体型認知症　前頭側頭葉認知

設問2　わからなかったことはなんですか。
・認知症の言葉ちょっとわからないかった。
・それぞれの認知症の特ちょうが似っていることがあるから覚えにくいです。
・認知症の違いがよく分からなかった。

設問3　今日の授業の内容で特に印象に残ったことは何ですか。それはどうしてですか。
・認知症四大原因について説明してくれて詳しく分かるようになった。
・認知症の種類　アルシハイマー型認知症　血管性認知症　レビー小体型認知症　前頭側頭型認知症
・グループで勉強してよかったと思う。
・みんなと話して楽しかった。

設問4　意見などあったら書いてください。
・今日の授業はやさしくてわかりやすかったです。
・認知症のことは一回たけ、頭の中にのこっていないから、何回もうふくしゅうしています。
・認知症に関する問題はもう少し勉強したい。

（EPA候補者による原文のまま）

第5部
教師養成・研修における実践

第14章
協働の学びの場の
実現にむけた教師養成

舘岡洋子

1 はじめに

　　本章の目的は、協働の学びの場の実現にむけてデザイン
された教師養成プログラムの検討を通して、協働の学びの
観点から教師養成のあり方を考察することである。協働の
学びを生かした教室活動としてのピア・ラーニングが実践
できる教師はどのようにしたら養成可能か。この問題意識
のもとに日本語クラスでピア・ラーニングを実施するため
の実習授業をデザインした。実習生たちは、自らが授業で
実現していこうとすることと目の前で現実に展開している
ことのせめぎ合いの中であらためて何を目指すべきかを問
い直すこととなった。教師養成担当者の仕事は、よりよい
段取りやスキルを身に付けられるように実習生を「養成」
するということではなく、実習生たちが自ら気づき学べる
ような場をデザインすることであると考える。

　　本章では、まず、はじめに教室活動としてのピア・ラー
ニングにおける教師の役割を確認し、そのうえで教師養成
において課題となることを問題意識として検討する。次
に、教師養成とは何か、教師養成において重要なことは何
かについて述べる。その後、具体的にピア・ラーニングに
よる日本語授業を対象とした実習授業をとりあげ、そこで
の実習生の役割やあり方を検討する。最後に、協働の学び

の実現にむけた教師養成についての本章の主張をまとめる。

2 ピア・ラーニングにおける教師の役割と教師養成の課題

　本章では、教室でクラスメイトである学習者同士が協力して学び合う教室活動をピア・ラーニング（池田・舘岡2007）と呼んでいる。

　池田・舘岡（2007）では、ピア・ラーニングが誕生した背景として、教師主導から学習者主体への教育のあり方の変化をあげ、学習者同士が主体的に学ぶ場としての教室のデザインとしてピア・ラーニングを提案している。そこでは、教師の役割は、「教える」こともちろん含まれるが、そればかりでなく、授業活動のデザイナーであり、また実際の授業では学習者とともに学ぶ学び手であったり、活動のファシリテーターであったり、また活動を評価し次なる活動へとつなげる評価者であったり、と多様な役割をもっていることが述べられている。そして、何よりも重要なのは、学習者たちの活動状況を見て、その場その場で学習者たちといっしょに授業を創っていくという柔軟性ではないだろうか。

　舘岡（2010）では、協働で学び合う「クリティカル・リーディング」という日本語の授業に参加する学習者たちが、その授業のあり方をめぐって、「どんな授業がいい授業か」「どんなテキストがいいテキストか」を真剣に話し合ったことが描かれている。そこでは、「こんな授業が自分にとってのいい授業だ」といった、クラスメンバーたちの授業に対する多様な価値づけについて議論が展開しており、その価値のせめぎ合いの場としての教室が浮かび上がっている。つまり、教室におけることばの学びは、決して教師が創り学習者が受け取るものではなく、学習者自身がこのせめぎ合いの渦中にあって、他者と協働しながら主体

的に創り出すものであることがわかる。これはどんな授業にもある程度共通するものであろうが、教師主導ではなく学習者同士の協働性を重視した当該授業においては、授業の動態性は高く、学習者同士の価値のぶつかり合いはさらに顕著なものであった。

　このことは教師の側からすると、準備がしにくいことを意味する。ピア・ラーニングにおいては、多様な参加者たちのぶつかり合いの中で生まれるものを大切にし、教師と学習者とがいっしょに授業を創っているわけだが、そのような授業を教師はどのように準備できるのだろうか。授業前に授業についてデザインし、さまざまな可能性を想定し、できるかぎりのシミュレーションをして授業にのぞむのであるが、それでも想定外のことが起き、臨機応変な対応が迫られる。どの授業においても想定外のことが起きるのは授業の常だが、ピア・ラーニングの授業においてはその揺れ幅が大きい。そのために、この動態性に慣れていない教師は、教壇に立って右往左往することにもなりかねない。そこで、ピア・ラーニングが実現できるような教師はどのように養成可能であるか、というのが本章の問題意識である。

3 ｜ 日本語教師の養成および研修

3.1　日本語教師養成の変遷

　ピア・ラーニングが実践できる教師の養成の前に、まず、日本語教育においてどのように教師養成および教師研修が行われてきたのかを見てみよう。

　林（2006）では、日本語教育において教師研修は、「見習い型→トレーニング型→自己研修型」と進化してきたという。林（2006）によると、「見習い型」とは、先輩の教師を見習って、徐々に一人前に育っていくというタイプの

ものである。しかし、一度に多くの教師を育てるためには、系統だった養成プログラムが必要となり、「トレーニング型」の研修が準備されるようになったという。続いて、多様な学習・教育環境下の、多様な教育現場ではトレーニング型の有効性は発揮されず、自らの実践を内省し自身で新たなあり方を探る自己研修が必要となった。「教師のトレーニングから教師の成長へ」（岡崎・岡崎1997）と研修のパラダイムが転換したことを受けて、授業研究、アクションリサーチなどの方法による「自己研修型」の研修が展開されるようになったという。現在も自己研修型教師の育成という命題は継続しており、自己研修を目指して実践とその振り返りとしての省察が重視されているといえるであろう。

　一方、藤原ほか（2020）では、1974年から2014年までの日本語教育の論文を調査・分析し、日本語教育に関連のある政策・施策と照らし合わせながら、日本語教師養成・研修の言説がどのような変遷を経てきたのかを明らかにしている。それによると、養成・研修に関する言説は、1970年代は知識獲得型教師の育成、1980年代は学習者の多様化に対応できる教師の育成、1990年代は「自己研修型教師」の育成が唱えられたという。この「自己研修型教師」の言説は、2000年代は協働できる教師の育成、2010年代以降は社会性のある教師の育成が論じられている中で、変わらず唱え続けられており、1990年代以降の言説は「自己研修型教師」を中心に新しい言説が加えられることによって拡張していることがわかったと述べている（藤原ほか2020: 25）。ここでも、大きな流れとしては、基本的には、現在も自己研修型教師の育成が目指されていることがわかる。

　自己研修型教師を提示した岡崎・岡崎（1997）から、すでに20年以上たった現在、日本語教師が活動するフィー

ルドはますます多様化している。また、仕事の内容も大きく広がってきている。例えば、大学の教員であったとしても、地域住民との交流や各種イベントの企画など、いわゆる「教える」仕事以外の周辺の仕事を行う場合も少なくない。日本語の授業の外に活動の範囲が広がり、なおかつ日本語教育関係者以外の他者と調整したり協働したりする仕事が増えているといえるのではないだろうか。その中でも、藤原ほか（2020）が述べるように、やはり自己研修型教師のモデルが続いているということは、多様な場に身を置きながらも自ら「内省する教師」が養成や研修のうえで重視されているということであろう。つまり、教師自身の「内省力」「省察力」というものが現在に至るまでずっと重視されているのである。

3.2 日本語教師に必要な資質・能力

日本語教師の養成や研修において、近年での画期的な動きは文化庁からの報告である。文化庁文化審議会国語分科会（2018）の「日本語教育人材の養成・研修の在り方について（報告）」では、2000年の内容を見直したうえで、日本語教育人材の役割について初任から中堅、中堅からベテランに至るまでの段階別および活動分野別に求められる資質・能力がリスト化された。翌2019年には活動分野を増やし、改訂版が出ている。このような具体的な知識、技能、態度の記述は、活動する分野ごとに何を身に付ければよいかが明らかになり、養成や研修のうえで有用なものである。また今後の日本語教師の資格創設などの面でも、必要かつ重要なものであろう（舘岡2019, 2021）。

舘岡（2019, 2021）では、必要とされる資質や能力を具体的にリスト化したことの有用性を認めたうえで、リスト化されたものでは捉えにくいものもあるとしている。とくに、ひとりの個性を有した日本語教師の専門性の発達とい

う観点で教師人生の変化を追うには分野ごとに分断された表は適していない。例えば、日本語教師たちは非常勤講師としていくつかのフィールドを掛け持ちしている場合が多く、関わるフィールドもいわゆる「学校」の教師よりはずっと多様である。また、国内外のフィールド間を移動するケースも多い。したがって、何枚ものリストに分かれている中で一人ひとりの教師の自分にあった成長の道筋が反映されにくい。つまり、分野ごとの資質や能力の記述は、それぞれの分野からみた必要性を可視化したものであり、換言すれば、外から規定される専門性といえるだろう（舘岡2021: 108）。一方、教師自身が「日本語教師であることはどういうことなのか」とひとりの日本語教師としての存在の意味を内から問うという観点からすると、教師自身が省察しながら自分の仕事をみつめるという内側からの視点も必要となってくる。

3.3　日本語教師の養成はできない？

　先にあげた文化庁（2018）にみるような資質・能力を磨いていくことが外から規定された日本語教師の専門性として必要なことであるとすると、もう一方の内からの専門性、つまり自分が日本語教師であることを問い続ける省察力も同じく必要である。

　舘岡（2019, 2021）では、「日本語教師の専門性の三位一体モデル」として図1を示して日本語教師の専門性について提案している。

　「日本語教師の専門性」とは、「どんな日本語教育を実現するのかといった自身の理念（日本語教育観）とどんな特徴をもったフィールド（ことばの教育現場）なのかといったフィールドの固有性との間で最適な方法を編成し実現できること」であるとする。理念と方法とフィールドの三者を連動した一貫性のある動態的なものとして捉えるべきとの

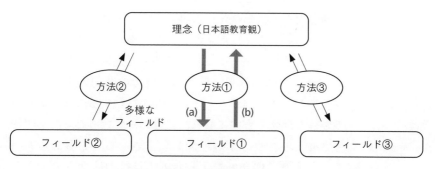

図1　日本語教師の専門性の三位一体モデル

主張である（舘岡2019: 170）。図1の説明をまとめると以下
のとおりである。

　日本語教師は、自らがよいと思う理念（日本語教育観）を
フィールドでどのように実現するか、その方法を工夫し、
実践を行っている（a）。ここでいう理念とは、どのような
日本語教育を実現しようとしているのか、といったその人
の日本語教育のとらえ方を指す。それは、その人のもつ言
語観や教育観が反映されたものである。フィールドとは日
本語教育実践の場であり、学習者たちやことばの教室や教
室が置かれている環境を指す。方法とは、実際に教室など
で展開する教育の方法を指す。教室内の授業のやり方にと
どまらず、教室が置かれている枠組みを問い直し、必要に
応じて制度自体を変更することもフィールドにおける理念
の実現方法という意味で方法と考える。このように広く捉
えれば、方法は「学習環境のデザイン」といってもよい。
同じ理念でも、フィールドが変われば、前の方法は使えず
別の方法を工夫する。例えば、国内の日本語学校で教えて
いた教師が、海外の大学で教えることになれば、理念（日
本語教育観）は変わらないとしても、そのフィールドにあ
った方法を工夫することになる。自身がよいと思う日本語
教育観を縦糸として、教室が置かれている環境や参加する

学習者たちの状況などいろいろな横糸を織り込みながら、自身がよいと思う日本語教育実践を編み上げていく。

　このようにトップダウン的にみると同時に、図1はボトムアップ的に見る必要もある。現場の問題を深く考えたり、あるいは教師がフィールド間を移動することにより他の多様な理念や方法に触れ、自身の曖昧だった理念を明確化させたり、少しずつ理念を変化させることもあるという。つまり、理念とフィールドとは往還的なものであり（aとb）、この往還の中で理念を更新し、変化するフィールドに合った教育方法を生み出していく、とする（舘岡2019:171）。

　そして、このモデルをトップダウン的に、あるいはボトムアップ的に振り返ることが教師としての省察力であり、この省察ができることは岡崎・岡崎（1997）が提示した自己研修型教師であるといえよう。この省察の際には、フィールドで何が求められているのか、そこではどんな力が必要となるのかを考えなければならず、このときに文化庁（2018, 2019）が提示している資質能力のリストは有用であると考える。

　以上に述べたように、日本語教師として自身が立つフィールドにおいて必要な資質・能力は何かを参照しつつ自身の教育理念を明確にし、理念と方法とフィールドの一貫性を問うていくこと、つまり省察をすることが重要であることがわかる。

　では、日本語教師の養成とは何をするのか。本来、人が人を養成することは不可能ではないだろうか。養成担当者ができることは、上記の省察ができるような場を形成し、省察が進むよう促すことではないだろうか。そして、その省察には他者の存在が必要なのである。異なった視点をもった他者からの指摘やアイディアによって、自身が無意識にもっていた前提に気づいたり新しい可能性を拓いていく

ことができたりする。まさにここで起きていることも協働なのである。したがって、教師養成担当者の仕事は、実習生の省察が進むように異なった者同士が協働で省察ができる場をデザインし、ファシリテートし、いっしょに協働の学びの場をつくっていくことであろう。

　ピア・ラーニングの日本語クラスは前述のように教師主導の授業と比較して、動態性が高く多様なアイディアと臨機応変な対応を必要とする。ここでこそ、実習生同士の協働が生かされるのである。日本語授業の協働の場を支えるのは、実習生同士の協働だといえるであろう。

4 ピア・ラーニングの授業を実践対象とした教師養成プログラム

4.1　プログラムの概要

　本プログラムは、日本語教育を主専攻とする大学院に設置されたもので、①日本語授業（実践授業）と②実践研究と呼ばれる授業の2つの授業がセットになっている。以下、①②の2つの授業について説明する。

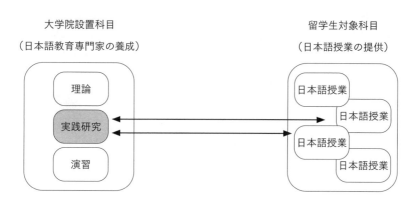

大学院設置科目
（日本語教育専門家の養成）

留学生対象科目
（日本語授業の提供）

理論

実践研究

演習

日本語授業

日本語授業

日本語授業

日本語授業

図2　大学院における教師養成プログラムと日本語授業の関係

①日本語授業「クリティカル・リーディング」

対象：中級日本語学習者

授業の目指すもの：仲間の学習者との協働により、日本語で書かれた評論文を読み、他者との対話を通して、筆者の主張に対する自分の考えを明確にし、自分とテーマとの関係を考える。具体的には、以下のとおりである。

　　・評論文を批判的に読む

　　・自分の問題として考える（自分の考えや経験とつなぐ）

　　・仲間との意見交換により思考を進化・深化させる

　　・仲間のことを知る、自分のことを知る

　　授業のスタイルは、教師主導型ではなく、グループを編成し、学習者同士の対話を中心に協働的に進められる。

授業参加者：日本語学習者、実習生（日本語母語話者、非母語話者を含む）、担当教員

授業担当者：上記実習生のうち2名〜3名のチームが教師役となって進める

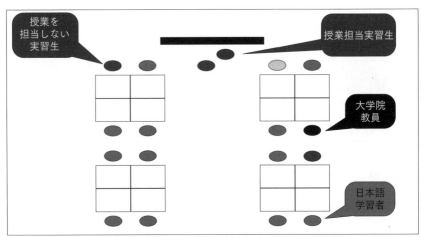

図3　日本語授業「クリティカル・リーディング」のレイアウト

②実践研究

授業参加者：実習生（日本語母語話者および非母語話者を含む）
および担当教員（担当教員は日本語授業担当者と同一）

授業内容：日本語授業のデザイン、日本語授業の振り返り
（授業担当は実習生2名のチームで行うが、授業デザインや
振り返りは実習生全員と担当教員で行う）

授業の目指すもの：授業の観察と教育実践を通して、授
業デザイン・教室活動・クラス運営・コース運営に
ついて体験的に学ぶことを目的としている。とく
に、学習環境としての教室をどのような「場」だと
捉えるのかを検討しつつ、授業デザインを考え、実
践し、それを振り返ることを履修者・担当講師間で
協働的に行う。

4.2　入れ子構造——共通コンセプトとしての協働

①日本語授業と②実践研究という2つの授業は、入れ子
構造になっている。つまり、①日本語授業で、実習生は教
師として学習者に対するわけだが、②実践研究の授業では
実習生は学習者となり、担当教員が教師となる。

①日本語授業と②実践研究に共通するコンセプトは、
「協働」である。2つの授業の概要は前述のとおりである
が、授業活動においてはどちらの授業においても「協働」
がキーワードとなる。なぜなら、まず、日本語の授業では
教師としての説明や指示は最低限で多くはチーム内の学習
者同士の協働的な活動によって進められる。教室というコ
ミュニティにおけるグループの中で対話を繰り返すことで
自分の考えを明確にしたり、相手のことを理解したりする
ことが期待されている。

一方、実習生は異なった教育観、言語観をもった者がチ
ームを組んで協働で教育実践を行うため、当然、価値観の

ぶつかり合いがおき、自身への問い直しの機会となる。した
がって、実習生チームの中で対話を繰り返すことで自身
の教育観を明確にしつつ、実践を組み立てていくことが期
待されており、ここでも協働がキーワードとなる。

4.3　このプログラムで実習生がすること

この入れ子構造になったプログラムにおいて実習生には
2つの授業に関わる中で、以下の3つの役割がある。

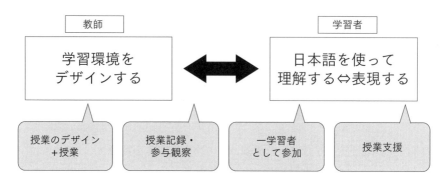

教師
学習環境を
デザインする

学習者
日本語を使って
理解する⇔表現する

| 授業のデザイン
+授業 | 授業記録・
参与観察 | 一学習者
として参加 | 授業支援 |

図4　多様な役割経験が生み出す実践の場

本授業の「実習生」の3つの役割は、以下のとおりであ
る（図4参照）。

(a) 授業の観察者：授業に参加しながら参与観察をす
る。
(b) 学習の支援者：学習者といっしょに対話活動をし
ながら横で学習の支援をする。
(c) 授業の実践者：実習生はチームを編成し、授業をデ
ザインし、教師役として実践し、振り返る。

上記の（b）においては、実習生は学習者といっしょに
授業に参加し学習者の視点から活動を見ることになる。そ

れに対して（c）は、教師の立場でテキストを選定し、授業をデザインし、実践する。つまり、学習者と教師の双方の視点を経験することになる。さらに、（a）の観察者は（b）と（c）を往還しながら、教師と学習者の双方の立場から教室で起きていることを観察することになる。

　日本語授業「クリティカル・リーディング」では、全15回の授業を4回のユニットに分け、1つのユニットは「テキストを読む」→「テキストのテーマを自分の問題として考える」→「自分の考えを表現する」という流れで構成される。実習生は2–3人で1つのチームを作り、「教師」チームとして1つのユニットをデザインし、実践する。これは上記の（c）にあたる。実際には、（c）は担当者がデザインのたたき台を作るものの、実習生全員で協働的に検討する。ほかの実習生チームが教師を担当するときには、（a）および（b）の活動を行う。

　1学期間を通して上記3つの多層的な活動に参加し、学習を見る視点と対で教育の視点をもつことができるのではないかと考える。

4.4　ステークホルダーたちの学び

　実習生が参加することでそれぞれのステークホルダーにはどんな学びがあるのだろうか。実習生、日本語学習者、担当教員のそれぞれの立場からみていく。

4.4.1　実習生の学び

　実習生にとっては、いくつかの観点からの学びがある。先の3点に沿って考えてみよう。

（a）授業の観察者として：
　　日本語学習者といっしょのグループに参加し、学習

者の目線で教師の発話を聞き、活動に参加することによって、例えば、教師の説明はわかりやすいか、隣の学習者は何をしながら聞いていてどんな反応があるか、など、多くの気づきが得られる。そして、「学習」を見る視点が養われる。現職教師である実習生も少なくないが、学習者の側に立って授業に参加することは新鮮な経験であり、自らの授業を見直す契機となる。

(b) 授業の支援者として：

学習者の横で学習者がわからなかったことに答えたり、いっしょに考えたりすることで支援の仕方を体験的に身に付ける。どう説明したらよりわかりやすいのかを具体的に試みることになる。また、学習者がどこで躓くのかをつぶさに知ることができる。また、授業を担当する実習生といっしょに授業プランを練っているため、グループに入っている実習生たちは授業におけるそれぞれの活動の主旨を理解しているのだが、実際には隣にいる学習者にそれが伝わっていない、という現状に気づくことも多い。つまり、教育側と学習側のギャップを実体験する場ともなりうる。この経験はとても大きい。また、同時に教師側と学習者側をつなぐ紐帯ともなりうる。

(c) 授業の実践者として：

授業の構想、デザインから実践、振り返りまでを一貫して体験することによって、自身が何を目指していたのかに自覚的になることができる。まず、授業のデザイン段階で実習生の仲間や担当教師からたくさんの質問を受け、なぜその活動をするのか、その

活動によって何が起きることが期待されているのか、徹底的に問われる。最終的には、担当の実習生が自身で考えぬいたことを実施するのだが、やってみると想定外のことがたくさん出てくる。とくに、何を目指してこの活動をするのかは学期の最初から最後まで問われ続けることであり、自身も自問自答を続け、自分なりに自分の目指す日本語授業が見てくる。ここでは日本語教育観というものが明確化するプロセスが見られる。これは体験から学ぶということと協働的に行う実践だからこそ多様な視点からのフィードバックがあるという点が重要である。自身の日本語教育観に気づいていくということが一番大きな産物ではないだろうか。

4.4.2　日本語学習者の学び

　テキストを読み、自分の問題として考え、対話をし、さらに考え、表現する、というサイクルの中で、学習者はテキストのテーマについてさまざまな観点からの気づきを得ることになるが、ここではとくに実習生という存在があることで日本語学習者にとってどんな学びがあるかに注目する。

　まず、多様な日本語に触れるという点をあげることができる。もともとこの日本語授業の担当教員は1名であるが、実習生は複数からなり、男女、年齢、母語、背景などの異なりがある。したがって、多様な日本語教育観をもち、多様な日本語を使用する教師チームだといえる。そのおかげで、学習者たちは多様な教室デザインを経験し、多様な日本語を聞くことができる。

　また、実習生が教師と学習者の紐帯となっていることも学習者にとってのメリットとなりうる。教室という場は、教師と学習者とに二分されやすい場であるが、実習生がと

きには教師となり、ときには学習者の横に座って学習者と同じ目線で授業を受け、教師と学習者の間を行ったり来たりする存在である。教師に言いにくいことを実習生に相談することもあるし、実習生を通して自分の声を教師に届けることもある。授業への不満や「ありたい授業」についての率直な声を実習生に吐露することもある。これは学習者にとってのメリットであると同時に、教師にとってもありがたいこととなる。

　実習生の中には日本語の非母語話者もいる。かつては自分と同様に日本語学習者だった人が上手な日本語を駆使して教師として授業を運営する姿は、一部の学習者にとってはロールモデルともなりうる。

4.4.3　担当教員の学び
　日本語授業に実習生が参加することは、実習生にとっての学びとなるのはもちろんだが、担当教員にとってもさまざまな学びの機会となる。

　まず、大きいのは自らの実践を問い直す契機となることである。ひとりで授業をやっていると、自身が当たり前に思っていることを問い直すことはなかなかできない。しかし、実習生から、授業デザインの段階で「なぜそれをするのか」「どのようにするとよいのか」など質問を受けることによって、自分の前提を見直すことになる。経験が長くなってきた教師にとっては、新鮮な目で参加する実習生からの質問やコメントは大きな学びとなる。

　このときに、実習生からの新たな視点の提供やアイディアの提案もある。それは今まで自身が取り組まなかったことから実践を広げることになる。具体的な例としては、テクノロジーもその1つである。実習生や日本語学習者と教員とに世代差がある場合、テクノロジーへの慣れやアイディアの世代間の違いは大きい。これは、オンライン授業の

教育実習のときにも顕著なことであった。教師自身が展開できないような授業を実習生が提案、実施することも少なくないのである。

　また、実習生は学習者の隣に座り、学習者の視点をもち授業参加をするために、学習者の視点をもって授業のあり方を検討しており、それが次の授業プラン等に反映されることも教師ひとりでは得られない視点である。

5 協働の学びの場の実現にむけた教師養成

　本章では、ピア・ラーニングによる授業について、あらかじめ全てを準備しておくわけにはいかない動態性がより大きい授業であると捉えたうえで、そのような授業が実践できる教師を養成するには、どのような実習が可能かを実践事例を紹介しながら検討してきた。そこで、教育実習として3つの重要な点をあげる。

　実践事例からいえることは、まず第一に実践、つまり授業を実際にやってみることで体験的に学ぶことは大きいということである。事前に準備したデザインにいろいろな検討を重ねて授業にのぞんでも、やはり想定外のことは必ず起きる。そのプロセスで自分が即座に状況をみて決断し、実行しなければならない。その判断の根拠となるのが「なぜこの活動をするのか」という問いである。この一連のプロセスを体験し、振り返ることによって自分の判断の根拠、つまりどんな授業をしたいのかといった価値観（日本語教育観）に気づくことができる。

　第二に、この日本語教育観に気づくプロセスである省察を他の実習生や担当教員と協働で行うことが重要である。異なった視点からのコメントをもらうことで各自の固有性や癖に気づくことができるからである。そして、ピア・ラーニングという動態性が高い授業だからこそ、省察のプロ

セスでは多様な視点をもって取り組む必要があると考える。

　第三に、実習生の学びは日本語学習者とともに作られるということをあげたい。協働の学びの場をまず最初に作るのは実習生かもしれないが、その場に参加する日本語学習者の参加のありようによって学びの場はたえず変化する。その変化に合わせて実習生は自らが準備したプランを更新し続けなければならず、そこには必ず学習者の視点が加わる。つまり、授業は学習者と実習生がいっしょにつくるのである。

　このように見てくると、ピア・ラーニングができるようになるための実習プログラムにおいて、養成担当教員が行う仕事は、まさに教師がピア・ラーニングの教室をデザインすることと同一である。つまり、実習生同士が協働で省察ができる場をデザインし、それぞれの省察が進むようにファシリテートしていくことではないだろうか。

　日本語の授業と実習授業とは入れ子構造になっており、両方の場で協働がキーワードとなる。担当教員のすべきことは、その入れ子構造にもとづき2つの協働の場をデザインするように注力することである。対話を通して互いに学び合う協働の学びの場づくりができるような教師養成も、また、対話を通して互いに学び合う協働の学びの場なのである。

参考文献　池田玲子・舘岡洋子（2007）『ピア・ラーニング入門―創造的な学びのデザインのために』ひつじ書房
岡崎敏雄・岡崎眸（1997）『日本語教育の実習―理論と実践』アルク
舘岡洋子（2010）「多様な価値づけのせめぎあいの場としての教室―授業のあり方を語り合う授業と教師の実践研究」『早稲田日本語教育学』7, pp.1–24.　http://hdl.handle.net/2065/29807
舘岡洋子（2019）「「日本語教師の専門性」を考える―「専門性の三位一

体モデル」の提案と活用」『早稲田日本語教育学』26, pp.167–177.

舘岡洋子（2021）「「専門性の三位一体モデル」の提案―動態性をもった専門性を考える枠組み」舘岡洋子（編）『日本語教師の専門性を考える』pp.97-110.　ココ出版

林さと子（2006）「教師研修モデルの変遷」春原憲一郎・横溝紳一郎（編著）『日本語教師の成長と自己研修―新たな教師研修ストラテジーの可能性をめざして』pp.10–25.　凡人社

藤原恵美・王晶・加藤真実子・倉数綾子・小林北洋・髙木萌・松本弘美（2020）「『日本語教育』から見る日本語教師養成・研修に関する言説の変遷―政策・施策に照らして」『早稲田日本語教育実践研究』8, pp.13–28.　http://hdl.handle.net/2065/00073317

文化庁文化審議会国語分科会（2018）「日本語教育人材の養成・研修の在り方について（報告）」〈http://www.bunka.go.jp/seisaku/bunkashingikai/kokugo/hokoku/pdf/r1393555_01.pdf〉（2020年12月25日参照）

文化庁文化審議会国語分科会（2019）「日本語教育人材の養成・研修の在り方について（報告）改訂版」<https://www.bunka.go.jp/seisaku/bunkashingikai/kokugo/kokugo/kokugo_70/pdf/r1414272_04.pdf>（2020年12月25日参照）

第15章
チーム・ティーチングにおける協働的内省
日本語教育実習生を対象としたKPTワークショップの試み

トンプソン美恵子

1 はじめに

　　日本語教育では、石川他（2015）や田中（2018）などの報告にあるように、ある科目・クラスを複数の教師が担当するチーム・ティーチング（Team Teaching：以下TT）の方法で運営することが多い。授業の計画・準備段階から担当教師が協力し、授業実施中は報告を共有して進度などを調整する。また、終了後は学生の習熟度や授業運営をふり返り、次の授業運営につなげる。このように、TTではある科目・クラス運営のPDCAサイクルを複数の教師が共に回していると言ってよい。ただし、課題と改善案を浮き彫りにするふり返りの方法や場は確立されているとは言い難い。

　他方、授業改善や教師としての成長を促す日本語教師研修に目を向けてみると、知識伝達型の「教師トレーニング」から教師間の対話を通じて研鑽しあう「対話型教師研修」へとシフトしつつある（舘岡2016）。「対話型教師研修」では、教師が実践を言語化してふり返り、他者とその内省を共有することで、様々な実践での取り組みと課題を知ることができ、変化に柔軟に対応する実践知の源泉を個々の教師が得ることができる。同じ実践の場でTTに従事する教師が「対話型教師研修」の形で協働的内省を行えば、個々人に加え、実践の場全体の課題と改善案を探ることが

でき、個人とチーム全体の成長が可能となるだろう。

　そこで本実践研究では、海外中等教育でTTに従事する日本語教育実習に「協働的内省」を取り入れることの可能性を探る。以下第2節では、日本語教師研修の変遷を見た後、昨今の潮流として挙げた「対話型教師研修」における協働的内省とは何かを概観する。第3節では、協働的内省ツールとして本実践で援用したKPT（天野2013）について紹介する。第4節では、本実践のフィールドと教師研修のデザインについて概観し、第5節では、本実践の具体的な展開と協働的内省のありようについて報告する。そして第6節では、本実践の可能性と課題について述べる。

2 ピア・ラーニングとしての日本語教師研修

2.1　教師研修の変遷：対話型教師研修へ

　日本語学習者の増加とそれに伴う学習者および彼らのニーズの多様化といった日本語教育を取り巻く環境においては、定められた知識・技能が一様に通用せず、主体的かつ柔軟に自らの実践を内省し、改善していける教師が求められるようになった。いわゆる「教師トレーニング」から「自己研修型研修」へというパラダイムシフト（岡崎・岡崎1997）である。「自己研修型研修」では、教授法といったスキル修得以上に教師が自らの実践をふり返ることが重要とされる。教師が実践における自分の行動や考え方を内省を通じて捉え直すことにより、実践を改善するための手がかりが得られるためである。

　一方、舘岡（2016）は「自己研修型研修」であっても、その大半は研修講師がテーマ選定や進行を中心的に進めるもので、参加者の主体性と研修の継続性に課題があると指摘する。その上で、舘岡は参加者間で対話を重ねて協働で内省し、問題解決を図ろうとするプロセスを生む「対話型

教師研修」を提唱した。「対話型教師研修」では、当初は
外部からの講師を招いて情報提供などを仰いだとしても、
次第に現場の教師たちが自律的に情報や課題を共有し、解
決を図ることができる持続可能な学びのコミュニティへと
発展することが期待されるという。

2.2 対話型教師研修における「協働的内省」

では、「対話型教師研修」において、どうすれば教育実
践上の課題解決を可能にする学びのコミュニティが生成で
きるのか。まず、ここで内省とは何かについて押さえてお
きたい。武田他（2016）によれば、教師による内省とは、
改善のために、自ら実践の内容・方法・目的・成果などを
一定の手続きに従ってふり返ることである。また、内省プ
ロセスを示したBoud（1987）は、行動・考え方・感情な
どをふり返り、その経験を再評価して捉え直すことで、経
験に新たな意味づけをし、行動や応用を実行しようという
意識の形成が可能になるとしている。

こうした内省は、程度の差こそあれ、教師は日々の実践
の中で自覚的あるいは無自覚的に行っているだろう。一
方、「対話型教師研修」では、内省を教師たちの対話によ
って引き出すことが求められる。各教師が実践の経験を言
語化すること、その経験の捉え直しと実践の改善に向けた
行動の意識化を共有することで、教師たちが互いの内省を
引き出しあい、さらには内省や改善を検討するための観点
を複数の他者から得ることが可能になる。まさに文殊の知
恵となる協働的内省を生むのが、「対話型教師研修」と言
えるだろう。こうした教師の対話による内省プロセスは、
図1のようになる。

協働的内省を可能にするには、その場に協働の五つの要
素、「対等」「対話」「プロセス」「創造」「互恵性」（池田・
舘岡2007）があることが求められる。「対等」な関係性の

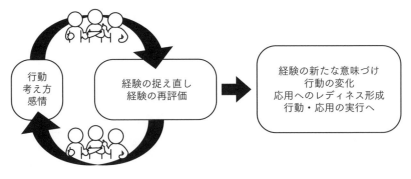

図1　Boud（1987）に対話の要素を加えた協働的内省のプロセス

　下、内省を「対話」によって深めていく。その漸進的な「プロセス」において各自ができることを発揮して「互恵性」が形成され、内省を経てなされる課題と改善策の見出しが、「創造」と言えるだろう。様々な実践の場に従事する教師による対話型教師研修では、「創造」は個々人の実践の場で実現する改善案となる。一方、TTにおける「創造」はメンバー全員が共有する実践のため、協働的内省は、自分自身のためでもあり、実践の場全体のためでもある。同じ実践の場における授業改善という共通の目標は、「対話型教師研修」での協働的内省を促進し、成果や課題の共有が可能となる他、次の実践への動機付けになっていく。その過程を経て、継続性ある学びのコミュニティが形成されると考えられる。

3 ｜ 協働的内省ツール：KPT

　完成された教師から成長する教師へというパラダイムシフトが言われるようになって久しいが、教師の内省を体系的に促す枠組みは、日本語教育においては十分に確立されていない（伊達他2019）。伊達他は、日本語教師の協働的内

省を促す試みとして、理念や方針、方法、結果・評価など
についてふり返り、目標を設定するTP（Teaching Portfolio）
チャートを用い、複数の教師が語り合う場を設定した。そ
の結果、他者に語り、他者に尋ねられるサイクルの中で、
自分の授業スタイルの背景にある過去の出来事に気づくな
ど、経験の新たな見方を得ることができたという。TPチ
ャートの教師間の共有は、個々の教師による内省を複眼的
なものにする点で有用である。しかし、複数の教師による
同一の教育現場に対する内省を促し、TTを改善するツー
ルは管見の限りない。そこで、筆者はTTの協働的内省を
促すツールの開発を試みた。

　本実践では、KPT（天野2013）の手法を援用し、TTにお
ける協働的内省を促す「対話型教師研修」をデザインし
た。KPTはKeep、Problem、Tryの略で、課題と改善案
の見出しを促進するフレームワークである。KPTでは、①
内省するテーマの選定、②成果の列挙（Keep）、③課題の
列挙（Problem）、④改善案の提案（Try）の順にメンバーが
付せんで事柄を挙げていく。KPTはエンジニアなどの間で
用いられることが多く、その主旨は課題解決に加え、コミ
ュニケーションが得意でないエンジニアの間では、チーム
ビルディングの役割も果たす（天野2013）。本実践の対象
は、タイの国立大学で日本語教育を主専攻として4年間学
び、5年目に教育実習でTTに臨む実習生である。教育実
習に至るまでに実習生は授業内外で時間を共に過ごし、業
務全般を協力して担っていたことから、チームビルディン
グはすでにできている状態と捉え、ここでのKPTでは課
題解決をより重視した（詳細は5節）。

4 ワークショップのデザイン

　本実践は、タイの東北部にある国立大学教育学部日本語

教育課程における教育実習をフィールドとし、10か月に
わたる教育実習の開始直後と終了直前に行われる実践報告
会として、上述のKPTを援用したワークショップを実施し
た。この実践報告会は、教育学部全体で行われているもの
で、基本的に午前は一般的な内容、午後は教科ごとの内容
が扱われる。本ワークショップは午後の部で開催された。

4.1　ワークショップのねらい

　本ワークショップのねらいは、1）実習生が個人の目標
を設定すること、2）実習生がチームで実習先における目
標を設定することである。個人の目標設定は、どのような
目的で教育実習に臨むかを明確にする意図で行った。個人
の目標設定を実習生間で共有することは、それぞれの価値
観や理想の教育を示しあうことにもなり、「互恵性」を担
保することにもつながると考えた。その上で、実習生が
「対等」な関係性の下、「対話」の「プロセス」を重ね、
TTにおける改善案（目標設定）としての「創造」を生み出
すことを目指した。

4.2　参加者

　本ワークショップの参加者は、タイの東北部国立大学で
日本語教育を主専攻とする実習生（学部5年生）38名であ
る。タイでは教員養成カリキュラムが1年間の教育実習を
含む5年制となっており、学部4年間の間に日本語科目に
加え、日本語を実践的に教えるための専門科目も履修する
（西野・平田2010）。したがって、実習生は日本語教授法な
どに関する一定の知識を持っている。日本語のレベルは、
概ねN3程度である。

　実習生は2–4人のチームとなり、13の中等教育機関（一
部初等教育）に派遣された。タイでは、中等教育における
日本語学習者が全体の66.4%（115,355人）と最も多い（国

際交流基金2017）[1]。これは、1981年にタイの中等教育機関で日本語が第二外国語として採用され、1998年には大学入試の科目に採用されたことが背景にある（国際交流基金前掲）。

　実習生は、卒業後その多くが現地の中等教育機関に就職し、日本語教育に従事する（高橋・スヤラー 2017）[2]。各教育機関では、複数の日本語教師が授業準備や教材作成など授業運営全般を協働で担っており、教育実習中は実習生も同様にチームで授業や業務に臨む。教育実習の経験を経て、実習生は授業改善のPDCAをチームで継続的に回していくことが求められる。つまり、本ワークショップに参加した実習生は、自らの力で協力して授業改善に取り組み、それを継続して行っていく学びのコミュニティを形成することが期待されている。

　本ワークショップでは、こうした背景を持つ実習生38名を実習先ごとに12チームに分けた。実際の実習校は13校あったが、1名で派遣された実習生を実習校の特徴が類似するチームに入れたため、12チームとなっている。

4.3　教育実習の流れと本ワークショップの位置づけ

　教育実習の流れを図2に示す。実習生は各実習先に6月頃派遣されるが、実際に授業を担当するようになるのは、

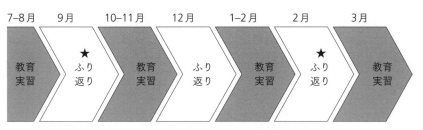

図2　本研究で対象とした日本語教育実習の流れ
※時期は目安。ふり返り＝実践報告会

7月以降になることが多い。教育実習中は実習先の指導教員と共に授業計画を立て、教案や補助教材・クイズなどを作成する他、宿題や小テストなどの採点や成績管理にも関わり、場合によっては生徒指導などの学内業務にも携わる（詳細は西野・平田2010）。これらの授業運営全般をふり返る機会として、実践報告会がある他、実習先に大学の教員が数回訪問し、実習評価が行われる。

　本ワークショップは、本格的に教育実習が開始して2か月ほどした8月下旬から9月初旬の間と教育実習が終了する約1か月前の2月頃、実践報告会の一環として行った。いずれのワークショップも課題の洗い出しと改善案の提示がねらいだが、1回目は教育実習の目標設定、2回目では、教育実習の総ふり返りと今後の各実習生のキャリアの展望に焦点があった。本章では、5節で1回目のワークショップを中心に報告する。

4.4　ワークショップ担当者

　本ワークショップは、報告者と実習評価などの教育実習指導を担当する現地の大学教員2名で実施した。当日のワークショップの進行は報告者が中心となって行ったが、計画は報告者が作成したPPTを基にし、実習生のニーズに合うように3人で協議して精緻化した。また、実習生への配布資料のタイ語訳やふり返りの具体例の提示、ワークショップ中のタイ語通訳、チームでの話し合いのファシリテートなどは、2人の教員の協力を得た。

5 ｜ 実践の報告

　以下、教育実習開始直後に行ったワークショップについて報告する。次の5.1では、個人の目標設定とKPTによるTTの協働的内省の理論的背景やKPTによる内省の手順と

いったワークショップの導入部について触れる。続く5.2以降では、KPTの手順に沿ってTTの協働的内省の様相について述べる。なお、導入部は1時間、KPTによる協働的内省は2時間程度を要した。

5.1　導入

　　まず、ワークショップの一つ目のねらいである実習生個人の目標設定を行った。「私と日本語教育」と題したA4一枚の目標設定シート（以下に提示）には、以下の質問を盛り込んだ。

　　目標設定はPDCAサイクルで言えば、Planの段階であり、未来志向と言える。しかし教育実習で何を目指すかを考える上で、そもそもなぜ日本語教育を学ぼうと思ったのかという過去の経緯を思い出させることで、実習生が培ってきた既有知識・能力を踏まえた現状把握と建設的な目標設定が可能になると考え、「私と日本語教育」の質問0では、「背景・理由」を尋ねた。

　　質問1の目標設定では、まず教育実習終了時の8か月後の目標を長期的目的と位置づけ、将来のキャリアを見据えた理想を描いてもらった。あくまで理想のため、壮大でも

「私と日本語教育」

0. 背景・理由：なぜ日本語教育を専攻しようと思いましたか。
1. 長期的目標・vision：日本語教育実習が終わるまでに、‘今すぐには難しいけれど、できるようになりたいこと’を書いてください。授業、日本語能力、毎日の仕事、人間関係など、実習全般について幅広く考え、その中で一番達成したいこと、将来につながりそうなことを選んでください。
2. 具体的な課題：1に書いた長期的目標・visionと現実のギャップを考えましょう。1を実現するために、今自分に足りないことは何でしょうか。何ができるようになる必要がありますか。箇条書きで挙げてみましょう。
3. 短期的目標：次の学期に達成可能な目標を設定してみましょう。

よいことを伝えた。その上で、現状とのギャップを質問2で考えさせることにより、質問3の3、4か月内に取り組むべき具体的な行動を主とする短期的目標の設定がしやすいよう促した。

　これらの質問に対する答えをチームで共有した後、任意で数名に全体に報告してもらった。大学生活を共に過ごしていても、キャリアにつながる目標設定やその背景について共有する機会は多くない。教育実習にどう向き合うかを実習生間で共有することは、相乗的に動機を高めたようである。また、それぞれが何を目指すかを知ることで、教育のどの部分に関心があるのかを示しあうことにもなる。関心の多様性は内省の観点の多様性にもつながり、ここで「互恵性」の下地が形成されたと考えられる。

　続いて、教師が実践を内省するとは何か、について情報提供を行った。まず、内省は単に過去の経験を思い出すことに留まらないこと、いわゆる反省のように欠点を指摘するのみではないこと、内省に正しい答えはないことなどに触れた。そして、実践における経験を感想レベルではなく、現状と理想のギャップに基づいて分析し、改善・変化の方法を認識、さらには実際に試そうとする一連のプロセスが内省であることを図1などを示しながら説明した。

　その後、KPTについて説明し、ワークショップで用いるA3サイズのKPTチャートを提示した（図3）。課題に加え、できていることも内省することで、現状分析と課題の整理が可能になることを強調した。また、図4のようなスライドを提示し、KPTと実践のPDCAサイクルの関連付けを図った。

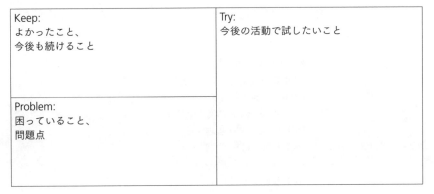

図3　KPT チャート

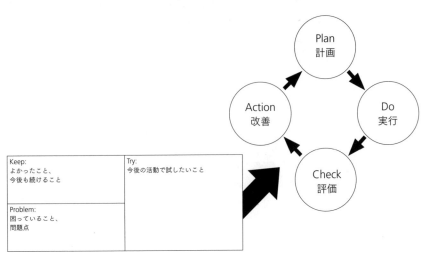

図4　PDCA における評価と改善を促進する KPT

次に、KPT による内省のステップを以下のように示した。

①教育実習での活動を思い出す（個人）
②Keep を付せんに書く（個人）
③Keep を共有・整理する（チーム）
④Problem を付せんに書く（個人）
⑤Problem を共有・整理する（チーム）
⑥Try を付せんに書く（個人）
⑦Try を共有する（チーム）
⑧Try を整理する（チーム）

　①では、まずチームごとに教育実習で行ったことをできるだけ付せんに挙げ、その中から特に改善したいことを一つ選んでもらい、内省のポイントを絞った。教示文を以下に示す。

①日本語教育実習でどのようなことをしたか、思い出してください。まずは一人で書きます。その後で、チームで共有します。共有しながら思い出したことがあれば、さらに書いてください。その中で、チームで次の学期に改善したいこと、努力してできるようになりそうなことを一つ選んでください。

　この教示文と共に、以下のような例を提示し、実習生による思考の活性化を図った。

教案・教材を作った／授業を担当した／教案・教材や授業について先生や実習生と話し合った／イベントをした／掲示物を作った／コンテストの練習を手伝った／日本語クラブを運営した

　各チームで内省のテーマが決まった後、全12チームに選んだテーマを全体に報告してもらった。主な内省のテーマは、教材作成、授業活動、教案、クラブ活動、日本語母

語教師との協働であった。

5.2 Keep：今後も継続すべき事柄

　各チームで選定した内省テーマに沿い、KPTチャート（図3）のKeepに当たる部分を検討するため、以下の教示文を示した。

---

②よかった点、達成できたと思う点、今後も続けたいと思うことを付せんに書いてください。
　・一つの事柄を一枚の付せんに書いてください。
　・自分が行っていることに加え、他の人の行動も含みます。
③書いた付せんを共有します。
　・一人ずつ、一枚ずつ付せんをKeepに貼り、説明してください。
　・同じことを書いた付せんは、その付せんの近くに貼ってください。
　・付せんを見て思いついたことがあれば、新しい付せんに書きます。

---

　②の個人で付せんに書く段階では、意識・態度などではなく、行動を書くように意識付けた。行動の方が実践の内省を明確化し、後で課題や改善案を考える際も具体的な事柄を挙げることができるためである。③の付せんの共有では、単に付せんをKPTチャートに貼るのではなく、付せんのキーワードがどの場面に関するものか、なぜそう思ったかなどを説明するよう促した。また、類似したキーワードを書いた場合でも、そのキーワードを書いた理由が異なることもあるため、黙って類似する付せん付近に貼るのではなく、書いた理由を説明した上で付せんを貼るよう指示した。

　③のチームでの共有後、Keepの付せんの内容を各チームから全体に報告してもらった。教育実習が始まって間もないこともあり、Keepの付せんが挙げられないのではないかと担当教員は思っていたようだが、他者の付せんによって新たな事柄を想起することもあり、予想以上に付せんが挙げられた。各内省テーマにおけるKeepの例を表1に示す。

表1 Keepで挙げられた事柄の例

教材	・練習シートの順序を難易度順にしている ・レアリアを使う
授業活動	・クラスルールを設定する ・ポイントボードで授業参加を促す
クラブ活動	・毎回生徒が作品を作る ・料理を作る
日本語母語教師との協働	・問題がある時話し合う ・授業の前に流れをもう一度確認する

5.3 Problem：改善すべき課題

改善すべき課題として、KPTチャート（図3）のProblem
に当たる部分を検討するため、以下の教示文を示した。

---

④困ったこと、工夫の余地があること、問題だと感じることを付せんに書いてください。
・一つの事柄を一枚の付せんに書いてください。
⑤書いた付せんを共有します。
・一人ずつ、一枚ずつ付せんをProblemに貼り、説明します。
・同じことを書いた付せんは、その付せんの近くに貼ってください。
・似ている付せんをグループ分けし、名前を付けてください。
・教育実習中に解決すべき重要な問題を三つ選んでください。

Problemで重要なのは、第一に、実習先の財源やリソ
ースの不足といった改善・解決が難しく、単なる不満に終
わってしまいがちなことではなく、自らの力で改善可能な
課題を挙げるよう促すことである。報告者が全体の進行を
行う際にこのことを強調した他、各チーム内で付せんを共
有している間も現地の教員2名が巡回して、フィードバッ
クを行った。

第二に、⑤における付せんのグループ分けをすることが
肝要である[3]。Problemでは、書かれる付せんが最も多く
なる。つまり、解決すべき課題は、その深刻度は様々だ
が、よい点や改善案よりも考えやすい傾向にある。一方で
Problemに書かれた付せんの数を見て、途方にくれてし

まうこともあるだろう。そこで、付せんを似た性質のもの
ごとに分類させることで、課題を整理し、向き合うべきこ
とは何かを把握することを促した。分類後、教育実習中に
改善すべき事柄を三つ選んで印を付けてもらった。

⑤で行ったことをKeep同様各チームに全体に報告して
もらった。中には改善・解決の難しい物理的な事情につい
て書かれたものもあったが、表2にあるように自分たちの
行動を変えることで改善可能なものも多く挙げられた。各
内省テーマにおけるProblemの例を表2に示す。

表2　Problemで挙げられた事柄の例

教材	・生徒の興味がなさそう ・（問題の）指示があいまい
授業活動	・活動が授業の目標と合っていない ・ゲームのルールを学生が理解できない
クラブ活動	・学生がさぼる ・教材が少ない
日本語母語教師との協働	・不同意を伝えにくい ・授業分担をどうすればいいかわからない

5.4　Try：改善案

Problemで選んだ重要な課題の改善案（図3のTry部分）
を検討するため、次の教示文を示した。

⑥改善策を付せんに書いてください。
・一つの事柄を一枚の付せんに書いてください。
・教育実習中にTryできそうなことを考えます。
・Problemの中でも、優先順位の高いもの三つについては、必ず改善案を考えるよう
　にしてください。
⑦書いた付せんを共有します。
・一人ずつ、一枚ずつ付せんをTryに貼り、説明します。
・同じことを書いた付せんは、その付せんの近くに貼ってください。
⑧⑦で挙がったTryの付せんを実効性（改善すると効果が高いか）と実現性（実行しや
　すいか）を考えて、チャートに貼ってみましょう。

⑥では、Keepに書いた付せんをよりよくするための案など、必ずしもProblemで挙がったものに関連するTryでなくてもよいと伝えた。Problemと関連あるものに絞ると、アイデアが出にくくなるためである。その上で、Problemの⑤で選んだ三つの事柄については、必ず改善案を考えるよう促した。⑦で付せんを共有した後、⑧ではマトリックスチャート（図5）を用い、Tryの付せんを実効性と実現性に応じて分類してもらった。これは、Tryに挙げた事柄の優先順位を整理させることを意図している。最後に、教育実習中に必ず改善したいことをチャートの中から選ばせた。

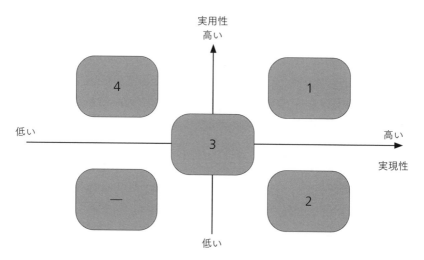

図5　Tryの付せんを整理するマトリックスチャート

⑧で行ったことを各チームに全体に報告してもらった。Problemで選んだ三つの改善すべき重要な課題に対するTryを具体的に考えることは難しかったようで、「もっと調べる」など、必ずしも具体的な改善につながるアイデアばかりではなかったが、すぐに行動につなげられるものも見られた。各内省テーマにおけるTryの例を表3に示す。

表3 Tryで挙げられた事柄の例

教材	・語彙・文法の様々なパターンのシートを作る ・生徒がわかる言葉で教示を作る
授業活動	・練習シートに関係のある授業活動を作る ・授業の目標に合うゲームを作る
クラブ活動	・学生への連絡にLINEなどを使う ・レアリアを使う
日本語母語教師との協働	・わからないときはわからないと伝える ・日本文化の授業をお願いする

　なお、表3に挙げたTryの事柄には、表2のProblemの事柄と対応しているものを選んだ。

　Tryの全体共有後、ワークショップのまとめとして、図6を示し、以下の助言を伝えた。

1）Tryで挙げたことをPDCAサイクルのPlanに位置づける。
2）〆切を決めてPDCAサイクルのDoとしてTryの行動を実現させ、やがてKeepに昇格させる。

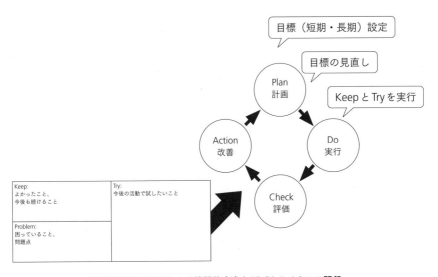

図6 継続的なKPTによる協働的内省とPDCAサイクルの関係

第15章　チーム・ティーチングにおける協働的内省

写真1　チームでの共有　　　　　　　　写真2　全体での共有

3）KPTを1学期、1年ごとなど定期的にチームで実施
し、PDCAサイクルを継続的に循環させていく。

6 | まとめと今後の課題

　　本章では、タイの中等日本語教育実習におけるTTの協
働的内省を促す対話型教師研修においてKPTを用いた実
践を報告した。ワークショップではKPTを援用し、複数
の実習生による内省の言語化を構造化し、教育実習の課題
と改善案を可視化することを目指した。内省のステップで
は、チーム間と実習生全体の共有の時間を十分に確保する
ことで、対話による内省が積み重ねられるよう図った。ま
た、各内省のステップで、具体的な行動を書く、改善可能
な課題を考えるなど、実際の教育実習に現実的な変化をも
たらすことができるようワークショップの進行や対話のフ
ァシリテートで心掛けた。KPTチャートで可視化された
TTの協働的内省の付せんを見ると、実習生の内省が整理
され、教育実習ですべきことが明確になっており、一定の
成果を確認することができた。

　　一方で、ワークショップ冒頭で行った個人の目標設定シ
ートの共有とKPTチャートによるTTの協働的内省の有機
的な結び付けには、課題が残った。「私と日本語教育」シ
ートは各自の実践に対する価値観をある程度可視化するも

のの、実習生間で十分共有し、その共有をベースとした協働的内省には至らなかった。個々の実習生による教育理念を共有し、互いがそれを認識することは、協働的内省で「互恵性」を強化することにつながると考えられる。そこで、翌年のワークショップでは、伊達他（2019）のTPチャートを援用して個々人による実践の内省ワークショップを実施し、内省とそこでの目標設定を実習生間で共有する形に変更した。TPチャートでは、目標設定シート以上に教育で重要視している理念・考え方を対話によって掘り下げていくため、各実習生の価値観をより深く理解・受容しあうことに寄与したと考えられる。この試みについては、別稿に譲りたい。

　また、実習生自らが学びのコミュニティを形成することにつながるような対話型教師研修であったかは、現時点では判断が難しい。しかしながら、ワークショップ後一部の実習生にインタビューしたところ、KPTチャートをチームで定期的に見直したり、チームでのミーティングで内省を語り、そこで課題の見出しと改善案の提案を出しようにしたりするなどと述べており、教育実習の現場への応用が見て取れた。実習生が卒業後就職した先でも、同じように学びのコミュニティを形成していくことを期待したい。

　さて、教育実習先である中等教育機関での学びのコミュニティ形成にはまだ時間がかかると思われるが、今回ワークショップを実施した大学においては、研修の形に著しい変化があった。本実践まで筆者が中心にワークショップを組み立てていたが、翌年より当該大学の教育実習担当教員2名が主体となってワークショップを実施するようになった。研修講師不在となっても、現地のメンバーで研修を担っていく一つのモデルケースと言っていいだろう。彼らにワークショップを一任するまでに2年間、4回のワークショップを報告者が主体となって実施し、実施中サポートに

入ってもらったことに加え、その準備段階でも三者で協議を重ねた（トンプソン他2017）。こうした現地のメンバーが教師研修を担うまでのプロセスを体系化することを今後の課題としたい。

注

[1] 2015年の国際交流基金日本語教育機関調査によると、海外の日本語教育では、機関数・学習者数共に中等教育（中学校・高校）が最も多く、タイの状況は世界の傾向に一致している。

[2] タイの中等教育機関の教員になるためには、学士号に加え、1年間の教育実習を修了していること、教員採用試験に合格することなどの条件を満たさなければならない（国際交流基金2017）。これらの条件を考えると、タイの日本語教育、とりわけ中等教育においては、本ワークショップが対象とした実習生のようなタイ人日本語教師が中心となると言える。

[3] 天野（2013）では付せんの分類はせず、重要度と緊急度を検討するマトリックスチャートでProblemを整理する。本実践で対象としたフィールドを含め、数か所で行ったワークショップでこのマトリックスチャートを試用したが、チャートで見えてくるProblemの優先順位と現場での感覚が必ずしも一致しないという意見が多かったことから、本実践では付せんのグループ分けと重要度の順位付けの形をとった。

参考文献

天野勝（2013）『これだけ！ KPT』すばる舎

池田玲子・舘岡洋子（2007）『ピア・ラーニング入門―創造的学習のデザインのために』ひつじ書房

石川早苗・柴田幸子・伊藤奈津美・藤田百子・ドイル綾子（2015）「教師が考えるピア活動の意義と実践の関わり―教師へのインタビューの分析から」『日本語教育方法研究会誌』22(2), pp.70–71.

岡崎敏雄・岡崎眸（1997）『日本語教育の実習―理論と実践』アルク

国際交流基金（2015）『海外の日本語教育の現状―2015年度日本語教育機関調査より』https://www.jpf.go.jp/j/project/japanese/survey/result/dl/survey_2015/text.pdf （2019年8月5日参照）

国際交流基金（2017）「日本語教育国・地域別情報―タイ」https://www.jpf.go.jp/j/project/japanese/survey/area/country/2017/thailand.html（2019年8月5日参照）

高橋美紀・スヤラー゠ワッチャラー（2017）「コンケン大学教育学部におけるSEND協働の実践研究―タイ東北地域の中等学校におけるティー

ムティーチング実習」『早稲田大学 SNED（Student Exchange Nippon Discovery）プログラム「日本語教育学」総合学習プログラムを通じた重層的・循環的人材育成事業 報告書』pp.70–73. 早稲田大学

武田信子・金井香里・横須賀聡子（編）（2016）『教員のためのリフレクション・ワークショップ—往還する理論と実践』学事出版

舘岡洋子（2016）「「対話型教師研修」の可能性—「教師研修」から「学び合いコミュニティ」へ」『早稲田日本語教育学』21, pp.77–86.

伊達宏子・渋谷博子・清水由貴子・松尾憲暁（2019）「海外における教師経験を語る試み—協働による振り返りの意義」『東京外国語大学留学生日本語教育センター論集』49, pp.1–18.

田中信之（2018）「初級文法クラスにおける授業引継ぎ—授業記録の分析を通して」『富山大学国際機構紀要』創刊号, pp.1–11.

トンプソン美恵子・高橋美紀・マノバン＝アモンラット（2017）「チームティーチングをふり返る KPT ワークショップの試み—ワークショップ運営教員による内省」『第13回協働実践研究会』ポスター発表

西野藍・平田真理子（2010）「専門職としての日本語教員の養成—タイ・コンケン大学の事例研究」『国際交流基金バンコク日本文化センター日本語教育紀要』7, pp.71–80.

Boud, D., Keogh, R., & Walker, D. (1987) *Reflection: Turning experience into learning*. London: Kogan Page.

本実践は JSPS 科研費 JP17K02869 の助成を受けた。

第16章

自律的成長のための協働研修デザイン
8年の継続で見えてきたもの

小浦方理恵・鈴木寿子・唐澤麻里

1 はじめに

　2019年4月に労働力としての外国人受け入れを拡大する改正出入国管理法が施行され、それにともない、政府は日本語教師の公的資格を創設する方針をまとめた（日本経済新聞 2019年3月5日）。この記事によると、2017年度の日本語学習者は2010年度から43％増の24万人で、2017年度の日本語教師は4万人弱である。しかしその4万人弱の日本語教師の9割近くがボランティアや非常勤講師であり、日本語教師の新資格創設は日本語教師の専門性を保証し、待遇の改善につなげるねらいもあるという。日本語学習者の増加とともに、日本語教育の専門性や日本語教師の役割への期待は増しているものの、「日本語教師は食べていけない」という言説は広く浸透、定着しており（丸山2016）、待遇面で追いついていないのが日本語教師の現況だと言える。

　実際、日本語教育業界では、任期を定めたり嘱託制としたりする、あるいは非常勤として雇用するといった有期雇用制度が定着し、教師らは年ごとに違う職場で働くことも珍しくはない（鈴木他2017）。有期契約から無期契約への切り換えを進め、雇用を安定させる目的で2013年4月に労働契約法が改正されたが、当初の目的と逆行する形で大学

などが非常勤講師を原則5年で雇い止めにする動きも見られる（朝日新聞2019年6月1日）。

　このように、現在の日本語教師が置かれた環境は、任期や契約の関係で教師としての成長の基盤となる「ホーム」を持ちづらく、所属組織は初任から中堅、ベテランへといった一貫した成長を後押ししてくれるものではないと言えよう。

　以上の背景から、大学院の同期である筆者ら3名は、自分たち自らが継続的な成長の場を作り出していくことを課題に教師研修を実践することとした。一般的に「研修」と言うと、外部から講師を呼び、講師が「研修する側」に立ち、受講者は「研修される側」として学ぶ、というものがイメージされるが、筆者らが目指す研修は参加者自らが内省することで学び、参加者同士が対話することで共に学び合う「自律的な協働研修」である。そこで筆者らは、日本語教師が自分たちで自律的に成長していくためにはどのような形の研修がありうるのか、参加者が継続的に学び合い、支え合うことを可能にする研修の形態とはどういったものなのかを探るために、2011年から自律的な協働研修のデザインを模索している。

　表1に実践者である筆者ら3名のプロフィールを載せる。

表1　3名の教師のプロフィール

教師名	プロフィール
教師A	学部卒業後、修士課程を経て日本語教師になる。現在任期付き雇用の専任教員。
教師B	博士課程修了後、任期付き専任教員を3年経たのち退職。
教師C	企業経験ののち日本語教師になり、非常勤を経て現在専任教員として働いている。

第5部　教師養成・研修における実践

2 | 教師研修モデルの変化

　これまで実施されてきた教師研修にはどのようなものがあるのだろうか。林（2006）は教師研修を「見習い型」「トレーニング型」「自己研修型」「参加型」の四つのモデルに分けている。まず、「見習い型」モデルは、各機関や教育現場において先輩の教師を見習って、徐々に一人前に育っていくというタイプの研修である。「トレーニング型」モデルは、教師のあるべき姿が設定され、それに向けて系統だった養成プログラムが準備され、順に取り組んでいくものである。次の「自己研修型」モデルの研修では、自らの実践を反省、内省して新たなあり方を探る方法を身につけようとすることを目指し、授業分析やアクション・リサーチといった手法を使い、日々の実践の中で継続的に自己研修を行っていくことが期待される。最後に「参加型」モデルは、実践への参加を通して成長していくことを目指し、実際の授業改善や問題解決に向けての協働の活動に参加して、そのやり取りの中で自分なりの教育実践のあり方を探るものである。林は以上の教師研修の四つのモデルの変遷として、自然発生的な「見習い型」から「トレーニング型」、「自己研修型」、「参加型」へと変化したと述べている。

　舘岡（2016）は上で述べた四つの教師研修モデルを受け、研修参加者による「対話」と、その結果構築される参加者同士の「関係性、コミュニティ」に注目した「対話型教師研修」を提案している。対話型教師研修とは、講師から知識や技能を学ぶのではなく、参加者間で対話を重ねて協働で問題解決をし、内省し、その内省を対話によりまた共有するという、そのプロセスで意味を生成していく研修である。対話型教師研修では、教師の成長と参加者間の関係性構築が同時に進み、最終的には継続的学びの場となる「学び合いコミュニティ」が生まれるという。

筆者らが行っている研修は、①講師から学ぶのではなく、自己や他者との対話による学びを重視している点、②他者とのつながりやコミュニティ形成を重視している点、③研修が単発ではなく、継続的なものである点で、舘岡（2016）の「対話型教師研修」に属するものだと考えられる。

3 | 本研修で行った実践

3.1　本研修で行った実践

　研修のスタートとして、筆者らは自分たちに親しみのある方法から始めることにした。すなわち、互いの興味関心に近い分野の研究書の文献講読である。講読した文献は岡崎（2009）で、そこで紹介されていた「対話的問題提起学習」と「ロールレタリング」という手法を用いて実践を行い、対話の場を生み出していった。「対話的問題提起学習」と「ロールレタリング」を用いた一連の実践を表2にまとめる。また、これらの手法を採用した理由については後述する。

　各実践の概要を説明すると、最初の実践である実践1では岡崎（2009）に載っていた、ある1人の若者の労働をテ

表2　本研修で行った実践のテーマと手法、実施時期

実践	テーマ	手法	実施年/月
1	若者の労働について	対話的問題提起学習	2012/8
		ロールレタリング	2012/9
2	自分たちの職場や働き方について	対話的問題提起学習	2012/11
		ロールレタリング	2013/1
3	学生と教師の関係について	対話的問題提起学習	2015/7
		ロールレタリング	2015/8
4	「学生と教師の関係」と同テーマで、1年後の意識変容について	ロールレタリング	2016/7

ーマに対話的問題提起学習とロールレタリングを行った。次の実践2では、3名が日本語教師として働く上で感じている自らの問題について対話的問題提起学習とロールレタリングを実施した。2015年には実践3として、1名が授業における学生と教師の関係について問題を提起し、対話的問題提起学習とロールレタリングを行った。その翌年の2016年にも同じテーマについて再度ロールレタリングを実施し（実践4）、教師の意識変容を探った[1]。

3.2 対話的問題提起学習

　対話的問題提起学習は、共感的態度で自分と相手の感じ方や考え方を理解し、対話を通じて人間的なつながりを作るための異文化理解の方法である。もともとはブラジルのパウロ・フレイレによる識字教育での理論と実践が始まりで、それをもとにウォーラースティン（Wallerstein1983）がアメリカの英語第二言語教育の場に「問題提起学習」として導入した。その後、岡崎・西川（1993）が改変を加え、より明示的に対話性を加えた「対話的問題提起学習」として提案された。対話的問題提起学習は、互いに学び合う双学習過程（岡崎・西川1993）における自律的学習方法の一つとして、主に異文化学習の場で用いられている。

　筆者らは岡崎（2009）を踏まえ、対話的問題提起学習を①内省のステップ、②対話のステップ、③考察のステップの三つのステップで進めた。

①内省のステップ

　3名のうち1人が問題提起者となり、自分の生活の中で気になっていること、悩んでいることなど、ある問題状況をテーマに「テキスト（文章の意）」を短い文章にまとめる。それから問題提起者以外がテキストを読み、思ったことや考えを対話メモに書く。対話メモには自分以外の書い

たテキストについて、岡崎（2009）を参考に以下の4点を
中心に記述した。

1）ここでは何が起こっているか。
2）筆者は何を感じているか、どういう問題として捉え
　　ていると思うか。
3）上記2）について、自分はどう思うか。
4）自分だったらどう感じ、どう行動するか。

②対話のステップ

　対話メモを各自で作成した後、筆者ら3人で集まって対
話を行った。対話は対話メモに沿いつつ行ったが、対話中
にその場で考えたことや気づいたことを自由に発言する形
で進めた。表2の実践1から実践4の各実践で、対話は平
均して154分行われた。

③考察のステップ

　ここでは、まず各自が対話後の振り返りを書いた。その
際、

1）今まで気づかなかった自分のものの見方や考え方
2）対話を通して気がついた対話相手のものの見方や考
　　え方
3）自分のものの見方や、考え方で変わったと思われる点

という三つの項目を中心に執筆した。その後、振り返りの
内容を共有し、省察した。

3.3　ロールレタリング

　ロールレタリングは自分自身が自己と他者との双方の役
割を演じ手紙を交換するというもので、個人がまず他者へ

向けて手紙を書き、次に他者の立場からその手紙に自ら返事を書いていくものである。当初、臨床心理の場で導入され、1984年に日本交流分析学会大会において春口徳雄によって提唱された。「自分自らが自己と他者という両者の視点に立ち、役割交換を行いながら双方から交互に相手に手紙で訴えるという往復書簡を重ねることによって、相手の気持ちや立場を思いやるという形で、自らの内心にかかえている矛盾やジレンマに気づかせ、自己の問題解決を促進する」（春口 1995）心理技法である。現在、ロールレタリングは学校教育や看護、福祉をはじめ、一般の心理面接の現場でも広がっており、心理面接の場でロールレタリングを用いている岡本（2012）は、ロールレタリングの効果として、感情の明確化、自己の客観視、自己理解、他者理解、自己受容、他者受容、認知と行動の変化などを挙げている。また岡崎（2009）では持続可能な生き方を考える場での学習方法としてロールレタリングを採用している。

　筆者らは、岡崎（2009）で示された手順を参考に、下記のような順番で進めた。

1）テキストを読む。
2）テキストの主人公を手紙の相手とし、筆者ら3名がそれぞれ手紙（往）を書く。長さは自由。相手の状況に対する気持ち、自分ならどう感じどう行動するか、相手に尋ねたいことなどを書く。
3）自分の書いた手紙（往）に対して、相手になったつもりで3名がそれぞれ返信（復）を書く。
4）3名で集まり、互いの手紙を読み合い、対話を行う（各実践での対話時間は平均185分であった）。
5）対話後の振り返りを書き、3名で共有する。

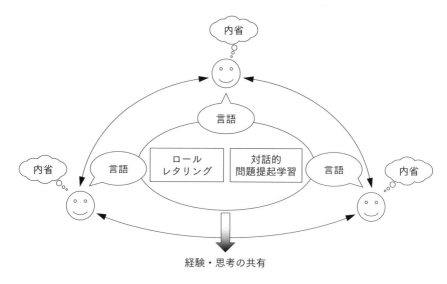

図1　対話的問題提起学習とロールレタリングの協働実践の構造

3.4　対話的問題提起学習とロールレタリングを採用した理由

　　前述した二つの手法は、どちらも内省と言語化（読む／書く、聞く／話す）を往還する過程を繰り返すものであり、自らの思考の明確化、新たな気づきなどの効果がある。筆者らは、対話的問題提起学習やロールレタリングを行うことで、自他に対する気づきを得つつ、対話によって人間的なつながりを形成することを目指し、この二つの手法を各実践の主軸とした。筆者らが対話的問題提起学習やロールレタリングのテーマとして取り上げたのは、3者の間で関心が高かった同時代の若者の労働環境や日本語教師としての学習者との向き合い方などである。こうしたテーマを取り上げて語り合うことにより、互いの経験と思考を共有できることを期待した（図1）。

4 | 対話的問題提起学習の内容と分析

4.1 本実践の目的

　表2に示した実践を重ねてきた筆者らの一連の研修を長期的、包括的な視点から再分析し、研修の意義を明らかにすることを目的に、筆者らは2019年4月から6月にかけて対話的問題提起学習の実践を行った[2]。日本語教師が自律的に8年の間、継続して自己研修を行い、その成果を報告している例は管見の限り見当たらない。牛窪・武（2014）では、過去に自らが執筆した実践研究論文の執筆過程を再構築し改めて考察することで、発表当時は見出せなかった新たな気づきを得ているが、筆者らも牛窪らのように再度自分たちの実践を振り返り再分析することで、この研修の意味を見出したいと考えた。さらに、第1節で述べたとおり、現在の日本語教育の世界では有期雇用が前提となり、日本語教師が職場を変えながら職業的成長を果たしていくことが一般的である。このような状況の中で8年の間、筆者らが自律的に本研修を行ってきたことにどのような意味があったのかを明らかにすることは、日本語教師の自律的な研修とはどのようなものか、その形や意義を探る上で有用な提言ができると考えた。

　そこで、「我々が今まで行ってきた研修」をテーマとして設定し、対話的問題提起学習を行った。本実践は、これまで行ってきた実践1から実践4を包括するものであり、筆者らにとって五つ目の実践にあたる。本実践の位置づけを表3に示す。

表3　本実践の位置づけ

実践	テーマ	手法	実施年 / 月
1	若者の労働について	対話的問題提起学習	2012/8
		ロールレタリング	2012/9
2	自分たちの職場や働き方について	対話的問題提起学習	2012/11
		ロールレタリング	2013/1
3	学生と教師の関係について	対話的問題提起学習	2015/7
		ロールレタリング	2015/8
4	「学生と教師の関係」と同テーマで、1年後の意識変容について	ロールレタリング	2016/7
5	今まで行ってきた研修について	対話的問題提起学習	2019/5

4.2　本実践の手順

　8年間継続してきた一連の研修の意義を捉えるため、今回改めて対話的問題提起学習を行った。対話的問題提起学習を採用した理由は、3.2で説明したように、この手法が内省、対話、考察の各ステップで、個人の考え方やものの見方の変化と、それがどのようにもたらされたかを丁寧にすくい上げることができる手法だと考えたからである。また今回の対話的問題提起学習では教師Aが問題提起者となった。その理由は、教師Aは8年間の間に職場が変わり、非常勤から常勤へと立場に大きく変化があったからである。日本語教師としての職業人生の大きな変化を経験したAがテキストを執筆することにより、同じ実践に長く関わることの意義が捉えられると考えた。

　今回行った対話的問題提起学習は以下の手順で進めた。

1）内省のステップ
1-1）3名のうち1名（教師A）がベーステキストを書く
1-2）残りの2名（教師B、C）がベーステキストを読む
1-3）ベーステキストを読んだ2名が対話メモを書く

2）対話のステップ……3名で対話を行う

3）考察のステップ……3名がそれぞれ対話後の振り返りを書く

　各実践時点での教師Aの現状認識、意識変容を見ていくため、まずは教師Aがベーステキストを作成した。これは教師Aの自己認識のありようやその変遷を、現在の自分の視点からまとめたものである。ベーステキストの作成にあたっては、今までの実践で用いた資料すべてを見直すことから始めた。資料は、①各実践で使用したテキスト、②ロールレタリングで使用した教師A、B、Cによる手紙（往復）、③対話メモ、④教師A、B、Cによる対話後の振り返りの計51編であった。まず、これらの資料を時系列に並べたものをベーステキストを書く際の1次資料とした。それに加え、各実践の対話の文字起こしや研究成果（予稿集原稿、論文、報告書）も補助資料として用いた。教師Aは1次資料を時間軸に沿って読み直し、気になった記述や気づいたことをメモとして残した。そのメモを参考に、Aは感じたことや気づきを再テキスト化し、これを本実践で使用するベーステキストとした。教師Aが書いたベーステキストとメモは教師BとCに共有され、BとCは対話メモを執筆した。その後対話を行い、各自で振り返りを記述した。

4.3　分析データと分析結果

　本実践を分析するにあたり、分析データとして用いたのは以下の4点である。

1）教師Aが書いたベーステキスト

2）教師BとCが書いた対話メモ

3）録音した対話（146分）の文字起こし

4）対話後に書いた振り返り

これらのデータを質的に分析した結果、本実践が筆者らにとって、「変化や成長が一貫的に捉えられる機会」「過去と現在とのつながりを見出す機会」「過去の経験の意味を見出す機会」の三つに意義づけられていることが分かった。教師Ａ、Ｂ、Ｃそれぞれの認識の変化が感じられる部分など、分析で特に着目した所にアンダーラインを引いて提示する。

4.3.1 変化や成長が一貫的に捉えられる機会

本実践で教師Ａが作成したベーステキストには、当時の自己と現在の自己との違い、過去から現在における自身の変化が多く記述されていた。

教師Ａのベーステキスト１（抜粋）

今まで使用したテキストやロールレタリング、振り返りの記述を見直してみると、この７〜８年での自分の変化を強く感じた。当時は（対話相手の）２人の考えを新たな視点からの意見だと捉えながら聞いていたのだが、今は心からその意見に納得しながら記述を読んでいる自分に気づいた。当時の２人の視点が今では自分の中にあると感じ、あのときの２人の気持ちがより深く理解できた気がした。
（中略）
活動後、生活をする中で２人の言葉で印象に残った部分、気になった部分を思い出して言い聞かせることが何度もあった。何度も反芻し、その言葉が自分の経験にリンクすることで自分の中に内在化し、結果、以前より広く柔らかく物事を見られるようになったのだろう。

上の記述から、教師Ａは自分の変化を強く意識していることが分かる。１次資料を記述した当時は、対話相手の２人の意見を「自分にはない、新たな視点からの意見だ」と捉えていたのが、現在では自分の中にもその視点が養われていることに気づいている。Ａはこの変化について、生活の中で２人の言葉を思い出して自分に言い聞かせた経験が何度もあり、それにより視野が広がったからだと説明している。

次は、教師Ａが自分の変化した部分について具体的に記述している部分を示す。

教師Ａのベーステキスト2（抜粋）

> 変化した部分について、具体的に書いてみたい。まず、何度かキーワードとして出てきた「学生パラダイム」については、今もその部分は持ちながらも、違うパラダイムも得つつあると感じる。仕事をしていて、学生パラダイムではうまくいかない、やっていけないことに何度かぶつかり、変化せざるを得なかったのだろう。それにより、周囲の人に相談したり泣き言を言ったり、「大丈夫じゃないです」と言うようになった。そのような変化はまず第一に考えなければならない仕事
>
> がはっきりしたことによってもたらされたのだろうか。外的な要因のおかげで、自分の欲張りな気持ち、やりたいという気持ちがコントロールされ、それにより精神的に余裕ができ、「今のこの状況なら続けられそうだ」と思えるようになったのだろうか。

　ここに出てくる「学生パラダイム」という言葉は、実践を通じて何度か3名の間で共有されたキーワードである。「学生パラダイム」というのは「ただ1人で自分に課されたタスクを必死にやり、それによって成長していくという考え方」を表しており、当時、実践（表2の実践1）を行う過程で、教師Ａは仕事においても自分が学生パラダイムで進めているという気づきがあった。しかし、改めて1次資料を読み直し、以前、対話の中で教師Ｃが発言した「Ａさんは（あまり悩みや困っていることを周囲に相談せず、）「大丈夫？」って聞いても「駄目です」とは言わない」という記述を読んだときに、当時と現在との対比が起こり、現在の自分が周囲の人に相談するように変化したことに気がついた。その結果、Ａは現在、自分が学生パラダイム以外のパラダイムも取得しつつあるということを認識した。Ａはその変化を、自分の立場が変化し仕事の優先順位がはっきりしたことによりもたらされたと捉えている。

教師Aのベーステキスト3（抜粋）

> 授業や学生に対しても、細切れではなく、Cさんの言う鳥瞰のような、もう少し大きい視点で見られるようになり、1回の授業だけで、1人だけで学生を把握しなくなった。他の先生からでも、周りの学生からでもいいので、学生の生き生きした様子や変化を知れることが私のパワーになるんだと思うようになり、そのおかげで解放されたような楽な気持ちになった。そう考えると、（表2の実践1から実践3の時点）では今の仕事を「1人で抱え込める、完結した仕事だ」と捉え、視野が狭かったのだろう。それが自分の「納得するまでやり切りたい」という気持ちを作っていたし、また苦しめていたのだと思う。

　これは教師Aが担当する授業について問題提起した実践（表2の実践3）の1次資料を読み直したことによる気づきを記したものである。実践3の対話の中で、教師CはAに「一つの授業として捉えるのではなく、鳥瞰して大きなカリキュラムの一つと位置づけたらどうか」と発言した。その後授業を重ねる中で、Aは当時のCの考えがより深く理解できるようになり、視野が広がったと認識していることが分かる。

　最後にAは今までの自分を振り返り、「自分なりによく頑張ってきたじゃないか」と評価した上で、自分の認識の変化を周りの環境のおかげと捉え、以下のように記している。

教師Aのベーステキスト4（抜粋）

> 年々目まぐるしく状況が変わってきており、今の仕事をいつまで続けられるか分からない。しかし、続けられなくても、（表2の実践1の中で教師Aが記述した）「自分はできなかった」という気持ちにはならず、「自分なりによく頑張ってきたじゃないか」と感じるのではないかと思う。それは今まで指導、評価、協力してくれた学生や職場の環境や仲間や友人の存在のおかげだ。うまくできず、未熟な部分ばかり見せてしまっているのだが、それを受け入れてくれた人やシステムの存在で、このような変化が生まれたと思う。

　教師Aのベーステキストからは、立場の変化にともなって現れた自分の思考面の変化、行動面の変化が記されてお

り、本実践でベーステキストを書くことによってAは自分
の変化した点に気づき、そのように変化した自分自身を肯
定的に認めていることが分かる。

　教師Aのベーステキストを読んだ教師BとCはその変化
を成長と意味づけ、対話前に以下のようにメモを残した。

教師Bの対話メモ（抜粋）

・（Aさんは）職場の中での自分の立ち位置が分かり、組織の動きを知
　り、その中の一員として自分を意識するようになったのを強く感じ
　た。
・（Aさんは）自分の性格、特に弱み、不得意な部分をよく理解して、
　それを無理に乗り越えようとしていない姿が見えた。課題は感じつ
　つ、今どうすればいいのかを理解しているようであり、非常にバラ
　ンスが取れている印象を受けた。
・Aさんのここまでの歳月がすごく充実していて、Aさんをいい意味
　で変えて、成長させる日々だったのだろう。

教師Cの対話メモ（抜粋）

・今の職場での年月を重ねて、（Aさんは）自分の役割みたいなものを
　実感できているような気がする。
・（Aさんは）今はもっと肩の力を抜いて、俯瞰的に物事を捉え、なる
　ようになるさといった余裕も感じられる。
・（Aさんは）試行錯誤しながら経験を重ねることで、いろいろなこと
　に対してこれでいいんだと実感し、だんだんと自信を持ててきてい
　るように感じる。
・（Aさんは）以前より自分の芯になっているものが明確になってい
　て、これがやれていればどの環境でも続けていける、大丈夫だとい
　う力強さが伝わってくる。

　教師Aだけでなく、教師BやCのこうした気づきは、研
修を始めた当初の2011年から本実践を行った2019年ま
での変化を捉えたものであり、1回のみ行われる単発の研
修では実現しにくいものである。8年間共に研修を重ね、
その時点でのそれぞれの立場、置かれた状況、思考や気持
ちを共有し、理解し合っていたからこそ出てきたものだと

言える。

　また教師Aのベーステキストを読んだ教師Bは、以下のように対話メモに記している。

教師Bの対話メモ（抜粋）

> 私の以前のパラダイムは、「自分が悪い」「自分の至らなさをどうにかする」という感じだった。今の気持ちはそうではなくて、じっくりみじめさにひたって、自然な浮力でまた気持ちが持ち上がってくるのを待てば、それでいいじゃないか、という気持ちになっている。

　上の対話メモから、教師Bは教師Aが書いたパラダイムに関する記述を読むことをきっかけに、自身の経験が呼び起こされ、B自身の思考面の変化に気づいたことが推察される。

　その後に行われた対話では、Aのベーステキストを受けて、Aの変化とその経緯を中心に対話が展開した。そこでの対話はAの変化だけでなく、BとCにも自身の変化や成長を気づかせるものであった。対話後の振り返りでは、教師Cは自分の変化について以下のように記している。

教師Cの対話後の振り返り（抜粋）

> （自分は）以前より欲がなくなったというか、健康で好きなことをして働けるのであれば、さらに自分を理解してくれる人が周りにいてくれれば、それだけで有難いことなんだと思えるようになった。環境の変化なのか自分の変化なのか、この変容はどこから来たのだろう。（中略）以前はもっと日本語教育の領域内で物事を捉えていたがやはりキャリアの分野の学びを得たことで、より広い視点から物事を捉えるようになった気がする。働く人ができるだけ不条理を感じることなく、やりがいを持って、ある部分では「ときめいて」働けるようになる社会の実現を目指すには、どうしたらいいんだろうと感じた。資格を取りっぱなしで、しばらく何もせず過ごしてしまったが、また学び直したい気持ちが湧いてきた。

　教師Cはこの8年間の間にキャリアコンサルタントの資

格を取得している。上のCの振り返りからは、対話を行うことで、AやBだけでなくCもこの8年間における自分の変化を意識し、自分自身の視点の広がりに気づいていることが分かる。また、Cの問題意識は日本語教育の領域内に留まらず、「よりよく働ける社会の実現」へと広がっていることも窺える。

このように、今回の実践では教師Aのベーステキストを読むことを起点として、対話メモを書き、対話を行い、その振り返りを執筆することを経て、Aだけでなく、BとCもそれぞれ自身の変化や成長を実感することができた。それらの変化は「事前／事後」のような短期的なものではなく、これまでの実践と、その間にあった自身の経験が交差し再構成された、長期的な変化であった。これはこの研修が同じメンバーで、長い期間継続的に行ってきたものであるからこそ現れたものだと考えられる。

以上、本実践で教師A、B、Cそれぞれの変化、成長を明らかにすることができたが、個々の変化の内容は同じものではなく、三者三様のものであった。これはこの研修が同じ目標の達成を目指したものではなく、3名が個々の実践を通して自らが自分に必要な力を選び取って身につけた成長、つまり、自律的成長を支えるものになっていたことを表している。

4.3.2 過去と現在とのつながりを見出す機会

先述したように、教師Cはこの研修を行っている8年の間にキャリアコンサルタントの資格を取得している。CはAのベーステキストを読んだ際に、本研修の内容とキャリア支援・教育の場で行われているワークに関連を見出し、以下のように対話メモに記している。

教師Cの対話メモ（抜粋、一部要約）

> キャリアカウンセリングの分野でも、生き方を考える上でさまざまな
> 人生振り返りワークみたいなものがあるけれど、この研修でもそれが
> 実現できていることに改めて気づくことができた。

　教師Cは対話のステップの中でもキャリア支援・教育関連分野で行われているワークと本研修との重なりについて語っていた。

対話1（抜粋、一部要約）

> C 「（対話メモを）書いてて思ったのが、キャリアの理論の一つにハップンスタンス・ラーニング・セオリーというのがあって、人生の中で偶然的に起こった出来事を、それをチャンスだと思って行動を変えていくっていう、そういう考え方の理論で。その理論を勉強したときに、私、結構これだなあと思った。」
>
> A 「すごい長期的計画で、私は将来こうしたいから、今これやってって計画を立てていくタイプっていうよりも。」
>
> C 「（そのタイプ）じゃない。偶然起こった出来事に対して、「これ、何だろう」みたいな感じで。私、日本語教師になったのもそうなの。」
>
> （中略）
>
> C 「結構、たまたまのことが、人生の流れを変えてきたっていうことがあって。私は結構、偶然で、周りにも恵まれて、運も良くて今に至る、みたいな感覚が自分であったから、そのハップンスタンスのことを読んだときに、「私、これだ」と。（中略）だから、この研修もそういう意味では、知らず知らずに自分の人生を振り返ったりとか、そのときに立ち止まって、立ち戻って、そのとき、こうやって考えて、こうやって行動したんだなあとか。だから、<u>キャリア系のことでやっていることが、この研修でも。</u>」
>
> B 「似てる？」
>
> C 「<u>実現されてたんだなあっていうのを、すごい感じたし。それが私の変化でもあるかなあ。</u>」

　教師Cは本研修とキャリア支援・教育分野で行われているワークとの重なりを見出し、この8年の変化として、新

たな分野での学びが自分の考え方を広げたことを挙げた。その語りの流れでCはキャリアカウンセリングに関する理論を学んだときに知った「ハップンスタンス・ラーニング・セオリー」[3] という理論について説明している。

この一連の対話の中で、教師Cはキャリアカウンセリング分野で学んだ理論を自分の生き方に交差させたときの気づきを語り、自分が日本語教師を始めたきっかけもその理論に合致すると話した。さらに、キャリア支援・教育を学ぶ際に行ったワークと、日本語教師研修として行った実践との重なりに気づき、どちらも自分の人生を振り返り、その経験を意味づけるものだと発言している。

上の対話メモの記述や対話から、Cはこの8年の間に学んだキャリア支援・教育における学びと、本研修との重なりに気づき、経験を統合していることが分かる。つまりCにとって本実践は過去の経験を現在の自分につなげ、自分自身の立場を認める機会となっているのである。

さらにこの教師Cの語りは教師Bが日頃持っていた問題意識と合致し、対話が展開する。

対話2（抜粋、一部要約）

> B 「なんかそっち（ハップンスタンス・ラーニング・セオリーの考え方）のほうがいいんじゃないかって思うんだけど、多分その目標がないことの不安感と、（目標がない状態に身を）任せるのを信じられないところで。」
>
> A 「うん、信じられない。」
>
> B 「（中略、Bの周りにいる、ハップンスタンス・ラーニング・セオリーに沿った考え方の人たちの話をする）うん、なんか両極端。キャリア的にいうと最高峰にいる人たちと、一回（キャリアを）捨てた人たち（の考え方）がなんか似てるの。それがすごい不思議に思うんだよね。そんで自由な感じがする。」
>
> A 「そっちのほうが自然なんかね。」
>
> C 「なるようになるさとかいう感じかな。」
>
> （中略）

> B 「ね、目標。この話の後でどんな目標が立つんだろうね。」

　教師Bは教師Cが提起した「ハップンスタンス・ラーニング・セオリー」について自分の考えを述べた。「ハップンスタンス・ラーニング・セオリー」は自分がこれまで持っていた、常に目標を立てそれに従って行動するという価値観とは異なり、すぐには受け入れられない考え方であるという。Bに続いて、Aもその意見に同意している。それに続き、Bは自分の周りにいるハップンスタンス・ラーニング・セオリーに沿った考えを持つ人たちの話をする。その2人はキャリア上は両極端の立場にいる人たちなのだが、どちらも仕事に対する考え方が似ていることをBは日頃から不思議に思いつつも、そのスタンスに対して、「自由な感じ」を抱いていた。この対話から、BはCの「ハップンスタンス・ラーニング・セオリー」の話を自分の経験に交わらせ、「この2人はどちらもハップンスタンス・ラーニング・セオリーの考え方を持っているのではないか」という気づきがあったことが推察される。対話後、Bは対話の振り返りとして以下のような記述をしている。

教師Bの対話後の振り返り（抜粋）

> Cさんがキャリアコンサルティングの中で知ったというハップンスタンスの考え方は、「目標を立てるのが下手だ」と感じていた自分を救ってくれる考え方だった。

　上の教師Bの記述から、Bは本実践での対話によって日頃持っていた疑問や悩みを解決する糸口を得たことが分かる。Bだけでなく A も同様の記述をし、新たな視点を得ていた。

> 今回の対話では、Ｃさんはハップンスタンス・セオリーの話をしてくれた。ちょうど自分も気になっていたけど「どうしようもない」と思っていたテーマだったので、新たな視点を与えてくれ、楽になったような救われたような気持ちになった。

4.3.3　過去の経験の意味を見出す機会

対話の中で、教師Ｂが以前働いていた職場の話に進んだ。

対話3（抜粋）

> Ｂ 「私、頑張り方が変だったなあって、今、よく思うんだけど。専任として期待される仕事があるわけで、そっちをやらないで違うことばかりやってた気がするの。でも、そうじゃなくて、より組織にアピールする形で「自分はここでこういうことを貢献してます」ってこと、示さないと存在意義にならないのに、頑張り方が非常勤の延長で頑張るしかしてなかったし、できなかったと思っているので、それがすごくずれていた。どうやったら評価されるかとかっていうこと。（中略）頑張るってのは、正しいことだし、王道だとは思ってるし、そのプレッシャーの中で駆け抜けていかないといけないんだけど、私は頑張りの配分の仕方がすごい変だったなあって。（中略）（だけど）私、別に今、振り返っても、それが自分で私だった。悪かったとは思わないかも。むしろ、いいじゃん、私、みたいな。そういうところで頑張れた自分を認めてあげたいっていうか。」

　教師Ｂは以前働いていた職場でのことを振り返り、「頑張り方が変だった」「（頑張るべきところが）ずれていた」と語っている。組織の中で評価されたいなら、自分の存在意義を示すため、自分がやりたいことを控えたとしても、自分を客観的に見て組織から評価されるところに力を注ぐべきだったと発言している。だがその一方で、「それが自分で私だった」「むしろ、いいじゃん、私」「そういうところで頑張れた自分を認めてあげたい」と組織の求める方向性

に無条件に従うのではなく、自分がやりたいと思うことに
純粋に力を注いだ当時の自分を評価している。

　対話の振り返りでは、教師Bは以下のように自分の変化
を記述している。

教師Bの対話後の振り返り（抜粋）

> 今回、Aさんの8年の変化、成長を感じたことで、「きっと、自分も何
> らかの成長をしているんだろう」と思えた。それは、この8年を私た
> ちが働いた場所は違えど併走していたからだと思う。自分のことは、
> なかなかうまく評価できない。もっとうまくやれたのではないの？と
> 思うことも多い。でも、今回の対話では、Aさんが頑張ってきた日々
> が伝わり、それを自分の日々に重ねて、「私も頑張ったよね」と自然
> に思えた。
>
> （中略）
>
> （以前の職場では、）自分のやり方、やりたいことを当然のように優先
> していた。そのことに疑問も思わなかったし、そういう働き方しかで
> きなかったのだ。今思うと、「組織の現在に目を配らず、そういう働
> き方をしていたんだから、それは、いつか立ち行かなくなり、やめざ
> るを得なくなるよ」とはっきり分かる。今なら、「ここでこういう風
> に立ち回ったらもっと喜ばれただろうな」というのもよく分かる。し
> かし、その時点に戻っても、その、専任として望ましいと思われる働
> き方を、自分がうまくできるとは思えない。やめるべくしてやめたん
> だな、そりゃそうだよ、とうまく納得できるようになった。これは、
> 自分が変わった点かもしれない。

　教師Bは、当時のような働き方をしていたら立ち行かな
くなるということや、組織がどのような働き方を求めてい
たのかということを以前よりはっきりと分かるようになっ
たと自分の変化について記述している。だが同時に、現在
の自分でも組織が求める働き方ができるとは思えないとも
感じ、自分がその職場をやめることを「うまく納得できる
ようになった」と記している。この記述から、Bが自分の経
験を以前より冷静かつ自己肯定的に分析し、結果、自分の
経験に意味づけを行っていることが分かる。Bのこの変化は

今回の実践でより促されたものであり、Bは「Aさんが頑張ってきた日々が伝わり、それを自分の日々に重ねて、「私も頑張ったよね」と自然に思えた」と対話後に振り返っている。つまり本実践の中でBは、Aの成長を認めることで自己理解がいっそう進み、自己承認が促されているのである。

5 | 考察

　分析で明らかになったことをまとめ、本研修の意義について考察したい。分析の結果、本研修は筆者らにとって「変化や成長が一貫的に捉えられる機会」「過去と現在とのつながりを見出す機会」「過去の経験の意味を見出す機会」の三つに意義づけられていたことが分かった。本実践の中で3名から「広く柔らかく物事を見られるようになった」（教師A）、「自然な浮力でまた気持ちが持ち上がってくるのを待てば、それでいいじゃないか、という気持ちになっている」（教師B）、「また学び直したい気持ちが湧いてきた」（教師C）という言葉が出てきたが、それらから分かるように、3名は一連の研修を振り返る本実践により、自分自身を自己肯定的に理解し、認め、新たな指針を得ていた。つまり、今までの実践を再分析した本実践は、長い年月の間に起こった自他の変化を価値づけ再評価した上で今後へと向かっていく力を養う場になっており、教師の成長を支援する場となっていたと言える。

　そこで得た経験からの学びは、経験を経た人だけの個人限定的な学びではない。その人のリソースを語りによって共有することで、自己の振り返りが促され、自分の経験と対比される。その結果、自分の気づきや学び、成長につながっているのである。今回の実践でも、教師Cの「ハップンスタンス・ラーニング・セオリー」についての語りがきっかけで、教師AとBは自分の経験と重ね合わせ、新たな視点を得ることができた。

では、なぜ個人の経験が同じ実践に参加する他者のリソースとなり、新たな視点獲得のきっかけになるのだろうか。それは、参加者同士の協働的関係性によるものだと考えられる。本実践において参加者は、話すこと、書くことによって自分の経験や思いを言語化し、聞くこと、読むことによって相手の経験や思いをより深く理解しようとしていた。こうした態度の背景にあるのは協働的関係性であり、それによって他者の立場を自分に引き付けて考え、気づきのリソースとすることを可能にした。また、他者の経験を自己がどのように理解したかを改めて言語化することで、協働的関係性はさらに強化され、結果的に互いの成長を認め合い、支え合う協働的コミュニティが構築されていたと考えられる。

　第2節で本研修は舘岡（2016）の対話型教師研修に属する研修だと述べたが、確かに筆者らはこの研修によって新たな気づきを得て学びつつ、関係性を構築し、協働的学び合いコミュニティを作ってきた。本実践はそれに加え、8年間という「継続性」の要素を強めることの効果を示したものだと言える。筆者らは本実践によって、8年間の自分の変遷を丁寧に振り返り、「あの経験は今の自分につながっている」「あのときの自分が〜だったのは○○という理由があったからだ」「あのときはあれで意味があった」と自分の経験の一つ一つを肯定的に意味づけし直していた。つまり、8年間の活動を振り返った本実践は、過去の実践時の自己と現在の自己をつなげ、関連性をより強め、一貫性を持たせる効果があったと言える。

　さらに、この継続的実践を1人ではなく協働で行うことで、その学びは多層的になる。筆者らは今までの各実践で、対話相手の背景や考え方、変化を共有しながら協働的関係性を構築してきた。その研修を改めて振り返ることで、自らの変化の変遷を知るだけでなく、実践当時の対話

相手の発言や相手の変化が、自分を振り返り自己と対比する
るリソースとなっていた。その共有リソースは実践を継続
しただけ増えていき、共有リソースの一つ一つが新たな気
づきや学びを生み出し、結果的に自身の成長へとつながっ
ていたのである。4.3.1で示したように、教師Aにとって
本実践は自分の変化した点に気づき、そのように変化した
自分自身を認める機会になっていたのだが、その気づきの
きっかけになったのは過去の実践で教師BやCが発した言
葉であった。今まで行ってきた実践での対話相手の発言
が、自身の変化を気づかせてくれる有効なリソースとなっ
ていたのである。

　本研究によって明らかになった本研修の仕組みを図2に
示す。

　以上、今までの研修の意義を明らかにするため、筆者ら

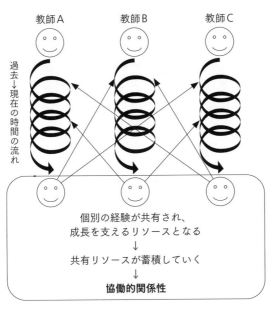

図2　本研修の仕組み

は8年間の実践データをもとに対話的問題提起学習を行った。継続的に実践を重ねてきた本研修は、過去の自分と現在の自分のつながりを見出し、強める効果があり、活動を長期的に続けていくことの有効性が示されたと言える。また研修を継続することにより、対話で共有される個々の経験がリソースとして蓄積され、自分だけでなく対話相手にも新たな気づきや学びをもたらす可能性が増えることが明らかになった。さらに本実践で用いた対話的問題提起学習という手法は、対話相手の経験や思考を共有、参照することを可能にし、その継続により協働的関係性を構築することができることが分かった。

6 おわりに

　最後に、8年間の継続により見えてきたものについて述べる。まず対話的問題提起学習のテーマは外部から設定されるものではなく、参加者自らが問題提起者となり、自分が今気になっていることや向き合っているものを扱う。本実践の対話でも、対話が進むにつれて、話題は教師生活についてからキャリアに対する考え方や姿勢、生き方のストラテジーについてへと展開していった。

　仕事も含め、家庭生活、地域との関わりや社会活動、趣味などの個人の活動等、生活全般において生涯にわたり果たす役割や経験の積み重ねを意味するものとして「ライフキャリア」という言葉がある（小林・高中 2019）が、教師研修として始めた筆者らの活動は、実践を重ねるにつれ教師生活の範疇を超え、自分自身のライフキャリアを紡ぐ場になっていたと言える。

　先述したように、日本語教師はある一つの職場で働き続けるケースが少ない職業であり、働き方も非常に多様であることから、他の職業に比べ、よりロールモデルが見つか

りにくく、キャリアパスが見えにくい職業である。そのため、日本語教師は一人ひとりが自分の経験から自分のストーリーとなるライフキャリアを作り、自律的に成長していくことが求められる。本研修は、今まで築いてきたキャリアや経験を咀嚼し、つなげ、意味づけた上で、一貫性を持ったものとして未来につなげていく作業を行う場作りの一事例として示すことができるのではないだろうか。

　また第1節で述べたように、筆者らは自律的な協働研修デザインを生成することを目的に実践を重ねてきた。この8年間の実践を振り返ると、我々が行ってきたことは学ぶべき内容が先に設定され、それに合うように参加者が集まる形のものではなく、参加者の存在や関係性を前提とし、振り返り、内省、対話をすることで参加者の過去と現在、未来をつなぐ形の学びであった。我々が生きる社会の流動性を考えると、さまざまな制約からあらかじめ長期間にわたる集団維持を期待して教師研修を計画することは難しい。しかし、本実践が明らかにした8年という時間経過の中での学びは、これだけの時間を費やしてきたからこそ見えてきたものである。これからの教師研修デザインを考える上で、本章が一石を投じることができればと考えている。

注

[1] 筆者らの実践の詳細については、鈴木他（2017）を参照のこと。
[2] 本実践は、以下のスケジュールで行った。【　】内はミーティングの時間である。
第1回（2019年4月14日）事前打ち合わせ。第2回（2019年5月19日）各自が作成した対話メモに基づき、対話的問題提起学習【146分】。第3回（2019年6月7日）各自が作成した振り返りに基づき対話【62分】。
[3] アメリカの教育心理学者であるクランボルツ（Krumboltz）らが提唱したキャリア論に関する理論。

参考文献　朝日新聞（2019年6月1日）朝刊「「無期雇用に転換を」提訴　5年超勤
　　　　　　　務の元講師、大学側相手に【大阪】」

飯野令子（2010）「日本語教師のライフストーリーを語る場における経験
　　の意味生成―語り手と聞き手の相互作用の分析から」『言語文化教育
　　研究』9(1), pp.17–41.　言語文化教育研究会

飯野令子（2011）「多様な立場の教育実践が混在する日本語教育における
　　教師の「成長」とは―教師が自らの教育実践の立場を明確化する過
　　程」『早稲田日本語教育学』9, pp.137–157.　早稲田大学大学院日本
　　語教育研究科

飯野令子（2015）「日本語教育に貢献する教師のライフストーリー研究と
　　は」三代純平（編）『日本語教育学としてのライフストーリー―語り
　　を聞き、書くということ』pp.248–273.　くろしお出版

池田玲子・舘岡洋子（2007）『ピア・ラーニング入門―創造的な学びのデ
　　ザインのために』ひつじ書房

牛窪隆太・武一美（2014）「「実践の用語」と「理論の用語」―実践研究
　　における論文のあり方を再解釈する」細川英雄・三代純平（編）『実
　　践研究は何をめざすか―日本語教育における実践研究の意味と可能
　　性』pp.121–141.　ココ出版

岡崎敏雄・西川寿美（1993）「学習者のやり取りを通した教師の成長」
　　『日本語学』12(3), pp.31–41.

岡崎敏雄（2009）『言語生態学と言語教育』凡人社

岡本茂樹（2012）『ロールレタリング―手紙を書く心理療法の理論と実践』
　　金子書房

唐澤麻里・小浦方理恵・鈴木寿子（2013）「持続可能な生き方を考えるた
　　めの日本語教師研修の提案―対話的問題提起学習とロールレタリング
　　の協働実践」『言語文化と日本語教育』46, pp.31–38.　お茶の水女子
　　大学日本言語文化学研究会

小浦方理恵・鈴木寿子・唐澤麻里（2016）「自律的教師研修としての対話
　　的問題提起学習―協働による教師の実践知の語りに着目して」『麗澤
　　大学紀要』99, pp.25–34.　麗澤大学

小林文郁・高中公男（2019）「持続的な女性活躍推進の為のライフキャリ
　　ア教育の必要性」『事業創造大学院大学紀要』10(1), pp.203–216.
　　事業創造大学院大学

鈴木寿子・小浦方理恵・唐澤麻里（2013）「日本語教師の持続可能な生き
　　方を考えるための取り組み―対話的問題提起学習とロールレタリング
　　の協働実践から」『言語文化と日本語教育』45, pp.46–49.　お茶の水
　　女子大学日本言語文化学研究会

鈴木寿子・小浦方理恵・唐澤麻里（2013）「日本語教師間の対話的問題提
　　起学習はどう展開するか―成人学習としての日本語教師研修」『言語
　　文化と日本語教育』46, pp.78–81.　お茶の水女子大学日本言語文化
　　学研究会

鈴木寿子・小浦方理恵・唐澤麻里（2017）『自律的成長のための教師研修

デザイン―対話的問題提起学習とロールレタリングの継続的協働実践』科学研究費助成事業　若手研究（B）26770185「日本語教師養成を前提としない大学教養科目としての日本語教育学プログラムの開発」2014年度～2016年度（平成26年度～平成28年度）研究成果報告書（研究代表者：鈴木寿子）

舘岡洋子（2016）「「対話型教師研修」の可能性―「教師研修」から「学び合いコミュニティへ」」『早稲田日本語教育学』21, pp.77–86.　早稲田大学大学院日本語教育研究科

日本経済新聞（2019年3月5日）朝刊「日本語教師に判定試験 外国人増加に対応 公的資格で文化審」

林さと子（2006）「教師研修モデルの変遷」春原憲一郎・横溝紳一郎（編著）『日本語教師の成長と自己研修―新たな教師研修ストラテジーの可能性をめざして』pp.10–25.　凡人社

春口徳雄（1995）『ロール・レタリング（役割交換書簡法）の理論と実際』チーム医療

丸山敬介（2016）「「日本語教師は食べていけない」言説―『月刊日本語』の分析から」『同志社女子大学大学院文学研究科紀要』16, pp.1–38.　同志社女子大学

Wallerstein, N. (1983) *Language and Culture in Conflict*. New York: Addison-Wesley.

おわりに

近藤彩・金孝卿

　2020年に新型コロナ感染がひろまり、社会は未曾有の変化に見舞われました。人と人がつながること、人が直接会う「対面」に多くの価値を見出した方は多いと思います。協働学習も対面で行えないことから、実践者（教師）はオンラインに切り替えたり、ハイブリッド型授業（オンライン授業と対面授業を組み合わせて実施する授業）に取り組んだりと、学習者同士がなんとか学びあえるような環境を作るために苦心したことと思います。

　2007年に刊行された『ピア・ラーニング入門』では、日本国内のピア・レスポンスとピア・リーディングの理論と教育実践を紹介しました。当時は「ペア・ラーニングですか？」と質問されることも多かったのですが、それが今ではどうでしょうか。本書には、日本、韓国、マレーシア、インドネシア、タイ、モンゴル、中国、台湾といった国内外の国や地域の実践事例を紹介するに至りました。リソースも実にさまざまです。「読解教材」「作文」は無論のこと、諺や「手紙（ロールレタリング）」「ケース教材」「フリップ」など多岐にわたっています。学び手は日本語学習者、教師・ボランティア、企業関係者などと多様です。

　これらの教育実践は、『ピア・ラーニング入門』がきっかけであったかもしれません。また、2010年に設立された協働実践研究会での研究発表・講義・ワークショップ等が後押しをしたのかもしれません。しかし、現在のひろが

333

りに至ったのは、実践者一人ひとりが新たな環境において協働の学びをデザインし、振り返り、次なる実践に向けて改善を惜しみなく続けてきたからではないでしょうか。

　協働学習は教案を作って準備をするというタイプのものではありません。授業の準備をして教室に臨み、目の前の学習者とともに創発的に作っていくものです。完璧に準備された授業ではないからこそ、授業後の実践者自身の振り返り・内省が重要な意味を持つのです。

　本書で紹介した多様な実践事例が、大学、日本語教室、企業や介護施設などで日本語教育に関わる皆さんのご参考となることを願っています。

[編著者]

池田玲子　いけだ・れいこ
鳥取大学教育支援・国際交流推進機構国際交流センター　教授

舘岡洋子　たておか・ようこ
早稲田大学大学院日本語教育研究科　教授

近藤彩　こんどう・あや
昭和女子大学人間文化学部日本語日本文学科／昭和女子大学大学院
文学研究科　教授

金孝卿　キム・ヒョギョン
麗澤大学国際学部国際学科　教授

[執筆者]（五十音順）

荒井智子 あらい・ともこ
文教大学文学部外国語学科　教授

アリアンティ・ヴィシアティ Arianty Visiaty
インドネシア・アルアザール大学人文学部日本言語文化学科　講師
Lecturer
Japanese Language and Culture Department, Faculty of Humanities, Universitas Al Azhar Indonesia

岩井朝乃 いわい・あさの
（韓国）弘益大学校 美術学部　助教授

神村初美 かみむら・はつみ
ハノイ国家大学日越大学　JICA専門家

唐澤麻里 からさわ・まり
文化外国語専門学校日本語通訳ビジネス科　専任講師

木村かおり きむら・かおり Kaori Kimura
マラヤ大学人文社会科学部／マレーシア−日本研究センター　上級講師
Senior Lecturer
Faculty of Arts and Social Sciences, Universiti Malaya
Malaysia-Japan Research Centre, Universiti Malaya

小浦方理恵　こうらかた・りえ
麗澤大学国際学部国際学科　准教授

駒澤千鶴　こまざわ・ちづる
天津科技大学外国語学部　外国籍教師

品田潤子　しなだ・じゅんこ
BPC研修サービス　代表

菅田陽平　すがた・ようへい
北京第二外国語大学日本語学部　講師

鈴木寿子　すずき・としこ
お茶の水女子大学大学院　修了生

スニーラット・ニャンジャローンスック　Suneerat Neancharoensuk
タマサート大学教養学部日本語講座　准教授
Associate Professor
Japanese Section, Faculty of Liberal Arts, Thammasat University

張瑜珊　チョウ・ユサン
（台湾）東海大学日本語言文化学系　准教授

ツルバートル・オノン　Tsulbaatar Onon
モンゴル国立大学科学総合学部アジア研究科　教授
Professor
Department of Asian Studies, School of Arts and Sciences,
National University of Mongolia

トンプソン美恵子　トンプソン・みえこ
東京大学大学院総合文化研究科グローバルコミュニケーション研究
センター　准教授

中川正臣　なかがわ・まさおみ
城西国際大学国際人文学部国際文化学科　准教授

広瀬和佳子　ひろせ・わかこ
神田外語大学外国語学部国際コミュニケーション学科　准教授

レア・サンティアル　Lea Santiar
インドネシア大学人文学部日本学科　上級講師
Senior Lecturer
Japanese Studies Program, Faculty of Humanities, Universitas
Indonesia

協働が拓く多様な実践

2022年11月25日　初版第1刷発行

編著者───────池田玲子・舘岡洋子・
　　　　　　　　近藤彩・金孝卿（協働実践研究会）
発行者───────吉峰晃一朗・田中哲哉
発行所───────株式会社ココ出版
　　　　　　　　〒162-0828　東京都新宿区袋町25-30-107
　　　　　　　　電話　03-3269-5438　ファクス　03-3269-5438
装丁・組版設計───長田年伸
印刷・製本─────株式会社シナノパブリッシングプレス